U0500568

大数据营销

如何利用数据精准定位客户及重构商业模式
（Data Driven Marketing）

于勇毅 著

电子工业出版社

Publishing House of Electronics Industry

北京·BEIJING

内 容 简 介

本书系统介绍了数据在营销中的应用，通过很多行业案例帮助读者了解数据营销的应用场景和前世今生。

本书共 6 章节，主要解决如下问题：数据营销是什么、数据营销有哪些领域、不同领域间的关系是什么、个人级消费品市场的数据营销案例及思考、企业级消费品市场的数据营销案例及思考、在营销之外如何利用数据帮助企业进行业务重构、关于数据营销未来可能模式的思考、在大数据时代如何保护个人信息及隐私等。

本书的读者对象包括：对于数据营销一知半解的营销圈外人、已经从事多年营销的从业人士、企业内部负责营销的操盘手。

图书在版编目（CIP）数据

大数据营销：如何利用数据精准定位客户及重构商业模式/于勇毅著.

—北京：电子工业出版社，2017.3

ISBN 978-7-121-30882-6

Ⅰ.①大…　Ⅱ. 于…　Ⅲ. 网络营销　Ⅳ. ①F713.365.2

中国版本图书馆 CIP 数据核字(2017)第 021341 号

策划编辑：张　　楠
责任编辑：谭丽莎
印　　刷：北京盛通商印快线网络科技有限公司
装　　订：北京盛通商印快线网络科技有限公司
出版发行：电子工业出版社
　　　　　北京市海淀区万寿路 173 信箱　邮编　100036
开　　本：720×1 000　1/16　印张：17.25　字数：240 千字
版　　次：2017 年 3 月第 1 版
印　　次：2022 年 1 月第 10 次印刷
定　　价：58.00 元

凡所购买电子工业出版社图书有缺损问题，请向购买书店调换。若书店售缺，请与本社发行部联系，联系及邮购电话：(010) 88254888，88258888。

质量投诉请发邮件至 zlts@phei.com.cn，盗版侵权举报请发邮件至 dbqq@phei.com.cn。

本书咨询联系方式：（010）88254579。

业内专家推荐

在"大数据营销"各种纷乱嘈杂的声音中，这本书带来了最真实的业务洞察及最佳应用实践解读。当今，不论是企业主还是广告商，为获得更好的业务回报，必须明智地借助大数据营销。作者将晦涩、枯燥的技术语言撰写成专业可操作的工作手册，让你高效、愉悦地掌握关键知识并应用到实际工作中。每一位市场营销的从业者，都不该错过这本书。

——张艳，好笋在线创始人，SAP公司前市场总监

这本书是我读过的最能指导营销业务的一本大数据营销的书，既有战略性的全局观，又有战术性的指导。都说数据是黄金，其实真正能够有利于业务发展的数据才是黄金，我们有大量的大数据挖掘和分析技术，却时时苦恼于不知道这些数据结果怎样才能更好地帮助业务增长，常常为了做大数据而做。看了这本书，可以多从营销效果的角度来考虑大数据布局和应用，这种理念其实是非常难得的。

——孙宁，客户信息策略经理，IBM大中华区市场部

今天我们在互联网上的一切行为都产生着数据，这些无穷无尽的大数据为营销决策提供着定量依据，优化营销配置和决策流程，使之带来高的回报。在执行层面，因为有了大数据而使营销更加精准，帮助广告主精确地识别出最有价值的客户，实现了个性化、实时化、结果可衡量的数据驱动营销模式。本书对大数据营销进行了系统的阐述，可帮助营销人员更好地理解大数据给营销带来的进步。

——Arthur，余沛怡，奥美等国际4A广告公司前董事总经理

现如今，市场营销从业者对于大数据已从"理论摸索"迈向了"价值变现"的阶段。麦肯锡的一项长达 3 年的研究表明，借助以大数据为基础的运营及营销活动，B2B 公司能够获得超过 8% 的投资回报率和高于其他公司 5 倍多的复合年增长率。本书结合了大量的 B2C 和 B2B 的数据营销应用场景，按照不同的行业结合具体案例来解析大数据营销的最佳实践，堪称市场营销人员的大数据实战手册，相信会给您带来新的大数据营销思路，助您提升营销活动的价值回报。

——周莹，亚太区市场营销负责人，Oracle 零售全球事业部

"大数据"时代来了。在 B2B 领域，拥有客户数据库等大数据资源或许不再是一个竞争优势，但没有却绝对是一个竞争劣势。以大数据为基础的营销不仅在方法上使 B2B 企业的营销更加准确，更主要的是在思维方式上让营销者发生根本转变。通过这本书，你将更深入地体会如何运用客户关系管理、客户生命周期、销售漏斗模型等知识开展商机挖掘、开放数据、客户细分策略、角色营销等 B2B 大数据营销实践。大数据讲的人多，做的人少。作者在 B2B 大数据营销领域工作多年，具有丰富理论与实践经验，不但做过大数据，而且还能把曾经做过的案例讲得生动易懂，这本书确实表现得可圈可点。

——周妍，数据策略及营销经理，SAP

这是一本少有的大数据营销实战书！现在的营销和传统营销，最本质的区别就是数据。数据开始生态化，数据从收集、分析、识别、接触、应用，带来了新一轮分工和协作体系，并开始传递其智慧的商业价值。大数据营销，不只是消费者画像，还有销售套路、流量转化套路、舆情监控等。勇毅作为大数据营销的前行者和实战派，把数据的营销套路写活了，读来，倍感数据驱动的商业时代已经到来。对创业者来讲，需要用数据框架去观察、思考和创造商业，建立以消费者为中心的 C2B 商业版图。对市场营销从业者来讲，掌握大数据营销，可以更好地将营和销统一起来，实现实效营销。大数据即营销。

——朱维芳，慧科集团副总裁，北京高校邦科技有限公司 CEO

从开篇营销历史的娓娓道来，到中篇严谨详实的论证干货，从良好抽象的方法论框架，到 B2B、B2C、O2O 等最新领域案例讨论，可见作者扎实的项目经历和独到的心得。读完有一个强烈的冲动，快请他来给我们的企业做一个营销方案吧！

——毕然，百度资深数据技术专家，《大数据分析的道与术》作者

随着市场的成熟，客户的购买行为越来越难以琢磨，市场竞争更加激烈，过往的传统营销方式逐渐不再灵验，客户获取和维系的成本越来越高，寻找新的营销方式是摆在多数广告主面前的难题。技术的发展使数字营销成为众多广告主的重点关注对象，并且已经显示出传统营销模式无法实现的优势，对于很多广告主来说，客户数据已经成为支撑营销决策和执行闭环的核心资产。本书通过众多案例，帮助营销人员了解最新的创新领域和落地方式，打开了在数据营销应用模式的思维方式。

——景洪，高级分析师，Intel 市场研究部

自 序

对大多数人来说，"大数据"、"数据营销"这些词是如此熟悉却遥远，经常出现在新闻中却无法在日常工作中接触到；似乎充满了机会，但作为企业和个人却又无法马上做点什么。笔者从业 13 年，既作过每年花费千万元经费的甲方，熟知甲方思维，也作过花费千万元项目的乙方，了解乙方视角的项目边界，同时带过研究生、讲过课，能够将理论与实际相结合。在本书中，笔者罗列了数据营销领域的重要内容：数据营销到底是什么？如何帮助企业？有哪些成功案例？大数据营销又是什么？行业前沿在做什么？数据营销的未来又如何？

笔者多年来积累了业务方面的知识和经验，本书更侧重于对数据营销知识进行案例式讲解，而不是生硬地解释一些生涩难懂的技术单词，笔者会用简单、易于理解的业务类语言对各个概念抽丝剥茧，帮助读者梳理对数据营销的认识，通过案例来描述数据营销在每个领域如何起作用，帮助读者获取数据营销操盘手的视野。

如果你是行业新人，希望本书能帮助你初步了解数据营销这个行业，无论你的职场规划是技术层面、业务层面还是管理层面，在本书中都能找到相关的知识和案例。

如果你已经从事数据营销的某些领域，希望本书能帮你梳理数据营销的全景图，基于你现在做的事情，找到新的突破口。

如果你是行业资深人士，本书可以帮助你了解其他行业的数据营销模式，通过案例为你带来一些新的思考。

　　如果你是企业负责人，本书会为你描述数据营销的最新领域和成功案例，无论你是只有十个人的小企业，还是每年花费上亿元广告费的企业，都能知道如何走出数据营销的第一步。

　　数据营销的领域和应用非常宽广，变化也极其迅速，很多技术和实践更新换代很快，但是数据营销的基本理论和思路却会一直被沿用。本书也许不能让你一夜之间成为数据营销专家，但笔者希望这本书能为你打开一些"门"，帮助你进入以前没有接触的数据营销新领域，或者通过融会贯通，从不同视角重新看待数据营销对企业的作用。

　　希望你能愉快地阅读本书，如果你能从本书中体会到数据营销的乐趣，那就是对本书的最大褒奖。

于勇毅

目　录

144 第二章

B2C 领域的数据营销应用场景

231 | 第五章

数据营销未来的思考

数据营销概论

什么是数据营销？一言以蔽之，利用客户数据来进行营销的方式都可以称为数据营销。这些客户数据来自企业的内部生产过程、外部采购等多种渠道，数据的应用方式也多种多样，但最终目的都是通过分析客户数据来推动企业的销售提升和业务变革。除了少量书籍，国内大部分大学目前都没有设立相关课程对数据营销进行专项介绍，国外对数据营销的认识，比较贴近的词是"数据驱动营销"（Data Driven Marketing，DDM，本书也以此为英文书名）。在不同行业，数据营销的方式和所利用的数据各有不同，一通房产中介打来的骚扰电话、一条银行发送的生日问候短信、微信群里出现的广告推送或电信运营商的合约到期提醒电话都属于数据营销的范畴。一些耳闻目睹的专业词汇如"直复营销"、"数据库营销"、"电子邮件营销"、"社交媒体营销"都是数据营销的不同阶段或不同领域，笔者将在本章把这些零碎的节点串联起来，为大家呈现一个相对完整的数据营销全景图。

第一节 / 数据营销的发展历史

数据营销的第一个成功案例已无法考证，有迹可循的是 19 世纪美国百货公司西尔斯（Sears）的模式。早在 19 世纪 80 年代，面对美国的广袤地域和稀少人口，西尔斯通过直复营销模式（目录采购+货到付款），迅速占领了市场，成为零售业第一，其霸主地位直到 100 年后的 20 世纪 90 年代才被折扣店起家的沃尔玛（Wal-Mart）取代，但在 2012 年《财富》世界 500 强排行榜中仍然占据第 245 位。2015 年西尔斯与凯马特（Kmart）合并后，规模居全美零售业第三。

随着 20 世纪 90 年代电话营销这种新方式的兴起，传统直复营销的模式被逐渐取代，数据营销进入数据库营销的阶段。在银行、IT、保险等行业，几乎每个企业都建立了庞大的呼叫中心，通过呼叫中心这种简单、廉价的方式为客户提供"营销—销售—售后"的端到端服务。以全世界最大的呼叫中心外包国家印度和菲律宾为例，两国有数百万人通过外包的形式为欧美企业提供呼叫中心服务，管理着成千上万名欧美企业的数据库营销。

最近十年，电子商务、营销技术和大数据的兴起和发展使数据营销进入了数字营销时代。以国内的京东为例，整个平台在 2014 年以不到 10 万名员工驱动 2600 亿元的销售额，人均产出达到 300 万元。而全世界最大的线下零售商沃尔玛，员工人数为 220 万人，总收入为 4700 亿美元，人均产出折合人民币 140 万元，不及京东的一半。数据营销在电商领域的核心价值是连接商家和客户，帮助商家以最小的成本找到最精确的客户、最精确的推荐商品和最精确的销售价格，这些数据营销的优势帮助电商进一步拉大了和传统零售商之间的距离。

表 1-1 总结了以上提及的数据营销的三个阶段，每个阶段的飞跃都是随着营销接触方式技术的变革而发生的，应用领域也从最早的零售业拓展到拥有电商平台的各行各业，数据营销的模式也从最早的"目录邮寄+货到付款"到以客户数据为核心的各种个性化营销方式。

表 1-1　数据营销的三个阶段

数据营销阶段	核心应用领域	主要行业	营销接触方式
直复营销	邮购	零售	直邮
数据库营销	直销	IT、金融、保险、运营商	电话销售
数字营销	电商	电商	数字营销

一　直复营销：宜家的会员模式

1. 直复营销概述

直复营销是数据营销的最早阶段。回到百年前，零售业普遍面临一个难题。当一个小商店的客户不超过 100 人时，店主能叫出他们每个人的名字和偏好，也知道他们每天采购的物品和时间点，这些记忆能帮助店主很好地管理库存和现金流，避免错误压货造成的损失（如无法销售、商品过期等），同时良好的客户关系也会给店主带来持续不断的生意。作为客户，当你走进超市的那一刻，店主叫着你的名字，问候你家人的健康，和你聊着你喜爱的球队比赛，货架上放着一小时前刚采摘的新鲜蔬菜，在你生日时店主还为你准备了一张贺卡……这样完美的客户体验让每个客户都愿意把所有的购物预算放在这家店里，哪怕这里的价格并不是最低的。但是当业务持续扩张，新开店面遍布城市每个角落时，记住每个客户的偏好已经不再现实，有多少客户购买了商品，什么样的客户购买了某类商品，客户抱怨最多的商品是什么，这些很基本的问题经营者都无法回答，这时就只能依靠一条条记录在案的客户数据来维系与老客户的关系了。

2. 宜家的故事

70 年前，在瑞典的一个小山村，小英瓦尔经营着自己的小超市，看着面前堆积的铅笔、火柴、打火机、相框……小英瓦尔觉得有必要重新梳理一下自己的思路了。虽然小英瓦尔在家族内经常被夸奖有商业头脑，5 岁时成功地把火柴卖给了自己的长辈赚到了人生的第一笔钱，但是这次的斯德哥尔摩之行却非常失败。虽然首都的东西进货价非常便宜，但他误判了市场需求，低价批发来的一堆东西在村子里根本卖不掉。村子就这么大，谁会一下买十个打火机呢？按照原来的设想，小英瓦尔骑行了上百公里跑了邻近的几个村子，但是要么客户不在家，要么客户暂时不需要，在正确的时间遇到正确的客户推销正确的产品的概率太小了，这种上门推销的方式在这个地广人稀的国度效果并不好，他又做不起报纸或电台广告，究竟怎样才能清空手上这些库存呢？

这时，门铃响了，是每天都会上门的邮递员，小英瓦尔突然灵机一动：邮递员不是每天都要跑遍周边的村落投递信件或报纸吗？通过把信件和报纸塞进信箱，能 100%接触到客户，那邮递员能帮我传递商品信息给客户吗？想到这儿，小英瓦尔拿出一堆纸，写上积压的产品目录、价格、自己的电话和地址，交给了邮递员，并且与他谈成一个合作方式：邮递员会帮助小英瓦尔把这样的产品目录夹带在信件和报纸里，传递到自己能覆盖的周边范围内，客户可以基于目录上的电话联系小英瓦尔，最后通过邮寄的方式收到想要的货物，同时小英瓦尔需要支付邮递员邮递费和免费的咖啡。

之后小英瓦尔还找到了和邮递员功能类似的收奶工等角色，他的商品通过这种模式迅速占领了瑞典的大片市场。1943 年，小英瓦尔 17 岁，他成立了自己的公司。小英瓦尔的全名是英瓦尔·坎普拉德（Ingvar Kamprad），他创立的公司使用了他的名"I"（Ingvar）、姓"K"（Kamprad）、出生地"E"（Elmtaryd）和家族农场"A"（Agunnaryd）。

这是宜家（IKEA）的故事。

现在仍在使用传统直复营销方式并且运转良好的公司中，宜家是大家最熟悉的，在笔者能查阅到的资料中，在最高峰时，宜家全球直邮数量达到 4500 万册。一本设计和印刷精美的产品目录成本不会低于 20 元，而宜家如何做到把这些高成本的产品目录邮寄给最有价值的客户呢？如图 1-1 所示是直复营销的数据闭环。

图 1-1　直复营销的数据闭环

宜家成功的首要因素是良好的品牌形象和产品设计，这是产生直复营销闭环的先决条件，通过各种传播渠道（电视、电台、报纸、杂志等）将宜家的广告传播到广大目标用户群，打动客户带着好奇的心理来实体店进行第一次购买，而产品价码上会员和非会员的差距，以及结账时收银员的提醒推动客户注册成为宜家会员。在会员卡上印上客户的唯一会员编号这一手段是直复营销的关键核心，它帮助零售业识别客户，当客户消费时需要出示会员卡才能享受积分、折扣等优惠。而通过会员编号，宜家了解了同一个客户的所有历史购物数据，包括会员每次购买的商品、金额、时间等诸多要素。收集了这些数据后，通过使用数学模型，宜家就能判断客户价值及其可能购买的商品种类和购买时间，最后选取数学模型中价值最高的客户，向其邮寄印刷精美、成本高昂的产品目录，吸引客户回到宜家进行重复消费。

在直复营销的闭环里，客户数据中最关键的是客户的会员编号（识别码）、历史购买记录和直邮地址这三个要素，通过对海量客户购买行为的数据挖掘，零售商能获知成千上万种商品间的交叉销售机会和最佳销售时间，最终目标是在正确的时间向客户推送正确的商品内容和折扣政策，吸引客户到店消费。

3. 直复营销成功的条件

虽然宜家、沃尔玛等众多商超依靠直复营销走向成功，但这种营销模式并不是每个零售企业都可以复制的，成功的先决条件包括以下几个。

- 良好的品牌形象和产品认可度，使客户看到目录上的图片和文字能产生购买欲望。
- 销售利润足以覆盖目录印刷成本。
- 商品相比竞争对手具有价格竞争力。

不是每个零售商都能建立宜家这种级别的品牌形象和产品认可度，一份质量普通的产品目录如果缺少品牌的支撑，则无法获得客户的信任和吸引客户的眼球；如果产品的利润没有高到一定程度，又无法覆盖高质量目录设计、印刷和邮寄的费用。同时，直复营销前期的客户数据积累又是一个非常缓慢的过程，客户在填写会员卡登记表时，大多数情况下都不愿意填写真实的信息，这也降低了数据的精确度。在企业收集的数据中，完全真实可信的只有历史购买记录，客户填写的年龄、性别、收入等信息基本上都无法反映真实情况，因此直复营销的成功只出现在大型商超、汽车等少数几个行业的少数几个垄断者身上。

还有一种极端情况是甲方将直复营销的所有环节都外包给供应商。例如，中国邮政仍然为企业提供直复营销中从数据、产品设计到邮寄的端到端服务。

二 数据库营销：戴尔的直销模式

1. 数据库营销概述

数据库营销是数据营销的第二个阶段。

在直复营销出现的几十年里，直复营销解决了以下一些问题。

- 找到和客户定期沟通的方式：客户数据+直邮。
- 相比电视广播等大范围覆盖的营销方式，营销精确度相对高。
- 更加便捷的销售方式：邮寄+货到付款。

同时直复营销也仍然存在以下一些问题。

- 对商品的标准化程度和品牌要求高：需要通过简单的文字和图片吸引客户的购买欲望。
- 沟通频率低：直邮的制作和印刷在大部分企业那里都是以月为单位推进的，无法及时抓住市场热点。
- 数据更新频率低：仅能通过收集退信的方式对客户数据进行修正，存在不确定性的邮政体系和对退信的整理需要投入大量的人力和时间，错误的数据重复消耗着资源。笔者所见的一个案例，某互联网企业曾经对中国的百万个中小企业进行了一次直邮，之后一个月内，该企业的前台每天都堆满了以麻袋计的退信。

20世纪90年代，呼叫中心的技术逐渐成熟，更低廉的成本（相对于直邮）、更有效的沟通方式（电话话术）和更精准的数据（可以根据外呼结果及时调整错误数据），解决了直复营销存在的上述几个主要问题。

2. 戴尔的故事

迈克尔·戴尔（Michael Dell）1965 年出生于美国，12 岁时依靠邮票生意赚到人生第一桶金，并花了 2000 美元购买了自己的第一台电脑。16 岁时为某报纸打工，发现新婚夫妇是这个报纸的主要订阅者，因此组织大量人手通过各种渠道收集新婚夫妇的客户数据，统一录入电脑进行整理，再通过主动赠阅两周的报纸来吸引客户订阅，靠着销售佣金，他挣到了自己的第一辆宝马车。1984 年，他成立了以自己名字命名的戴尔公司，销售组装台式机，两年后销售额达到 6000 万美元，1992 年销售额超过 20 亿美元。但是由于组装台式机不高的技术门槛和互联网泡沫在 20 世纪 90 年代的破灭，大量同行业企业都相继宣布破产。在这个转折点，基于对以往销售数据的分析，戴尔发现促使已经购买过戴尔产品的老客户和对戴尔一无所知的新客户购买同等金额的产品，营销投入比是 1∶5，而一台电脑的使用寿命又远低于汽车这样的耐用消费品。通过收集客户数据，并且区分新老客户的营销和销售方式，能够更有效地降低销售成本，因此戴尔在熟悉的直复营销模式上增加了电话营销的方式，从 1994 年开始在客户关系管理（Customer Relationship Management，CRM）系统中为每个客户建立独立的信息，记录了客户的联系方式（姓名、电话、地址等）和历史消费记录，通过数据分析找出每个客户的购买产品倾向和购买时间，再通过电话这种简单直接的方式与客户进行沟通，最后货到付款，完成销售闭环。

通过以上以客户数据为中心的业务模式重构，戴尔完成了从传统制造业企业（生产产品及渠道销售，面对的是整个市场而非具体客户）到直销企业（针对具体的客户进行销售）的转变。资料显示，至今戴尔的 PC 产品 75% 仍然是通过直销进入市场的。

这是戴尔的故事。

在聚集了大量精英、变化飞快的 IT 市场，每过一段时间就会出现新的技术大潮，大部分 IT 企业都会跟随这些大潮进行转型（如最近的大数据、云计算），但是 20 年过去了，戴尔公司仍然靠数据库营销这一招一统天下，领导着全球 IT 硬件市场，期间并非无人模仿戴尔的模式，那戴尔是如何做到"一直被模仿，从未被超越"的呢？

（1）商业模式的基石是基于产品品质的品牌

戴尔产品一直追寻品质和价格的良好平衡，留给客户的品牌印象是比昂贵的高端品牌便宜一点，比廉价的低端品牌质量好一点，当戴尔的销售人员拿起电话向客户介绍产品时，能简单地说清楚卖点。

（2）以客户数据为核心的营销－销售体系

大部分企业对市场的了解来自调研和少数精英的行业认知，之后制定的策略和营销手段也围绕着这些充满假设的行业了解；而戴尔对市场的了解是具体落地到单个客户的，因为有数据支撑，戴尔能迅速发现不同细分市场的异动，迅速做出反应，进行针对性营销，并且所有的执行都能落地到具体的客户身上。例如，某政府机构公布了一项政府投资计划，其他企业在获取这个消息后会进行专项的研究工作，发现政府投资涉及的行业和地域，最后投入配套的资源进行覆盖，这是自上而下的模式；而戴尔会基于常规的收入异动客户分析，判断收入异动的原因，关联到相关政府政策，最后以点带面，找到相关企业名单，进行针对性的营销，这是自下而上的模式。虽然看上去戴尔的模式显得后知后觉，但是因为能落地到具体的客户且可以在第一时间接触客户，所以这个模式的资源集约和效率会更高。

（3）简单高效的营销和销售方式

由于有品牌和数据的支撑及产品的高度标准化，降低了对戴尔一线销售人员的素质要求，只需要有良好的话术支撑，一线销售人员能轻易地表达自己的产品和客户需求之间的关系，加上部分价格和质量优势，销售人员能很容易地在销售决策链相对简单的个人市场和中小企业市场进行销售。

（4）数据营销的高昂投资及以客户数据为中心的商业模式

戴尔每年投入在 CRM 系统建设和数据购买这两方面的全球费用是个天文数字，很少有竞争对手有勇气做出同样的投入。戴尔的内部部门设置同样也围绕 CRM 系统，通过客户数据打通了"部门墙"，这一点对内部部门设置复杂的其他企业来说，也很难模仿。

3. 数据库营销的数据闭环

如图 1-2 所示是笔者罗列的常见的数据库营销模式，分为两个闭环。

（1）新客户挖掘

目标是带来新的客户，主要通过以下三种途径进行新客户挖掘。

- 广告带来的呼入。各类杂志、报纸上刊登的精美的广告图片中的咨询电话，吸引客户呼入（Inbound）。
- 市场活动收集的数据。例如，针对中小企业的线下推荐会收集客户名片，之后通过回访进行呼出式（Outbound）的电话营销。
- 外部采购数据。直接找供应商购买特定行业的企业名录和联系方式，交由呼叫中心进行冷外呼（Cold Call），当客户表现出明显的购买意愿后，呼叫中心的销售人员会在 CRM 系统中录入商机（Lead），CRM 系统会根据可能购买的金额的大小分配不同层级的销售人员跟进，最终完成销售。

（2）老客户维系

基于 CRM 系统中所掌握的客户数据，通过以下两种方式进行客户接触。

- 通过数据挖掘技术，根据客户以往的购买周期、金额等判断客户在短期内购买的可能性和目标产品。以 IT 行业为例，产品购买周期一般不超过三个月，企业会每季度一次对数据进行重新筛选和清洗，选定的客户数据交由销售人员进行外呼。

- CRM 系统中记录了大量真实的客户数据，在经过电子邮件等方式进行营销后，通过判断客户对电子邮件的反馈情况（如是否打开查看邮件、是否点击邮件里的 URL 链接），决定是否需要电话跟进这条客户数据。例如，企业对 CRM 系统中所有的现有客户发送了同样的促销电子邮件，其中通过技术追踪到有 1% 的客户打开了邮件，之后企业可以回到 CRM 系统中找到这些电子邮件对应的客户的电话号码，并找到对应的电话销售人员对这 1% 的客户进行跟进。从客户角度来看，在他们打开这些电子邮件后的第二天，就能接到一个销售电话询问其对昨天发送的促销是否感兴趣，目前是否有采购需求。

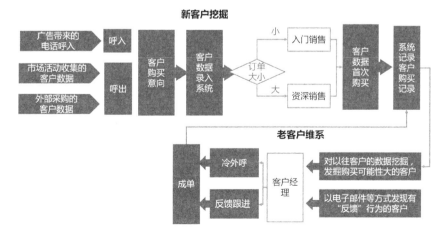

图 1-2　数据库营销的数据闭环

由于 CRM 系统中录入的都是以往购买过产品的老客户，客户数据质量（电话接通率、客户姓名准确度）远优于新客户挖掘中的数据，因此呼叫中心的客户经理更容易与客户进行沟通。

在电话销售过程中，"话术"（Tele Script）是另一个重要的利器。由于产品的高度标准化，再加上通过数据挖掘能大致猜到客户需要的产品，因此人们很容易把与客户沟通的模式标准化录入系统形成话术。呼叫中心的销售人员与客户的沟通并非漫无目的，想说什么就说什么，而是对着电脑屏幕上的文字照本宣科地进行。

三　数字营销：进入大数据时代的精确化营销模式

1. 数字营销概述

数字营销是数据营销的第三个阶段。

在过去 20 年，客户数据和呼叫中心的结合促使了 IT、银行、保险、运营商等行业业务模式的重构，相比早期的直复营销，数据库营销解决了许多问题。

- 更直接有效的沟通方式，可以进行复杂产品的销售：客户数据+呼叫中心。
- 随着营销精度的提高，降低了营销成本。
- 基于对客户历史购买行为的了解，能更加有效地进行老客户的维系。

但是，数据库营销仍然存在以下问题。

- 高昂的投资和人才的稀缺造成数据库营销仍然只是大公司专属的营销方式。
- 客户数据的获取、存储和使用面临着合规风险。
- 客户接触方式相对简单，只有外呼、电子邮件、直邮等少数几种手段，客户容易厌倦。

随着亚马逊（Amazon）、淘宝、京东等电商及一系列大数据营销技术的出现，"客户数据+电商+营销技术+大数据"的数字营销模式又一次改变了数据营销。

2. 大数据时代的精确化营销模式

在大城市里有这么一批人，他们白天努力工作，完成公司的要求，拿着微薄的薪水，下班后他们会在各个电商网站上经营自己的小店，赚着几百元到几万元的额外收入，当有一天小店成长到一定规模，这些人会毫不犹豫地辞掉工作，全职去实现自己的创业梦想。下面回顾一下这些人的成长史。

十年前，只有少数人想到在电商平台上开店，一张精美的商品照片和优化过的商品名称，可以轻易地吸引大量的客户访问，相比实体店高昂的租金、装修和人员成本，这种线上接近免费的"流量红利"帮助店主节省了客源的引流成本。线上与线下的成本差异又造成了商品的价格差异，促使客户在实体店试完商品，回到家在电商平台进行购买，笔者经常听说一个由几个人维护的电商店铺一个月的销售额可以超过十万元。

随着电商平台上的的店主越来越多，免费的"流量红利"越来越稀薄，如果只是把商品放在电商平台上而不购买任何流量工具，商品就不会出现在客户搜索页面的前 20 页，也不会有任何客户有耐心翻到搜索结果的最后一页浏览和购买商品，对店主来说，如何低成本地引流是最大的难题。店主获取客户流量的具体方法包括以下几个。

- 电商标准化引流工具。以淘宝为例，有淘宝直通车（搜索引擎营销）、钻石展位（展示广告）、聚划算（团购）、淘宝客（分销）等多种工具，因为淘宝有几亿名用户的数据（历史购物、浏览行为等），所以可以精准地把广告推给潜在客户。但是，由于这些引流工具都是通过竞价方式得到的，成本随着使用者的增加而急剧上升，现在大部分商品的引流费用占商品定价的 10%以上（这意味着客户在电商平台上买 100 元的东西，至少有 10 元是交给电商平台的），这个成本基本抹平了线上、线下销售的成本和商品价格。

- 店主自有数据。和数据库营销的理论一样，留住老客户进行重复销售会比吸引新客户容易得多。店主在把商品快递给客户的过程中，收集了客户的联系信息和历史购买记录，通过简单分析能轻易找到客户的购买规律，再通过淘宝旺旺的推送或发送短信等方式，店主可以把最新商品推广信息和优惠券传递给客户，吸引客户重复消费。

- 程序化购买。这是大数据带来的营销方式，如实时竞价（Real Time Bidding）。当客户在电商平台上浏览了某商品，该电商平台就可以通过营销技术（如 Cookie 追踪）跟踪客户行为，并根据这些行为触发对应的广告推送。例如，如果客户在某电商网站上浏览了某商品或将某种商品放入购物车后，当他再打开其他网站（新闻类、游戏类、交友类等）时，就能看到对应的产品推送。图 1-3 演示了实时竞价模式。

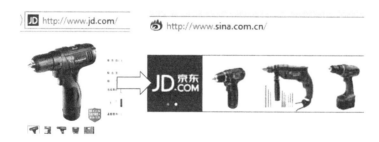

图 1-3　实时竞价模式

- 社交媒体的引流。一些企业在大量用户聚集的社交媒体上开设了公众账号，定期给潜在客户推送内容，通过优质的内容吸引潜在客户后，再通过优惠券等方式往电商平台导流。现在像微信、微博这样的大型社交媒体都提供了丰富的应用程序编程（Application Programming Interface，API）接口，可以让拥有者获取所有公众号用户的信息。

在引流的同时，电商企业通过一些流量分析工具（往往由电商平台提供），追踪流量来源和流量质量（如多少访问来自某渠道，这些客户访问是否最后会购买商品），算清楚每个访问流量折算的具体投入，从而实时调整在不同渠道上投入的营销资源。

这是普通电商企业的故事。

3. 数据营销闭环

看完以上案例，大家会发现数据营销不再是只有大企业才可以实施的重资源模式，拥有海量客户数据的大数据平台（如电商、社交媒体、搜索引擎等）把客户数据和营销环节做成标准化产品，基于这些产品，任何规模的企业都可以轻易地实现"找到目标客户—分析目标客户—对目标客户进行营销推送—引导目标客户进行消费"的全闭环。如图 1-4 所示是以把客户引流到电商平台进行销售为目的（即以电商为目的）的数字营销闭环。

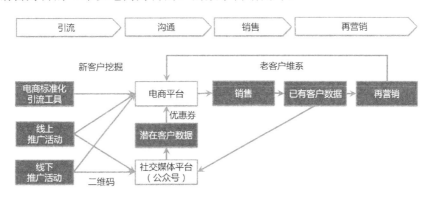

图 1-4　以电商为目的的数字营销闭环

4. 数据营销的变革

相比传统的数据营销，数字营销的主要任务还是新客户挖掘和老客户维系这两个核心，但是数据使用的方式发生了翻天覆地的变化，对一个企业来说，数据营销的变革包括以下几个主要方面。

（1）更丰富的客户数据收集手段

传统数据营销中的客户数据获取方式简单而且成本高昂，有了营销技术和大数据后，企业可以更加方便地收集除了客户历史销售数据之外的其他行为数据，如客户在社交媒体上的行为、各种搜索行为等。

（2）更丰富的客户接触渠道

通过营销技术打通客户在不同平台上的识别码（直复营销的会员编号，数据库营销的手机号和姓名，数字营销的微信、微博 ID、Cookie ID 等），打通的识别码越多，就能从更多的营销渠道中接触客户，推送内容。

（3）社交媒体的介入

社交媒体在传统营销体系中属于品牌和公关而非营销领域。在通过营销技术打通传统 CRM、电商客户数据和社交媒体客户群这三个客户数据源后，整个营销方式发生了突变，无论信息收集、整合还是客户接触，都有了新的方式。

（4）更低廉的成本

传统数据营销在初期建设成本高昂，而数字营销可以利用第三方工具，按照过程量进行付费（之后的章节会提到各种支付方式），也许单个客户的接触营销成本上升了，但是由于接触精度的提高，反而大大降低了总体成本。

（5）不再需要昂贵的专业数据操作团队

第三方工具的存在使企业只需要雇用成本较低的工具使用人员，而不用建立一个端到端的数据团队去进行所有操作。

（6）数据合规

对于拥有客户数据这个敏感话题，由于企业自身不拥有数据，因此降低了数据合规性可能给其带来的风险。

（7）营销效果衡量体系

通过电商平台和自建的流量分析工具，企业能看清楚每个客户数据（流量）产生的具体价值。

第二节 / 数据营销的架构

通过以上三个数据营销阶段，大家看到的更多的是企业如何利用客户数据进行营销，最后导致销售的发生，用客户数据来驱动整个营销模式。但是，"数据营销"这个词覆盖的范围远大于上述领域，如图1-5所示是从基础理论、数据基础、知识领域、主要职责和商业目标这五个领域的架构对数据营销进行的简单介绍，在之后的章节将以此展开论述。

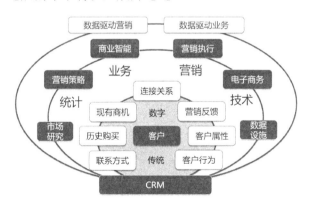

图 1-5　数据营销的架构

一 基础理论

数据营销涉及的基础理论很多，作为基石的是高德纳（Gartner）提出的客户关系管理理论，它强调的是当一个企业的组织架构、产品设计、销售模式等商业模式的各个环节都是以客户为中心时，能明显地增加企业的赢利能力、收入水平和客户满意度。之后人们对客户关系管理的概念又有了不同的理解和更新。

此外，数据营销还会经常使用分别针对老客户维系的"客户生命周期"和新客户挖掘的"销售漏斗模型"这两个比较常见的执行层面的理论。

- 客户生命周期。它回答了在运营商、银行等契约型销售行业，如何根据老客户在产品使用的不同阶段的表现进行针对性营销，提升老客户的维系效率。
- 销售漏斗模型。在新客户获取过程中，通过整合不同的营销资源，对客户进行多波次营销，做到不同营销资源在整合营销中的最优化。

以上三个理论会在之后的章节进行详述。

二 数据基础

要进行数据营销，首先要建立一套系统用来存储客户数据，这就是 CRM 系统。小到输入了客户名片信息的工作表，大到价值千万美元的 Siebel 和 Salesforce 等标准化的解决方案都可以被称为 CRM 系统。对企业来说没有"最好"的 CRM 系统，只有针对当前业务难点"最适合"的 CRM 系统。各种 CRM 系统中存储的数据具有以下共性。

1. 以客户数据为中心

在不同行业开展数据营销所需的客户数据量和规模有很大的差异，但是所有客户数据都是围绕"客户表"而建立的，通过整合客户的历史消费、社交媒体行为、营销反馈等各种数据，最终建立"360 度客户视图"（将在之后的章节阐述），把海量的客户数据整合成业务类人员能简单理解的客户标签，帮助营销人员在正确的时间，以正确的方式、正确的促销策略，推送正确的营销内容。

2. 数据类型

数据类型分为传统 CRM 数据（非实时的，客户姓名、手机号等基本不会变化，并且数据是唯一的）和数字数据（实时的，基于 Cookie ID、MAC、IP 地址的行为，是大数据和营销技术的产物）两种，两种数据的整合目前仍然是数据营销待解决的核心问题之一。关于不同的营销数据类型和整合问题会在之后的章节叙述。

3. 可用数据

有了大数据技术，现在有更多的渠道收集客户不同类型的数据，并且数据量呈几何级增加，在具体使用时，客户数据贵在精而不在多。可用于营销的数据有以下几种。

- 联系方式：客户的姓名、电话等。
- 历史购买：客户以前的购买记录，包括产品、金额、渠道等。
- 现有商机：多用于 B2B 领域，包括客户当前的待采购项目情况。
- 连接关系：客户和客户之间的相互关系。
- 营销反馈：当一个客户收到企业的营销后，是否有一个反馈动作，如打开邮件、参加线下会议等。
- 客户属性：性别、所属城市、收入水平等客户固有属性。
- 客户行为：通过营销技术收集的客户在互联网上的行为，如是否浏览了某网站、停留时长、线下是否出现在某些地理位置等，这是大数据带来的最大变化。
- 业务数据：不同行业的企业收集的客户的个性化数据，如电信运营商收集的客户拨打电话对象、银行收集的客户账户余额等信息。

三 知识领域

由于数据营销涉及领域广，对数据营销人员的要求是多方面的。作为一个合格的数据营销人，至少需要以下四个方面的知识架构。

1. 统计学

在不同行业的营销数据库里，往往有太多维度去描述每个客户的行为，如年龄、收入、性别、身高、职业等，客户的购买行为特征与这些描述维度之间的关系无法通过简单的分析完成，因此需要运用统计学从数学角度来发现客户行为与各维度之间的复杂关系。

最著名的例子是沃尔玛的"啤酒与尿布"。在沃尔玛超市中有成千上万种商品，沃尔玛希望了解客户当前最感兴趣的产品以进行精确推送（如果沃尔玛并不知道客户的兴趣点，只能在营销活动中列出超市里所有的商品和折扣，这份直邮或电子邮件大概需要几百页，客户完全不会花时间去看）。沃尔玛通过统计学手法，对上亿份客户的购买清单记录进行数据挖掘，判断客户在同一次购物行为中所购买的众多商品之间的关系，最后得出一幅客户画像：购买某中高端啤酒的客户有很大的可能性会同时购买婴儿尿布，这幅客户画像的业务逻辑是 30 岁左右，有一定的消费能力，已婚且有了第一个孩子的爸爸，会购买价格不算便宜的中高端啤酒，同时会为自己刚出生的孩子采购尿布。基于这个结论，沃尔玛可以对所有 30 岁左右的男性进行啤酒与尿布的捆绑销售策略，营销的效果会明显高于尿布或啤酒的单品促销。

另一个例子是国外某非营利性组织的募捐活动。该组织掌握了上千万份人口数据，其中包含上千个客户属性字段，包括年龄、性别、家中是否养狗、狗的品种、狗毛的颜色等，那哪些属性会影响客户的募捐行为呢？通过对已有募捐者的分析，最后出来的客户画像是：40~50 岁，黑人，女性，收入在贫困线上下，有宗教信仰。通过已捐款人群的画像分析，该组织可以针对更大的符合客户画像的未捐款人群进行相似性营销。这幅客户画像的产生是通过运用统计学，在上千个字段里挑出对客户是否热衷于捐款敏感性最高的因素，这与我们常规的认为有钱人会多募捐或中产阶级更有爱心的认识不符，但是这个结论在之后的推广活动中证明了其有效性。

2. 业务

相比可以学习的统计学，对业务的理解只能通过长期磨炼而获得，它是数据营销人员最珍贵的才能，没有三至五年的行业经验，一个数据营销人员无法真正对这个行业的数据营销有一个比较深刻的理解。

例如，在 IT 行业有一场高规格的大客户答谢会，主办方在 CRM 中抽取了历史收入最高的 100 个客户进行邀请，最后来到现场的除了像中国银行、中国电信这样的大客户外，还混杂了类似神州数码这样的代理商（从 IT 厂商购买产品并非自己使用，而是分销到各个 IT 大卖场，销售给客户）。在大部分 IT 企业的 CRM 系统中，由于各种原因，代理商数据和真正的客户数据往往是分不开的，只能通过外部名单的匹配来排除这部分并不真正使用产品的代理商。

又如，在大部分行业，客户收入是容易获得而且非常清晰的数据，但在运营商行业，由于收费模式是后付费（先使用商品，之后邮寄账单，客户再支付），因此收入被分为应收、实收、欠款等科目。再加上有些一线销售人员为了完成指标，可能在 CRM 系统中做各种假收入（制造一个假客户，签订真合同，开出真账单，最后按照坏账处理），看清楚真实收入并找出目标客户，在运营商行业反而是一件很难的事情。

3. 营销

数据营销虽然复杂，但仍是营销的一个部分。要实行数据营销，首先要了解营销的逻辑和模式，考虑清楚营销的 4P（产品、价格、促销、渠道）后才能制定更加贴切的数据营销策略，最后嵌入企业的整合营销环节中。

例如，一个医疗设备厂商要针对全国的医院进行影像归档和通信系统的营销，在制定数据营销策略时，该厂商需要先了解自己的产品与竞争对手的优劣、在不同细分市场的强弱、营销跟进的销售资源能力等，最后可执行的数据营销模式如下。

- 从外部获取全国二级以上医院的名单。
- 获取每家医院的 X 光片室主任、设备科主任、主管采购的副院长名单和联系方式。
- 针对以上目标医院进行一轮直邮。
- 在直邮上印制一个 400 开头的电话号码，由专人接听客户的呼入电话。
- 在直邮一周后，针对所有华北地区的医院进行电话外呼，邀请客户参加将在北京举行的产品推荐会。
- 针对华南、华东地区的三甲医院进行外呼，直接进行销售。
- 将华南、华东地区的其他医院名单交给当地的代理商，进行上门拜访。

在以上的整合营销流程中，数据营销起到的是客户细分、提供客户联系方式、打通各个营销节点及优化资源的作用。

4. 技术

这是数据营销人员的基本功，要想精通数据营销，必须会操作数量超过百万条的数据库，其中的基本技能包括以下几个。

- 营销数据设施相关硬件和软件的技术：如何从零开始搭建一个数据库，市场上各种主流解决方案的对比。
- 数据工具：如结构化查询语言（Structured Query Language，SQL）、爬虫及 ETL 工具、商业智能（Business Intelligence，BI）工具（如 Tableau、Cognos）等。
- 分析工具：数据挖掘工具（如 SAS、SPSS、Matlab 等）和大数据工具（如 Hadoop、R、SPARK 等）。
- 营销工具：包括营销自动化、用户忠诚度平台等。
- 大数据营销工具：包括数据管理平台（Date Management Platform，

DMP)、用户忠诚度平台、需求方平台(Demand-Side Platform,DSP)、网站分析、计算广告等。

很少有人能掌握数据营销涉及的所有工具和技术,但是作为数据营销人员一定要知道这些技术领域的存在,并且知道这些领域中各产品的对比、优秀实施供应商,以及针对当前需求最适合营销产品的鉴别能力。

四 主要职责

数据营销对企业的作用不只是在营销执行层面,在企业内部,数据营销人员的定位是"最懂数据的营销人",一切与客户数据相关的领域数据营销人员其实都可以参与,主要集中在以下六个领域。

1. 市场研究

相比传统意义上解决战略战术层面问题的市场研究,数据营销更加关注内部分析和传统市场研究结果的落地工作,两者并不是各自孤立的,而是互补的关系。如表 1-2 所示是两者的对比。

表 1-2　传统市场研究与数据营销的对比

	传统市场研究	数据营销
研究方向	对外	对内及落实
核心解决问题	• 市场怎么样 • 竞争对手怎么样 • 我们该怎么办	• 我们怎么样 • 市场研究调研后得到的结果如何落地
分析数据来源	调研	内部 CRM 数据
分析数据种类	调研样本数据	CRM 内全量数据
产出物	策略和分析结果的 PPT	可落地的客户清单

在一个大型企业内部往往有市场研究团队直接向总裁或市场总监汇报,这些市场研究的专业人士需要看得懂宏观经济,了解行业的最新走势,对当前业务有定性的认识。他们对公司的价值是能提供宏观到中观层面的指导意见。

相比专业市场研究人员，数据营销人员需要更加了解企业内部的运营情况（收入分析）和营销现状，帮助市场研究的结果进行"最后一公里"的落地。数据营销更加关心的是市场研究提出的一些重点细分行业（如制造业）及定义是什么（如建筑业算不算制造业，有多个业态的大型集团中哪几种业态算制造业），最后产出的是落地的客户清单和企业内部能落地的销售组织。本书第四章关于数据驱动的业务模式重构中会有相关案例介绍。

2. 营销策略

通过前期市场研究的职能，数据营销人员对企业宏观层面的策略有了一定的了解，当市场部制订营销计划时，数据营销人员需要配合市场经理完成这些业务策略与营销计划的结合。一般企业是按照季度来制订营销计划的，而市场经理的角色是按照细分市场来配置资源（如对某重点行业、重点地域配置对应级别的市场经理）。在营销计划中，市场经理需要根据公司给出的业务策略，明确当季度自己所辖领域的重点覆盖细分市场（因为没有任何一家企业有足够的资源对全市场进行重模式的覆盖，与其在全市场进行轻模式的覆盖，不如将资源集中在少数几个重点细分行业，反而能产生更好的效果），数据营销人员需要从数据上给出市场细分和客户细分，看清楚这些细分市场的现状（当前收入、已有客户数量等）和市场容量（所有目标客户的数量等），并且评估现有CRM系统的数据是否能支撑针对细分市场的营销落地，以及支持市场经理的营销计划落地。

例如，某大区化妆品行业的市场经理策划在其所辖范围内进行某产品的推荐，数据营销部门需要告诉这个市场经理，在其所辖大区中所有城市的购买潜力、市场份额和历史收入状况，帮助市场经理在上百个城市中挑选出最有价值的少数几个城市，并且列出CRM系统中现存的客户数据数量，以帮助市场经理判断如何对这些城市进行覆盖：是通过无差别的广告推广，还是利用CRM系统的客户数据进行点对点的数据营销。同时，数据营销人员还要评估 CRM 系统中的数据质量（如数据的更新时间），使市场经理能提前预期营销效果。

3. 商业智能

市场上很多讲数据库营销的书籍都会大篇幅地讲述商业智能和营销数据的挖掘，商业智能本质上是一种将 CRM 系统中复杂的数据转变为企业业务层面可用的洞察技术，它包括数据挖掘和数据可视化两个领域。

（1）数据挖掘

如前文所述，CRM 系统中记录了客户各类复杂的信息，从个体来说，每个客户的行为都会有差异。要对复杂的客户进行简单化分析，只能通过统计学方法和数据挖掘工具，去繁就简，把海量数据浓缩成少数"标签"，帮助企业完成客户画像、交叉销售、产品定价等商业目标。

（2）数据可视化

对与数据常年打交道的营销数据人员来说，看到电脑屏幕上出现的一堆数据时能迅速提出见解，但是对业务类人员（如市场经理、部门总监、公司管理层等）来说，他们没有任何数据操作经验，他们对 CRM 系统的诉求就是一个简单的答案。例如，两个细分领域都投资 50 万元进行营销，产出都是 500 万元，哪个细分领域的营销做得好？这个问题只有通过与历史收入的同比和环比，与竞争对手业绩的对比，才能找到答案，而且这些答案需要通过一些饼图、柱状图展现才能让业务人员更加直观地理解。

4. 营销执行

大部分的人提到数据营销时，说的就是营销执行这个环节，它为营销活动直接提供客户数据。这些数据按照又分为传统 CRM 数据和数字数据两种。

（1）传统 CRM 数据

利用 CRM 系统中存储的客户数据进行营销，这些客户数据来自历史订单数据、营销活动的积累、外部采购等，有清晰的客户姓名、联系方式，传统的营销方式（直邮、电话营销、电子邮件等）会用到这些传统 CRM 数据。例如，在我们常见的直邮中，数据营销人员先通过一定条件（包括姓名、联系电话和邮寄地址等字段）抽取目标客户名单，之后将客户数据交给市场经理进行营销执行。在营销活动结束后，数据营销人员还需要对营销中辨别的错误数据（错误信息删除、新信息更新等）在 CRM 系统中进行更新。

（2）数字数据

不同于传统 CRM 数据，客户的数字数据不会涉及客户的具体姓名、联系电话、地址等敏感数据，更多的是基于一些设备（如电脑、手机）通过营销技术采集的客户互联网行为。数字数据对客户的识别是基于这些设备的编码，如 Cookie ID、IP 地址等。例如，客户在电脑上浏览了某电商网站的商品，Cookie 分析可以帮助企业通过客户的 Cookie ID（一串数字和字母形成的乱码，基于浏览器，默认每个浏览器产生的 Cookie ID 背后是同一个客户）识别客户在互联网上查看的商品种类。数字数据被应用于数字营销领域（程序化购买、社交媒体营销等），虽然企业不知道这个客户具体是谁，但是基于这台识别了客户行为的设备，企业可以推送各种新型的、实时的、个性化的互联网广告和营销方式。

5. 电子商务

过去十年电子商务的兴起和成熟改变了企业的营销和销售模式，特别是那些销售额缓慢增长的零售业。如图 1-6 所示是来自 eMarketer 的调研，电子商务的销售额每年都有 10% 以上的增长。以美国为例，按照 eMarketer 的预测，电子商务占总零售市场的 6%，在服装、食品、图书、玩具等细分市场，增长率超过 15%。

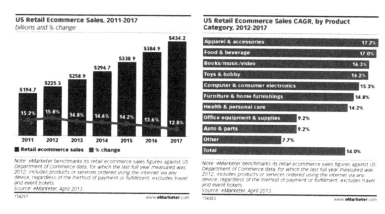

图 1-6　美国电子商务市场的变化

在中国，电子商务占零售市场的比例远超美国，在 2014 年已经达到 10% 以上。而且由于物流成本比美国低得多，在过去几年，国内的线上线下（On line to Off line，O2O）模式引来了大小互联网公司的疯狂投入。对数据营销来说，关注点也从传统 CRM 数据转变为数字数据。在电子商务领域，数据营销的主要贡献是电商引流和运营分析。

（1）电商引流

正如前文所说，由于大量电商的出现，电商的最大优势"流量红利"已经非常稀薄，对企业电商运营团队来说，最大的挑战是找到投资回报率最大的引流路径。不同于传统的销售过程中，企业无法掌握客户购买历程的全过程，电子商务通过各种流量分析工具，可以将客户历程追溯到更远，给予更精准的、定量的营销渠道投入指导。

例如，当一个客户进入一家 4S 店购买了汽车，传统数据营销只能追溯到这个客户是乘 1 路公交车来的，但这是否意味着汽车企业需要将所有营销资源都投入到 1 路公交车上做车身广告呢？答案必然是否定的。但是，由于缺乏数据的支撑，企业只能盲人摸象似地将资源投入凭经验"可能起作用"的营销渠道中。

现在，有了营销技术和大数据，当一个客户在电商平台上购买商品时，企业可以追踪到这个客户过去对各类商品的购买历史、在社交媒体上的行为等各种数据，通过以上数据能判断这个客户的全购买历程中每个节点受什么样的渠道和内容影响，最后决定将营销资源投入对客户购买影响最大的节点上。

（2）运营分析

虽然电子商务的最后交易体现在电商平台上，但是社交媒体平台（如微信公众号）、企业官网、APP、线下地推的二维码等也是电商引流的主要渠道。相比过去只能看到页面浏览量、访问人数等简单的运营数字，营销技术中的网站分析（在网页上埋设追踪代码）和各平台开放的 API 接口（如微信公众号、微博）可以追踪这些平台上的客户行为，帮助企业进行这些平台的营销内容优化，指导资源投入。

例如，在微信公众号运营中，可以在线下使用的二维码中埋入个性化代码，当客户在线下扫描这个二维码进入微信公众号时追踪客户来源；同时利用微信提供的 API 接口追踪线上流量来源，当客户点击线上链接进入公众号并关注时，企业能知道哪个渠道起了作用。除了以上客户来源追踪，当客户在微信公众号中接受了足够的产品教育，进入购买阶段，并通过公众号领取二维码形式的电商优惠券，在电商平台使用时，企业同样可以追踪到微信公众号对电商销售的引流贡献度。

6. 数据设施

传统数据营销涉及的系统相对较少（CRM 系统、外呼系统、数据仓库等），这些系统一般由企业的 IT 部门统一进行建设。随着营销技术的发展和营销场景的丰富，所需要的数据设施日新月异，营销系统也越来越复杂，一般隶属于市场部的数据营销人员需要代表业务层面（市场部）与 IT 部门进行沟通，指导和参与企业的数据设施建设。

以一个看似简单的企业微信公众号为例，在 2015 年微信公众号还只是作为品牌推广的主阵地之一，到了 2016 年，很多零售业企业开始打通微信公众号与电商平台、ERP 系统、会员积分体系、线下店面销售体系的连接，把微信公众号作为串接内部运营流程和外部客户销售服务流程的关键环节，为企业建立以客户为中心的"营销—销售—运作"体系，在企业内部，这样的微信公众号项目往往由同时具备业务知识和 IT 能力的数据营销人员牵头实施。

五 商业目标

对大部分企业来说，数据营销是复杂且投入巨大的领域，那企业高层是如何看待数据营销的呢？

1. 数据驱动营销

企业高层往往是带着复杂的感情来看待"营销"这个词的，从正面意义来说，营销的确能带给企业持续的收入，此外，不同于强烈本位主义的前端销售和后端产品部门，营销人员能告诉企业高层一个相对真实的市场情况。但是从负面意义来说，营销的高成本往往会压缩一个企业的利润。世界上第一个真正意义上的广告主约翰·沃纳梅克（John Wanamaker）说过："我知道在广告上的投资有一半是无用的，但问题是我不知道是哪一半。"往往只有少数大企业才有资源去尝试不同的营销方式，试出哪些是有效的。而大部分企业资源有限，如何得到利益最大化的营销结果是高层最关心的。对数据营销来说，整个营销过程都是围绕着客户数据发生的，一个营销活动是否接触了正确的目标客户、客户对营销内容是否有好的反馈、最后带来多少收入等，这些衡量节点都能通过数据来定量分析。相比无法衡量结果的电视广告、户外广告，数据营销至少能看到定量的投入产出比。

此外，当企业完成了客户数据的积累后，会产生个性化的、以客户数据为中心的营销模式（本书第二章和第三章介绍了相关案例），能将营销更好地融入销售和运营体系。

随着电商的发展，企业会发现"数据"已经成为比资金更重要的企业核心资源，通过客户数据可以形成如联合营销这样的模式，改变传统的"企业—供应商—客户"的单线关系，形成更大的生态圈；通过资源整合，在大幅度降低营销成本的同时还带来了更好的营销结果。第二章的第六节"跨界合作"中将对此进行介绍。

2. 数据驱动业务

纵观企业前端销售和后端服务的各个环节，在很多行业都能通过客户数据将它们进行串联，特别是在电信、金融、零售这些产品高度同质化的行业，客户数据已经被视为企业实现新的商业模式、提升自身竞争力的核心资产。客户数据除了应用于营销，还可以应用于企业内部资源整合、收入考核、架构重组等业务模式重构等领域。第四章介绍了三个业务模式重构案例，这些案例的最后落地都需要基于客户数据。

第三节 / 数据营销的理论基础

通过上文提到的数据营销的知识，你也许已经发现数据营销是一个背负了企业庞大期望值的复杂体系，如果说营销领域的"圣经"是菲利普·科特勒（Philip Kotler）的《营销管理》，数据营销领域却没有一本专著能将各种领域理论化，笔者在这里挑选了营销领域的三个经典理论，这些理论会贯穿所有数据营销的设计和实践。

一 客户关系管理

1. 客户关系管理概述

前文已经提及这个高德纳在 20 年前提出的理论是一切数据营销的基石。客户关系管理的基本原理来自零售业淳朴的实操经验：当服务好一个客户时，他会把这个好的体验告诉身边的 10 个人；但当客户得到恶劣对待时，他会在自己的圈子里把怒气发泄给身边的 50 个人。考虑到每个人所处圈子的客户画像高度相似（如一个刚怀孕的妈妈，她身边的朋友、同学、同事的年龄和她接近，出现孕妇的概率远远大于普通路人），这种信息的口碑传递起着强烈的传播效果。而社交媒体的出现，使得信息传递能量呈现几何级数增加。例如，2015 年发生的"青岛大虾"事件，被极少数不满客户影响的目标客户数量远远超出了企业的预料。这种发掘"好苹果"让其影响周边客户，挑出"烂苹果"防止发酵更多客户，就是客户关系管理的出发点。

"客户关系管理"在百度百科中的全文解释是"企业为提高核心竞争力，利用相应的信息技术及互联网技术来协调企业与客户间在销售、营销和服务上的交互，从而提升其管理方式，向客户提供创新的、个性化的客户交互和服务的过程，其最终目标是吸引新客户、保留老客户及将已有客户转为忠实客户，增加市场份额"。在这里我们看到几个关键词。

- 信息和互联网技术手段（利用 CRM 系统管理客户数据）。
- 销售、营销、服务间的整合。
- 获取新客户。
- 维系老客户。
- 提升客户忠诚度以增加市场份额。

2. 客户关系管理系统

我们发现，"客户关系管理"是一个管理学词汇而不只是营销学词汇，它强调的是企业的组织架构、产品设计、销售、售后服务等商业模式的各个环节都需要以客户为中心，从而提高企业的赢利能力、收入水平和客户满意度等核心竞争力。如图 1-7 所示是 CRM 系统的思维导图，对企业来说，帮助客户关系管理理论最后落地的，是贯彻此思想而设计的 CRM 系统，读懂 CRM 系统可以帮助我们理解客户关系管理理论的精髓。

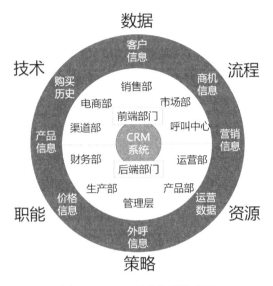

图 1-7　CRM 系统的思维导图

CRM 系统的完整设计逻辑，是连接企业面向客户的前端部门和后端部门，任何一个部门都担负着向 CRM 系统输入信息和提取信息的责任。CRM 系统中存储的数据有很强的行业特性，大致可以分为以下几种。

（1）客户信息

这是指已经购买产品的客户和潜在客户的基本信息和联系方式。

（2）购买历史

这是指客户下订单时，运营部门记录的购买记录，包括产品、价格、促销、套餐、时间等。

（3）商机信息

在企业对企业（Business to Business，B2B）和耐用消费品的企业对客户（Business to Customer，B2C）领域，一个产品的销售周期往往以周或月为单位，而企业内部又面临着人员变动、价格调整等变化。CRM 系统中记录了这些未来可能实现销售的商机信息，来协同不同部门间针对这个商机的系统。

（4）产品信息

通过与 ERP 系统的对接，企业可以获取营销所需的产品信息，如当前可销售产品的目录、多种产品捆绑的解决方案类型等。

（5）价格信息

与 ERP 系统中对接的产品信息类似，价格信息包括当前产品价格策略、套餐策略（如运营商行业由一部手机、一个宽带账号和一部固定电话组成的融合套餐）。

（6）运营数据

在某些行业的 CRM 系统中会记录客户的产品使用情况数据，如银行信用卡的消费记录，电信运营商行业中客户的电话呼叫记录、3G/4G 网络使用情况等。

（7）外呼信息

对于有呼叫中心的行业（如电话销售、银行、保险、运营商、航空等行业），记录了客户的售前、销售、售后等信息。

（8）营销信息

所有在营销过程中产生的数据，包括以下三大部分。

- 营销活动代码。企业在营销中对每次营销战役和活动都会赋予一个代码，用来追踪营销全过程发生的所有数据。
- 营销接触。这是指营销活动覆盖的 CRM 系统中记录的客户数量。例如，企业使用 CRM 系统中的 10 万条数据进行了电子邮件营销，这 10 万条客户数据上都会被标记一次对应营销活动的接触记录。
- 营销反馈。这是指营销活动中对营销活动有反应的客户。例如，接收了电子邮件的客户（在 CRM 系统中有一次接触记录），打开了这封电子邮件进行浏览，CRM 系统中就会记录一次"打开"行为的反馈。当客户点击了电子邮件里的网页连接 URL，系统通过营销技术又会自动发还一个代码，在 CRM 系统中记录一次"点击"行为。

以上这些数据，通过围绕在 CRM 系统周围的价值点——流程、策略、技术、资源、职能（人），被嵌入企业"营销—销售—服务"的各个业务流程中来产生商业价值，这些流程中各个节点的部门可以从 CRM 系统中查询到自己需要的数据，输入更新的内容，从而推动流程的运转。

二 客户生命周期

1. 客户生命周期概述

从严格意义上来说，客户生命周期（Customer Life Cycle）也是客户关系管理的一部分，在电信运营商、银行信用卡等契约型销售行业，客户使用产品之前需要先签定契约（如手机套餐），在契约中规定产品使用规则、超出部分的收费标准和合约时间长度的限制等内容。对电信运营商、银行信用卡企业来说，可以天然收集客户的行为数据（手机号码拨打量、信用卡刷卡信息等），而产品本身又高度同质化，客户附加值并不高，客户更换供应商的成本过低。例如，几年前，在手机号码没有绑定手机银行、支付宝、社交媒体时，很多人有 2~3 张不同电信运营商的手机卡；同时，一个客户的钱包里有多张信用卡也不稀奇。客户生命周期起的作用，是基于客户的消费和行为数据，指导企业发现高利润区域和潜在离网客户的维系工作。

2. 客户生命周期的阶段

客户生命周期将客户购买产品作为周期的起始点，随着产品的老化和各种偶尔因素（如质量投诉）造成客户抛弃此品牌产品为终结，在这一周期中，企业将客户的产品使用分为不同阶段，在不同阶段赋予不同的商业目的和营销重点。不同行业的客户生命周期阶段切分不尽相同，如图 1-8 所示是以电信运营商为例的客户生命周期五阶段。

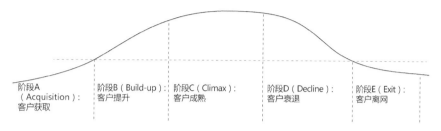

图 1-8　客户生命周期的不同阶段

- 客户获取阶段。当客户购买了产品，还处于一个了解产品的过程中，如果他是冲动消费的话，还存在退货的可能性。
- 客户提升阶段。客户慢慢开始熟悉产品，对品牌和产品有了初步的信任，逐渐提升了满意度。
- 客户成熟阶段。经过一段时间的磨合，产品性能发挥得淋漓尽致，这时存在大量交叉销售和提升销售的机会，对企业来说是利润最高的阶段。
- 客户衰退阶段。当产品性能开始老化，市场上出现升级换代的产品，以及契约也开始进入最后的时间区段时，客户开始更换现有产品。
- 客户离网阶段。产品寿命即将到期，客户开始采购替代品。

在以上五个不同的阶段，营销也有不同的重点，如表 1-3 所示。

表 1-3　客户生命周期不同阶段的营销重点

领域 ＼ 阶段	客户获取	客户提升	客户成熟	客户衰退	客户离网
商业利润	低	中	高	中	低
客户特征及需求	需要尽快了解产品特性	使用产品进入稳定期	对产品使用非常满意	随着产品的老化和更新换代，客户开始寻找替代产品	产品寿命即将到期，客户开始采购替代品

（续表）

领域 ＼ 阶段	客户获取	客户提升	客户成熟	客户衰退	客户离网
营销重点	• 新客户获取 • 引导客户熟悉产品	分析客户使用情况和关注点，提升客户满意度	• 通过增值产品维持客户忠诚度 • 交叉销售 • 对高价值客户的差异化营销	高危客户的预警及提前预警	对离网客户进行高成本的维系工作

以购买某运营商的合约机为例。当一个客户出于各种考虑，与运营商签定了两年合约，领回了手机开始使用时，就正式进入客户生命周期的第一个阶段。在使用过程中，客户自己并不了解所用套餐的每项内容，如 3G 和 4G 流量的差别、WIFI 时长是什么。这些就是客户获取阶段的特征，在这个阶段，运营商需要通过一些问候短信、售后跟踪电话（特别是针对选择了高价位消费套餐的高价值客户），给予客户关怀，让客户更好地了解套餐的具体内容，这个阶段是通过 CRM 系统中记录的客户开始使用套餐的时间来判断的。

当客户的业务量（手机使用情况，包括通话时长、流量使用情况等）开始递增，就进入了客户提升阶段。在这个阶段，运营商通过一些节日问候、免费的增值应用来慢慢提升客户满意度，让客户感觉到其在产品本身之外获取的一些附加值。这个阶段是通过 CRM 系统中客户开始使用套餐的时间和业务量数据来判断的。

当客户的业务量上升到一个稳定的数据，充分挖掘了套餐的内容后，说明客户已经熟悉了运营商提供的套餐，这个阶段是运营商最容易从客户那里获取利润的阶段。例如，流量的超量使用，当客户套餐中包含 2GB 的 4G 流量，但是到了当月的 20 号流量基本消耗完毕时，运营商可以推荐一些流量包（如 50元 1GB 的本地流量等），这些就是额外的收入。同时，由于运营商的产品线很长，可以从手机业务出发推荐宽带、固定电话、移动支付等其他产品进行交叉销售。电信运营商对这个阶段的判断来自客户对手机产品的使用量（通话时长、短信数量、流量用量等），并且这个阶段是电信运营商最希望来得更早、持续时间更长的阶段。

之后，当客户套餐的使用时间接近结束（一般离到期还有半年），或者客户的使用状况出现异常（如查询竞争对手的产品、业务量无理由下降等），就是客户进入衰退期的征兆。在这个阶段，电信运营商不再期待从客户身上发掘更多的剩余价值，而是将营销重点放在如何留住客户上。但对电信运营商来说，因为离到期还有一定时间，客户很少会花精力去研究到期后的续约政策和竞争对手的产品，所以电信运营商仍然有机会利用客户的信息不对称，提供成本较低的续约方案。例如，在套餐到期前半年，通过电话营销通知老客户在原有套餐到期时间的基础上额外加上新套餐的合约时间，但是客户可以提前拿走新套餐赠送的新手机，并且获得一定金额的话费。考虑到手机套餐是不断贬值的，大多数情况下新套餐会比老套餐有更好的内容，这种续约其实节约了电信运营商的成本；同时，由于减少了客户的麻烦，客户又能提前拿到更换的新款手机，因此对客户有一定的吸引力。这个阶段是通过客户的套餐到期时间和产品使用业务量判断的。

当客户的套餐还有最后一两个月就到期，客户投入大量时间查询套餐到期后的几种选择、现有电信运营商产品和竞争对手产品的对比等信息时，对电信运营商来说，就无法像衰退期那样，利用客户的信息不对称来用低廉的成本维系客户了，这时高成本的价格战是唯一能留下客户的方法，对电信运营商来说这是它们最不愿意看到的。

综上所述，客户生命周期是利用 CRM 系统中现有客户产品使用行为数据，分辨具体每个客户的产品使用阶段，找到最优化的营销重点和产品、价格策略的方法论。

三 销售漏斗模型

销售漏斗模型概述

相比客户生命周期关注的是现有客户的维系，销售漏斗模型则关注的是新客户的挖掘。对于快消品领域，在特定市场上投入营销资源后，由于产品本身价格低、信息不对称（客户没有专业知识来判断产品推广卖点的真伪）等原因，客户容易冲动消费，以天为单位的短期销售额就会出现明显波动，企业可以看到营销直接带来的收入。但是，对于耐用消费品或 B2B 产品，营销和销售之间的时间间隔没有这么短，客户对产品会有一个漫长的了解过程和采购决策链，企业无法简单地直接通过短期销售额来衡量营销的优劣，客户从被营销到最终实现购买有一个多层转化的过程，因此企业需要把整个营销过程细化，分成不同阶段来分析营销对客户各阶段转化的影响作用。

在不同的行业，销售漏斗的模型会有所不同，如图 1-9 所示是一个以传统营销（基于 CRM 数据的电子邮件发送、直邮等方式）为例的销售漏斗模型。

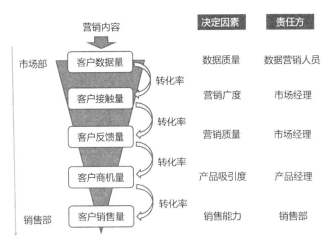

图 1-9　传统营销的销售漏斗模型

（1）客户数据量

这是指 CRM 系统中符合市场经理给出的筛选条件的客户数据量。其中包括来自之前各类营销渠道收集的潜在客户数据（尚未购买商品，但是已经收集了数据），如官网上的邮件订阅、线下活动收集的客户电话等。

（2）客户接触量

这是指基于上述客户数据量，市场经理制定的营销方式（如电子邮件方式）所能覆盖的客户数量。例如，一个针对某城市的电子邮件营销，CRM 系统中记录的客户数据有 10 万条。但这 10 万条数据中只有 4 万条拥有电子邮件地址，因此实际的"客户接触量"只有 4 万条，漏斗的转化率是 40%。要提高转化率，需要市场部的数据营销负责人进行数据的清理和采集（如找第三方数据供应商），提升客户的营销方式覆盖率。这个转化率的决定因素是数据的质量（覆盖度）。

（3）客户反馈量

当客户接收到营销推广后，有些因为各种原因觉得营销内容与自己无关（如市场部挑选数据时出现偏差、营销推广内容不那么吸引人等），所以对营销内容视而不见。同时，也有一部分目标客户被营销内容打动，花精力去了解营销推广的产品。在不同的营销方式中，客户的这种反馈行为各不相同，如表 1-4 所示是某行业不同营销方式的反馈平均值。

表 1-4　某行业不同营销方式的反馈平均值

营销形式	可追踪的反馈形式	反馈平均值
短信	• 打开短信中的链接 • 拨打短信中的电话	1%
直邮	拨打直邮上的电话	1%
电子邮件	打开邮件	10%
	点击邮件里的 URL	3%
会议	接受邀请参加线上线下会议	0.1%～0.3%

通过一些技术收集客户对营销活动是否有反馈，能帮助企业了解营销的效果。承接上文的案例，当企业发出 4 万封电子邮件后，其中有 5000 封被客户浏览，在这 5000 封中，其中 500 封客户点击了邮件里的 URL，进入网站落地页面，查看了更多信息，那在 CRM 系统中就会记录 5000 个客户的"打开"反馈和 500 个客户的"点击"反馈。影响客户接触量到客户反馈量转化率的是整个营销的质量，即企业发送的电子邮件的主题是否能吸引客户打开（有些电子邮件虽然有好内容，但因为主题写得过于普通，可能造成客户没有兴趣打开），客户打开后，邮件里的内容是否能打动客户点击 URL 去看更多细节。

（4）客户商机量

在耐用消费品和 B2B 商品类别中，当企业收集客户的反馈后，继续跟进（如当客户点击了邮件里的 URL 后，企业的呼叫中心跟进对这个客户进行外呼），最后发掘潜在的商机（有些客户可能出于学习或其他目的认真浏览了营销内容，其实本身没有购买需求）。承接上文的例子，企业对 500 个点击了邮件 URL 的客户进行了外呼，通过沟通发现有 100 个客户有实际的购买需求（预算、时间、具体产品需求等）。这个转化率的决定因素是产品吸引度，即营销内容推导的产品和价格是否最终能打动客户，激起客户的购买欲。

（5）客户销售量

这是销售漏斗的最后环节，是指在上一步挖掘了客户潜在购买商机后，销售人员通过一些销售技巧最终将其转换为销售收入的比率。承接上文的例子，100 个商机最终转换为 40 个销售订单。这个转化率的决定因素是销售人员的销售能力，销售人员需要在客户被营销内容打动后的短期时间内，说服客户进行最终购买。

在上文的例子中，我们可以看到 10 万条数据最终如何转换为 40 个销售订单，如果能看清楚多层销售漏斗中每一步的转化率，企业就可以将有限的资源投入到最容易提升转化率的环节中。

第四节 / 数据营销的主要职责

前文初步解释了数据营销的六大职责，接下来我们通过具体案例详细了解一下这些主要职责是如何落地实现的。

一 市场研究：结合内外部数据帮助企业制定战略方向

如前文所述，针对企业战略层面的问题，数据营销（对内及落地）需要配合市场研究（对外）进行全方位的分析和下一步落地建议，我们看个案例。

2008年，中国政府颁布了四万亿元的投资计划，某B2B企业决策层想关注一下这次投资对自己所在细分市场的影响，因为这是一个影响巨大的全新市场动态，企业决策层没有历史经验对其进行定性和定量的判断，只能依靠研究分析和数据营销相结合，对市场有个初步的感知，据此进行之后的资源调配，如图1-10所示是数据营销在市场研究中的应用。

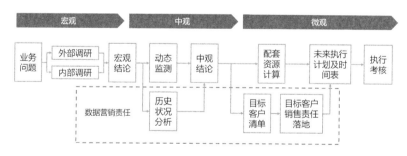

图1-10 数据营销在市场研究中的应用

在整个研究和分析流程的第一步，需要资深市场分析人员配合企业高层进行业务问题的拆解，在本案例中，虽然决策层的业务问题非常广泛（四万亿元投资对企业的影响），但是经过拆解可以分为以下几个具体问题。

- 四万亿元投资影响的具体行业和地域。
- 四万亿元投资中有多少比例涉及企业所在细分行业。
- 四万亿元落地的具体项目及项目主体（最终使用资金的企业或政府机构名称）。
- 四万亿元的资金来源和投资时间。

以上这些问题在资深市场研究人员进行外部调研（公开资料收集、专家访问等）和内部调研（散落在企业内部的资深人士，以及与跟政府机构接触的一线销售人员的交流）之后，获取了一个宏观层面的解答，指出了基础设施建设、医疗教育、产业升级等几个重点，并且给出了资金来源和时间的预测。以上宏观层面的研究属于专业的市场研究领域，本书侧重于数据营销领域，故对此不再详解。

之后，企业内部的数据营销人员需要配合市场研究人员，对之前发掘的重点领域进行分析。例如，在产业升级领域，市场研究人员指出政府会推行"腾笼换鸟"的政策，将产业上下游企业统一搬迁部署到各个园区中，形成工业园、物流园等业态，提升产业效能。在以上定性分析的基础上，数据营销人员的任务包括以下几个。

- 统计"园区"这个细分市场上的历史收入。这需要抽取 CRM 系统中有关的信息。可能 CRM 系统中从来没有对园区这个细分市场打标签，数据营销人员需要先确定园区的定义，再给 CRM 系统中的企业打上"园区"的标签，如以园区管委会、各地招商局等名义进行采购的企业，最后抽取含有历史收入的客户清单。
- 统计全国的园区数量、各自的规模和等级分布。通过第三方供应商的调研、网络数据收集等方式，获取全国园区的具体名单、占地面积、成立年份、上级主管等各类信息。

通过数据营销人员提供的上述信息，市场研究人员可以有一张更加清晰的全图，知道企业在园区这个细分市场的当前位置，包括当前的大客户、历史收入、销售产品类型、市场份额、优势和劣势等，最后向决策层提供一个中观层面的研究和分析结果，同时也对这个市场进行长期的监测，随时掌握变动情况。

在企业决策层基于以上研究和分析结果建立了针对四万亿元投资的对应策略后（如新建一个专门针对园区的销售团队等），数据营销人员还需要提供策略落地的"最后一公里"支撑，包括以下内容。

- 四万亿元投资涉及具体客户（当前的和潜在的）的名单、历史收入和联系方式。
- 四万亿元投资涉及的具体客户所属的企业内部销售组织。

基于以上客户清单，决策层将把资源向与四万亿元投资有关的内部销售组织倾斜，当然，随着资源而来的还有新的销售指标和具体的执行时间表。

从该案例可以看到，在帮助企业做出宏观决策的市场研究这个领域，虽然数据营销扮演的不是主角，但起着支撑决策落地的作用，避免了企业的业务决策与一线执行的脱节。

二 营销策略：利用数据将企业策略落地到营销策略

相比数据营销在市场研究层面的贡献是历史业务的分析、销售层面的目标客户清单和指标落地，数据营销对营销策略层面的支持则表现在营销计划的制订上。当企业把全公司的战略目标分解到市场部，市场部又将其承担的目标分解到主管各细分市场的市场经理后，数据营销人员需要帮助市场经理对所属领域进行市场细分和客户细分，并对数据质量进行评估。

1. 市场细分和客户细分

细分（Segmentation）是数据营销人员的基本功，它是一种思维逻辑和常规方法论，理论基础是二八原则（20%的客户贡献，80%的收入），通过细分可以帮助企业找到重点而集约化资源投入。市场细分和客户细分虽然针对的目标不一样（市场细分针对行业、区域、产品，客户细分针对具体客户），但两者在实际操作过程中使用的数据和结论都是交叉存在的。

（1）市场细分

如图 1-11 所示是一个针对行业的市场细分的例子。

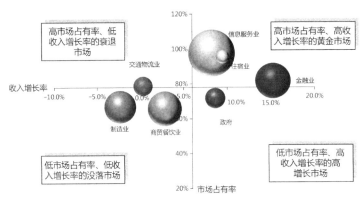

图 1-11　B2B 行业的市场细分

图 1-11 是市场细分最常用的工具"波士顿矩阵"（BCG Matrix），将各细分市场的收入增长率和市场占有率分别作为横轴和纵轴，横轴与纵轴的交义点是平均收入增长率和平均市场占有率，气球的大小代表每个细分市场的容量。通过各细分市场在四象限中所处的位置，企业可以了解当前状况和下一步的策略重点（降低利润率追求市场占有率，或者加大指标追求收入增长率）。在图 1-11 的 B2B 行业的市场细分中，市场容量最大的四个行业中，金融业

和信息服务业已经达到了极限，企业的资源需要向还有上升空间的商贸连锁业和制造业倾斜。

（2）客户细分

如图 1-12 所示是两种最常用的客户细分方法。一种是基于客户历史收入的单维度细分，分出名单制客户（贡献了 80%历史收入的大客户）、剩余客户（有购买历史但购买数量不大的小客户）和潜在客户（尚未进行购买但有意向的潜在客户）。另一种是历史收入和购买潜力的两维交叉细分。其中购买潜力数据是通过行业知识（如大银行、大运营商等客户在 B2B 领域被默认有强大的采购力）或数学模型（企业收集的 B2C 领域客户的年龄、收入、教育水平、历史购买行为等，以及 B2B 领域客户的年收入、员工人数、所处行业等）得来的。最后按照收入和潜力划分为忠诚、潜力、饱和和低价值四类客户，企业为他们分别配置不同等级的营销和销售资源。

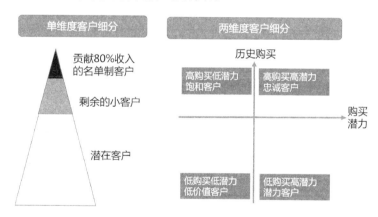

图 1-12　客户细分

除了单维度和两维度，还有更加复杂的多维度客户细分。例如，在美国的 B2C 领域有一个按照肤色、年龄、收入、教育水平、职位、工作行业、是否拥有住房等多维度进行交叉细分，最后将这些细分结果合并使用的 47 大类客户细分行业标准。作为企业，如果能收集到高覆盖度、可信的维度数据，也可以建立支撑业务的个性化多维度客户细分。

2. 数据质量评估

对一个市场经理来说，最尴尬的就是一个策划精美的营销活动到了最后一刻才发现 CRM 系统里的客户数据从数量和质量来说都不能支撑营销活动的进行。因此，在制订营销计划时，市场经理需要和数据营销人员紧密配合，对客户数据的储备量有个初步判断，如表 1-5 所示是一个客户数据质量评估计分册，在针对几个城市开展营销活动之前，应先对各城市的数据储备和客户现状进行分析。

表 1-5　客户数据质量评估记分册

城市编码	城市名称	城市级别	历史收入（万元）	客户数量（个）	有电子邮件的客户数量（个）	可以直邮的客户数量（个）	有联系电话的客户数量（个）
1	北京	1	2026.59	1156	138	509	449
2	上海	1	526.83	831	84	458	395
3	广州	1	115.69	354	31	192	166
4	深圳	2	245.00	286	35	155	142
5	天津	2	54.79	173	18	85	73
6	南京	2	90.82	206	17	96	86
7	杭州	2	90.05	194	16	112	101
8	武汉	2	51.14	127	11	54	50
9	重庆	2	32.85	136	9	58	46
10	成都	2	53.43	159	13	83	73

考虑到数据营销人员对市场经理往往是一对多的关系，而且市场经理需要从多个维度来看数据储备量，为了减少工作量，记分册是一个最好的选择，市场经理可以通过这些数据记分册来判断数据是否足以支撑营销，是否需要预留预算在营销活动开展前进行数据的预清洗工作。

三 商业智能：通过数据模型和可视化帮助在业务层面进行商业决策

对业务人员来说，数据营销涉及过多的技术和统计学，是一个相当生涩和难懂的领域，如果数据营销人员如此描述客户行为"有70%的客户每周六来大型超市，购买200元的商品"，业务人员能够理解这个逻辑，并且安排每周五通过短信对会员发送相关的优惠券。如果数据营销人如此描述客户行为"60%的30~35岁，中产，刚有孩子的父亲会在超市里购买啤酒的同时购买尿布"，业务人员稍微思考一下也能理解这个逻辑，并且推出啤酒与尿布的促销组合。

但是，大部分情况下，客户的购买行为受影响的因素太多，采购决策没有上述案例描述的这么简单。例如，一个刚大学毕业2年、年收入10万元的职场新人和年收入30万元、每月房贷1万元的中产男性，谁更有能力购买20万元的汽车？一个30岁未婚白领女性和一个退休的国企处级干部，谁是出国旅游市场的最佳目标客户？也许你能根据自己的判断来定性地回答这些问题，但你如何定量？

在数据营销的实际操作中，CRM系统中往往会收集上百个可能影响客户购买决策的字段来描述一个客户，但是哪些字段起了决定性作用？哪些字段也许单个因素作用不大，但是当几个字段组合起来就会与客户采购行为高度相关？这些分析只能通过商业智能中的数据挖掘来解决。

某B2B企业收集了一定数量的目标客户清单，并且收集了这些客户的员工人数、年销售额、所处行业、所在城市等信息。希望数据营销人员综合以上所有因素，定量地回答这些目标客户的购买潜力，然后进行排序，对潜力比较大的目标客户进行直接面对面销售，对潜力比较小的客户通过营销方式覆盖。

数据营销人员基于对历史数据的判断，建立了包含十个参数的客户潜力模型，如表1-6所示。最后得到了一个定量的值"预测购买潜力"，帮助业务人员简单地排列目标客户优先级。

表 1-6 客户潜力模型

企业代码	企业名称	所在行业	预测购买潜力	年销售额（元）	员工人数（人）	所在城市	是否行业百强	企业性质	是否上市	是否集团总部	历史销售额（元）	成立年份
A000005	××D 公司	制造业	9 813 752.1	8 710 000.0	1800	南京	√	国企	√		6 917 504	1992
A000006	××E 公司	信息传输计算	4 559 702.4	1 150 000.0	578	南京		国企	√		7 169 405	1997
A000001	××银行	金融业	4 428 104.7	650 000.0	400	上海	√	国企			2 206 209	1990
A000002	××A 公司	信息传输计算	3 014 990.6	692 000.0	230	上海		民企			2 837 981	2012
A000007	××F 银行	金融业	3 008 526.2	800 000.0	356	南京	√	民企			3 217 052	2014
A000004	××C 公司	其他	2 839 473.8	320 000.0	600	上海	√	国企			2 358 948	2011
A000003	××B 公司	信息传输计算	2 642 252.9	200 000.0	210	上海		民企			1 084 506	2011
A000009	××H 公司	信息传输计算	2 466 790.7	102 300.0	500	南京		国企			1 011 281	2000
A000008	××G 公司	信息传输计算	1 310 177.1	90 200.0	153	杭州		国企			618 354	2013

预测购买潜力的计算公式为：

$$y = x_0 + \sum_1^{10} x_i a_i$$

y ——预测购买潜力 $x_5 =$ 客户是否是行业百强

x_0——常数项 $x_6 =$ 客户性质（外企、国企、民企）

x_1——客户所在行业 $x_7 =$ 客户是否上市

x_2——客户自身年销售额 $x_8 =$ 客户是否是集团公司总部

x_3——客户员工人数 $x_9 =$ 客户历史销售额

x_4——客户所在城市级别 $x_{10} =$ 客户成立年份

商业智能的另一个功能就是让业务人员读懂数据及结论的数据可视化，并且让不同数据分析需求方在同一个数据口径下阅读分析报告。在相关的视觉研究报告中提到，人眼通过图片接收信息的速度是文字的六万倍，面对数页复杂的文字和数据，一张简单直观的图表可以让阅读者马上找到重点。以图 1-13 为例，相比（a）的数字矩阵，（b）的简单图示展示了四个大区的收入和收入增长率，人们能简单地得出"企业的收入大部分来自华北地区和华南地区，相比 2015 年，2016 年的收入增长点主要在华南地区"。

××公司2015—2016年营业收入

单位：万元

区域	2015年	2016年	收入增长率
华北	500	520	4%
华东	320	300	-6%
华南	300	370	23%
华西	180	200	11%

（a）

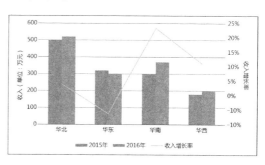

（b）

图 1-13　数据可视化

相比以上用最基础的 Excel 工具建立的图表，还有像 Cognos、QlikView、Tableau 等专业可视化工具，它们对接数据库后，可以实时地将结果更加直观地展现给不同业务层面的人员，并且这些报表展示基于同一套数据库口径和底层数据，大家不会因为口径差异对分析结果产生歧义。

四 营销执行：利用客户数据提升营销效率

数据营销对营销最直接的支撑，就是找到精准的目标客户数据，提高营销活动的效率。从客户数据的类型和使用方式来说，数据营销在传统 CRM 营销和数字营销中的模式完全不同，如图 1-14 所示。

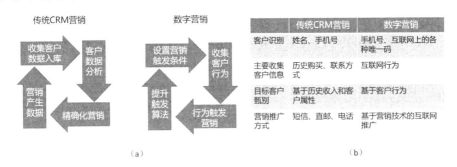

图 1-14 数据营销在传统 CRM 营销和数字营销中的对比

从图 1-14 的对比中我们看到，在传统 CRM 营销中，数据营销的核心是客户数据，在整个闭环中都是围绕"收集客户数据→从大量数据中找到目标客户数据→针对性营销→针对营销中产生的新客户数据的再收集"这条主线进行的。而在数字营销中，数据营销的核心是识别客户的算法，围绕的主线是"基于目标客户可能的行为进行营销设置→收集客户的行为数据→通过匹配为目标客户触发对应的营销活动→根据营销结果提升目标客户的触发条件算法"。

打个比方，传统 CRM 营销扮演的角色更像一个"炮兵"，发现目标客户后就把一堆营销内容打过去，希望命中目标。数字营销扮演的角色更像一个"地雷兵"，找到目标客户经常出现的地方，埋下触发的营销内容，等待出现在这些地方的目标用户触发营销活动。

以中国 IT 行业 B2B 市场为例，每年中小企业的 IT 负责人离职率达到 30% 以上，任何一个 IT 厂商都无法保证 CRM 系统中客户数据的高度准确率，特别是对昂贵的直邮和外呼方式进行营销，如何在 CRM 系统的海量数据中找到最优的少数数据呢？

以某厂商在某城市举办一个千人级的线下推荐会为例，整个推荐会的成本超过一千万元，厂商除了通过一线销售人员对重要客户直接进行邀请、在主流媒体进行宣传吸引客户注册外，利用 CRM 数据进行现有客户的邀请也是保证参会客户质量的主要途径。数据营销人员需要向市场经理确认推荐会的主题和目标客户，在该城市历史的 CRM 数据中抽取相关企业数据后，抽取相关联系人，然后按照历史收入、企业规模等多个维度设定优先级，对重要客户直接通过外呼进行邀请，对普通客户进行简单的电子邮件和短信邀请。提供数据时，数据营销人员还需要基于历史经验，告诉市场经理通过 CRM 系统中的数据大致能邀请到的人数（IT 行业一般是 2%~3%），给予市场经理一个明确的预期值。在推荐会结束后，数据营销负责人需要对过程中产生的数据在 CRM 系统中进行更新。

- 原有数据的更新。将那些在各种邀会方式中发现的错误数据（联系人离职、企业倒闭、电话及电子邮件更改等）在系统中更新。
- 新数据的录入。将那些在会议现场收集的新客户名片，在 CRM 系统中进行新建。

再以本书为例，如果笔者愿意投入一笔资金对本书以数字营销的方式进行推广（虽然笔者没有这么做），笔者首先会通过一些大数据分析工具（如百度司南，后文将会做介绍）或历史经验的认知，发现购买本书的主要目标人群的特征，并且继续通过这些分析工具了解目标客户的行为可能有以下几种。

- 云集在像梅花网、第一营销网这样的营销细分领域网站上。
- 经常通过搜索引擎搜索最新营销资料，搜索词包括"大数据营销"、"营销案例"、"数据营销"等。
- 会在京东、当当网上购买营销相关书籍。

其次，基于以上目标客户特征，笔者会成立一个电商店铺，作为销售主体，之后进行数字营销推广，包括以下方式。

- 在营销相关网站投放广告（如网站首页上的图片展示）。
- 在搜索引擎上购买以上提到的关键词，吸引客户访问可以购买此书的电商店铺。
- 购买DSP广告（后文会介绍这种模式），任何在电商平台上查询或购买过营销类书籍的人，笔者都会向他们投放互联网广告，当这些目标客户打开新闻类、聊天类、游戏类等各种网站时，能都在广告位看到本书的广告。

最后，笔者会利用一些电商分析工具，看清楚以上三种营销方式的效果，即每个时间点有多少客户通过看到其中一种营销方式展示的广告来到笔者的电商店铺，最终有多少客户购买了本书。通过这些定量数据来分析哪种营销方式能带来质量最高的客户，哪种营销方式的投入产出比最高（也许笔者需要为带来一单销售投入100元的广告费用，这远远超过本书的售价），最后调整接下来的营销投入策略。

在这个案例里，笔者手中从始至终都没有具体的客户数据，笔者能看到的只是一些数据分析工具提供的统计数据。笔者通过这些统计数据来判断营销活动是否命中了目标客户，之后对营销内容和营销渠道进行调整。

看完以上两个案例，你可能会问，这两种数据营销模式是否可以结合呢？答案是肯定的，并且这也是很多大企业正在进行的尝试。第二章、第三章和第五章会有一些相关案例介绍，以及笔者对未来发展的思路。

五 电子商务：利用数据向电商平台提供优质流量

前文已经描述过随着电子商务的发展，数据营销进入了新的阶段。在电子商务领域，数据营销的作用是电商引流和运营分析，我们看以下案例。

某细分领域电商（如酒店预订、机票预订、出国旅游、出国留学等）有一个自建的电商平台（官网和 APP），同时在淘宝上有一个专营店。在这个细分领域虽然有强大的竞争对手存在，但这个电商更加贴近市场，通过个性化服务吸引客户，在价格之外仍然有部分竞争力。这个电商的主要问题是知名度不高，通过传统的口碑营销传播速度太慢，因此该电商希望通过更加直接的营销投入来提升客户流量和最终销售。由于这个电商资源相对充足，因此准备尝试多种引流方式，并建立如图 1-15 所示的客户引流闭环。

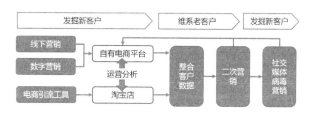

图 1-15　某电商的客户引流闭环

在以上闭环中，这个电商最原始的客户积累来自各种营销手段，粗略分为以下几种。

- **线下营销。** 由于这个电商的销售渠道只有线上，因此在这个发展阶段对线下的定位是营销渠道（后文将详述）。线下的营销渠道包括最常见的地推（促销人员在目标人群密集的地方拿着产品二维码，通过赠送礼物的方式要求客户扫码安装 APP 或加微信公众号）、传统媒体（如报纸、杂志、电梯广告、地铁广告等）等。最终目标是提高该电商的知名度，逐渐建立信任背书，增强客户对产品的信心，吸引客户到电商平台上购买。

- **数字营销。** 包括搜索引擎营销、展示广告、各种平台的软文（如在问答类平台找意见领袖传播）、社交媒体营销（在微博、微信、人人网等各种社交媒体上进行营销）、团购等。由于数字营销的方式过多，这里不再一一枚举，这些线上营销的最终目标也是提高该电商的知名度，吸引客户到电商平台购买。

- **电商引流工具。** 以淘宝为例，该电商可以购买标准化的淘宝直通车（淘宝上的搜索引擎营销）、钻石展位（淘宝上的展示广告）、聚划算（淘宝上的团购）等方式，吸引客户到店内购买。

通过以上方式吸引来的流量，还存在流量质量（如供应商造假，通过技术手段在流量分析工具中出现大量虚假的流量，或者引流平台上的客户仍处于销售周期中的早期阶段，看的多买的少）和如何将访问销售页面的客户流量转换为销售两个核心问题。这时，数据营销需要发挥"运营分析"的作用，帮助这个电商在花了高额成本进行引流后，把这些流量最终转换为销售。这些数据营销的功能被网站分析领域覆盖，后文将对此进行详细描述。

在得到客户流量后，这个电商要耗费资源同时建立两套销售体系。

- **淘宝店。** 大部分进入淘宝的客户都有明确的购买意愿，只是需要在不同店铺的产品之间进行比较。以某快速消费品为例，100 个访问者最终会带来 3 个销售（转换率为 3%），如果按照每个访问的引流成本是 0.1元（这个成本数字根据商品的竞争程度在淘宝上会有巨大的差异），则平均每个商品上分摊的引流成本是 3.3 元。而且像淘宝这样的成熟电商平台会提供大量的标准化工具，成立一个淘宝店铺的成本相当之低，除非成立需要交纳大量管理费用的天猫旗舰店。但是淘宝店的弱点是全销售过程中客户与其说是"店家的客户"，不如说是"淘宝的客户"，今天店家可以购买某个客户的流量，明天它的竞争对手利用资源可以做到同样的事情，店铺除了能拿到快递单上的客户信息外，对客户的购物过程中产生的行为数据一无所知。

- **自有电商平台。**自建一个平台的成本远远高于成立淘宝店，而且引流效率更低，承接上例，如果是自有电商平台，100 个访问者最终只能带来 0.5 个销售（转换率为 0.5%）。而向同一个访问者销售成功的成本在淘宝上和淘宝之外基本是相同的，因此对这个电商来说，自有电商平台的引流成本比淘宝店要高很多。但是，自有电商平台的好处是销售最终会沉淀真实的客户数据，而且在自有电商平台上可以设计很多与客户互动的功能，能向客户持续推送新的营销内容，对老客户的营销成本接近于零。因此，在很多电商的布局中，自有电商平台是最终客户沉淀的平台，而淘宝店是其获得第一桶金的客户来源。

在挖掘完新客户后，电商需要整合不同平台上沉淀的客户数据，看清楚客户在淘宝和自有平台上的购物行为和营销反馈行为，之后就能更加精确地向老客户推送针对性更强的内容。更好的一面是，随着老客户与店家互动的增多，店家对老客户的理解越来越丰富，随着营销的进一步精准，客户就会对这个店家产生足够的忠诚度。

对于老客户的价值，除了可以为企业带来持续不断的收入外，更可以起到"信息传播器"的作用，店家通过一些规则设置（如把客户互动平台建立在社交媒体上、客户积分激励），很容易让老客户把店家的信息传播到朋友圈中，形成病毒营销的效果。

从以上两个电商案例中可以看到数据营销的核心价值。如今，在电商领域客户引流的费用占销售额的 10%~15%，数据营销通过新客户挖掘阶段的流量优化和老客户维系阶段的精确化营销，节省的客户引流成本对企业来说都是看得到的真金白银，因此市场上从事电子商务领域的数据营销人才储备是最多的。

六 数据设施：建设数据营销所需的 IT 设施

随着数据营销的数据量的增加和营销方式越来越复杂，数据营销已经不再是传统通过 Excel 收集数据，找家印刷厂制作直邮的简单模式。要提升数据营销的精准度和及时性就需要通过 IT 手段来实现。数据营销的最后一个职责就是从业务角度，协调企业内部的 IT 人员建设支撑数据营销的数据设施。数据营销发展到现在，数据设施远非一个 CRM 系统这么简单，以一个场景为例：一个购买某品牌汽车五年的车主到 4S 店想了解新款车型，在他刚踏进 4S 店的第一分钟，就收到了该品牌汽车以旧换新、零利率贷款购车的促销短信。

这个场景看上去如此简单，但整个实现过程涉及多少数据设施呢？如图 1-16 所示。

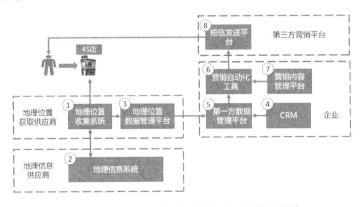

图 1-16　简单场景中数据营销涉及的数据设施

① 地理位置收集系统。当这个车主带着手机进入 4S 店的那一刻，地理位置获取供应商（如手机运营商、开放了定位功能的 APP 制作者等）通过不同的机制收集这部手机的经纬度、手机号码等信息，不同的收集方式需要不同的

数据设施。

② 地理信息系统。这是存储在地理信息供应商对外数据库里的地理信息，在这个案例中数据库里有全国 4S 店的经纬度，通过数据交换告诉地理位置获取供应商这部手机发生的信号对应的经纬度是某个 4S 店，数据提供的方式包括离线的一次性提供或通过实时接口调用 API 的方式。

③ 地理位置 DMP。这是地理位置获取供应商的另一个系统，在前两步中获知的进入 4S 店经纬度的客户数据放到地理位置 DMP（后文会详述）中，支持实时地被外部调用数据，提供的数据中包括这个客户的手机号码。

④ CRM。作为一个汽车品牌企业，其 CRM 系统中记录了曾经购买该品牌汽车车主的数据，包括性别、年龄、购买车型、购买时间、手机号码等。

⑤ 第一方 DMP。为了进行实时营销，企业把 CRM 系统中的数据进行处理后放在自己的第一方 DMP 中，通过匹配手机号码，知道进入 4S 店的这个手机号码的主人五年前购买过自己品牌的汽车。

⑥ 营销自动化工具。前五步的作用是精准地找到客户，之后要想进行实时的营销推送，就需要营销自动化工具（后文会详述）对数据进行驱动。营销自动化工具对接了三个系统：从第一方 DMP 抽取客户数据，从营销内容管理平台抽取营销内容，最后对接短信发送平台进行客户接触。

⑦ 营销内容管理平台。该平台存放了针对不同特征客户的营销内容、促销策略，供营销自动化工具实时调取，在本案例中，对于五年前购买同品牌汽车的车主，以旧换新和免息贷款的促销更有吸引力。

⑧ 短信发送平台。该平台一般由第三方营销平台供应商提供，在输入手机号码、短信内容后实时发送。

以上如此简单的场景都涉及四个数据方和八种数据设施，如果要给客户进行分钟级的营销推广，对数据设施的要求就更高。如果再加入竞价排名因素或短信之外更加复杂的营销方式，涉及的数据交换方式和数据设施会更加复杂。以上提及的每种数据设施都需要上百万元的建设费用，这也是为什么这么简单的营销场景在现实中还没有实现。

在数据营销过程中涉及的数据设施远比上述案例中提及的更复杂，因此在数据设施建设过程中出现了两个极端模式，一个是大企业建立个性化的庞大的营销数据设施体系，一个是小企业除了把核心的客户数据放在自己手上，其他设施都通过购买或租赁方式使用第三方实现。但是，无论哪个模式，都需要数据营销人员根据业务需求，找到最适合的数据设施和使用方式。

第五节　数据营销的知识领域

以上我们了解了数据营销的发展历史、基本理论、主要职责，接下来看一下数据营销有哪些具体的知识领域，如图 1-17 所示是以数据营销的应用闭环的方式串接的知识领域，以方便理解。

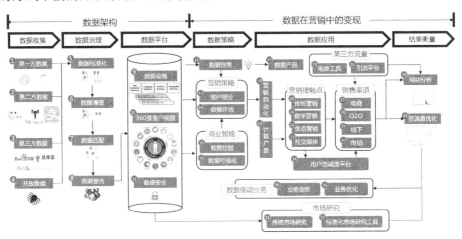

图 1-17　数据营销的应用闭环

图 1-17 中的 36 个知识领域，先按照数据架构（如何收集数据、处理数据、解决数据本身问题）和数据在营销中的变现（客户数据如何帮助营销）分为两个大步骤，之后按照数据操作的先后顺序分为数据收集、数据清理、数据平台、数据策略、数据应用和结果衡量六个小步骤。

如果按照数据营销在企业中的主要职责划分，数据营销的知识体系可以分为如表 1-7 所示的四大领域。

表 1-7　数据营销的四大知识领域

领域	主要人才来源	主要职责	关注重点					
			数据收集	数据整合	数据平台	数据策略	数据应用	结果衡量
CRM	• CRM 系统管理，实施、维护、操作人员转型 • 呼叫中心数据管理人员	• 为企业建立端到端的客户数据应用闭环 • 利用客户数据来驱动营销和业务模式	★	★	★	★	★	★
市场研究	统计及咨询出身的市场研究人员	利用客户数据和分析来指导企业决策	▲				★	▲
数字营销	公共关系及媒体人员	结合数字营销手段和客户数据，提升企业的曝光率			★	★	★	★
电商	电商运营人员	为电商带来更多高质量的客户流量				▲	★	★

★：主要知识领域　▲：次要知识领域

在这四大数据营销领域中，CRM 和市场研究存在已久，模式基本成熟，有相当多的人才同时掌握这两个领域的知识。而数字营销和电商是十年前出现的新领域，其运行模式日新月异，人才跨界比例最高，而且由于这两个领域更贴近销售，能给企业带来更加直观的财务效果，因此人才的数量和质量会更多、更优秀，同时这两个领域也容易互相打通。

数据营销的发展是随着这四个领域的互相融合实现的，特别是打通基于 CRM 的传统客户数据和基于数字营销的数字数据，引入更多跨界的资源形成更新颖的营销方式，是可以预见的数据营销的未来。

一 数据收集：数据收集的种类及来源

数据收集可能是企业对数据营销首先关心的问题：能收集什么样的数据？客户数据从哪里来？

1. 数据收集的种类

从数据类型来说，收集的客户数据可以分为传统 CRM 数据和数字数据两种，如表 1-8 所示。

表 1-8　两种主要客户数据类型

数据种类	客户数据类型	采集方法	客户识别
传统 CRM 数据	• 客户的基本信息 • 客户历史购买信息	从客户交易与营销活动中收集	姓名、手机号码、电子邮件、身份证号、家庭住址等
数字数据	各种客户的互联网行为	利用营销技术收集	Cookie、手机号码、MAC、IMEI 等

传统 CRM 数据主要解决的是"客户是谁"、"客户买过什么东西"的问题，记录的是客户"真实"的信息。而数字数据解决的是"客户有什么互联网行为"的问题，数字数据中收集的客户行为可以分为以下几大类。

- 浏览行为数据：客户在不同终端（手机、电脑等）使用不同浏览器浏览网页的数据。
- 搜索行为数据：客户在搜索引擎上的搜索行为。
- 地理行为数据：客户的终端（特别是手机）出现的地理位置，因为手机是随身携带的，可以默认手机的位置就是客户本人的位置。
- 电商行为数据：客户在不同电商、团购、O2O 平台上的浏览和购买行为。
- 社交行为数据：客户在社交媒体上的一言一行，以及社交媒体上的关系网数据。
- 互联网金融行为数据：在互联网上的借贷行为，以及综合相关数据后得出的信用数据。

在数字数据中，对客户的识别基于一个设备，而不是具体的人，只是默认同一个设备的使用者是同一个人（有时不能解决一个设备有多个用户的情况，如网吧里的电脑）。传统 CRM 数据中对客户的识别是通过姓名、联系电话、电子邮件、地址等实现的；数字数据则是根据客户的浏览器 ID（Cookie ID）、电脑网卡的识别码（MAC）、手机的识别码（手机号、IMEI、安卓 ID）等实现的。在现实中基于传统 CRM 数据的营销和数字数据的营销是割裂的，但从技术角度，可以通过识别手机号码的方式打通两部分数据，从而建立更加完整的 360 度客户视图，形成更多的数据营销模式，达到 1+1 远大于 2 的效果。

2. 数据收集的来源

在实行数据营销过程中的数据来源有两种方式：一种是自己收集客户数据，该方式适合需要个性化数据营销方式、有大量预算的大企业；另一种是调用第三方的现成数据，该方式适合需要标准化数据营销方式、预算有限的中小企业。这里讲的是前种方式，让我们看看那些将建立自己的客户数据体系作为目标的企业是如何收集客户数据的。

如表 1-9 所示是客户数据的四种数据源，是按照数据收集平台的归属和数据源的归属来区分的。

表 1-9　客户数据的四种数据源

数据源	数据来源	数据源归属	数据平台	典型来源	常见数据类型
第一方数据	内部	自身	自身	CRM 数据	• 历史交易数据 • 营销积累数据 • 呼叫中心数据 • 网站分析数据 • 客户业务数据（部分行业）
第二方数据	外部	自身	外部	社交媒体平台 电商平台	• 社交媒体行为数据 • 电商交易数据
第三方数据	外部	外部	外部	外部供应商	• 客户行为数据 • 客户信用数据 • 其他数据
开放数据	外部	外部	外部	爬虫数据	• 互联网上可见数据

（1）第一方数据

第一方数据可以简单理解为企业在自己的平台上收集的属于自己的数据。例如，订单系统中记录的交易数据；营销活动中收集的客户名片、手机号码；企业呼叫中心收到的客户咨询和投诉时留下的客户信息；通过网站分析技术收集的访问企业主页和 APP 的行为数据；银行、运营商行业收集的客户使用产品时产生的业务数据（如信用卡刷卡次数、通话对象等）。在企业收集的第一方数据中，只有网站分析数据是数字数据（通过营销技术采集），其他都是传统 CRM 数据。

第一方数据的优势是数据由企业自主采集，采集数据的广度和深度由企业自己做主，而且数据可信度相对高。收集的客户数据包括现有客户及已经与企业产生互动的潜在客户。

第一方数据的劣势是除了少数行业（如需要实名的银行、电信运营商等），大部分行业很难收集客户销售/商机之外的客户数据，如客户的年龄、收入、性别等，这些数据虽然可以通过用价格昂贵的调研和客户在申请会员时登记的信息等手段进行收集，但是数据完备度和准确率相当低。另外，由于企业收集的传统 CRM 数据和数字数据是割裂的，第一方数据最终的营销方式还是以传统的电子邮件、直邮、电话营销为主，新颖的数据营销手段应用场景较少。

第一方数据大部分的用途是根据现有客户的购买行为，判断潜在客户的销售机会或现有用户的交义销售机会，最后通过传统的营销方式（电子邮件、直邮等）进行营销以增加收入。它还可用于老客户的维系，以及在 B2B 或 B2C 耐用消费品领域接近销售周期末端的潜在客户的营销。

（2）第二方数据

第二方数据可以简单理解为在外部平台上收集的属于自己的数据，主要包括社交媒体和电商数据两大类。社交媒体提供的 API 接口数据包括客户在企业所属社交媒体账号上的行为数据。以微信公众号为例，腾讯提供所有粉丝用户的 ID、性别、注册地、发言等各种数据（具体请在搜索引擎上搜索"微信开发者手册"，有具体介绍）。电商数据主要是客户订单数据，包括电商给客户发货时快递单上记录的客户联系方式及购买商品的定价和品类等。

第二方数据能收集的数据类型完全取决于这些外部平台的开放程度。电商数据属于传统 CRM 数据，可以通过客户姓名、手机、地址与企业的第一方数据连通，而社交媒体数据记录的是客户的行为，但是企业通过引导客户注册、将登录密码发送到客户手机上，可以收集客户的手机号码，以此与第一方数据连通。微信作为最大的社交媒体，几乎每个月都会修改开放的数据类型，为企业提供新的数据类型，这些数据调取的方式是以实时 API 形式实现的，是实时营销的主要数据源。

第二方数据的优势是有最大的数据真实性，客户在社交媒体上的一言一行、在电商平台上购买的商品等数据的真实性很高，用第二方数据作为基础进行营销可以实现最大的精准度，并且由于通过实时方式采集数据，因此可以支撑实时的营销数据类型，能够产生足够多的营销场景。

第二方数据的劣势是数据采集源并不属于企业，当外部平台一旦停止提供数据，或者提出一个企业无法接受的条件时，企业就只能抛弃过去做的所有努力，之前基于第二方数据建设的数据设施和营销模式一夜之间就会失去作用。此外，这些为企业提供客户数据的平台往往还希望赚取企业的营销费用，会连同数据一起建立封闭的营销生态圈（如淘宝的直通车和钻石展位等引流体系、微信的广点通），并在企业数据连通环节和营销方式上设置很多障碍。例如，在微信中无法打开淘宝页面（为解决这个问题，淘宝变相做了淘宝口令），微信也颁布了严格的规则来限制微信圈里的营销类型。例如，某创业公司构思了一个病毒传播创意，用户在该公司的微信公众号输入自己的姓名和生日后，页面上会出现一张带有很多描述客户关键词的图片，并且可以让用户一键转发到朋友圈里，但由于该公司没有购买微信的营销工具，腾讯可以在短时间内宣布这个创意不合规而关闭其公众号，这个小小的创业公司之前努力收集的上百万名关注粉丝的数据瞬间作废。

（3）第三方数据

第三方数据可以简单理解为外部供应商拥有的数据，企业只能通过购买、交换、租赁等方式使用这些数据。这里需要强调的是，在中国，B2C 领域的数据（个人数据）买卖是非法的，在几年前的"3·15"晚会上曝光了一些第三方数据公司销售车主、房主的信息，这些数据公司最终受到了法律的惩罚。不过，在 B2B 领域可以通过正规渠道购买企业名录、企业征信等客户数据，但这样的数据采购仍然走在法律的红线边缘。

第三方数据的收集包括以下几种方式。

- 直接采购客户数据（主要发生在 B2B 领域）。如全国所有三甲医院的名字、地址、总机电话等信息。
- 字段补充。这是指对企业已有数据中缺失的字段进行补充，有种供应商叫 DMP，它们手上有通过各种渠道收集的客户数据。以美国著名的 DMP Bluekai 为例，它收集了数亿名美国人和千万个企业的数据，其中针对个人的标签有数千种，包括这些人的身高、年龄、收入水平、开车类型、家里是否养宠物等。通过一些识别码的匹配（如手机号码），企业可以通过外部数据补充自己数据库里缺失的字段。对于这种方式的数据合规，不同国家有不同的法律规定，在国外有严格的营销许可，储存在企业数据库里的数据对应的客户都同意接收企业的营销接触，企业获取的也只是现有客户的标签，而非具体的联系方式。
- 数据租赁。在电子邮件营销方式中，有些数据供应商拥有上亿份电子邮件地址和客户地址，作为企业无法承担全部购买的费用（当然也不一定合法），但是企业可以提出数据要求，将需要发送的电子邮件或直邮直接交给这些数据供应商，通过这些数据供应商的营销工具进行营销推送，然后按照使用数据量付费。在整个营销过程中，企业看不到底层的客户数据，但是通过电子邮件或直邮上备注的联系方式（如400电话、企业官网等），可以吸引客户主动与企业沟通，最后收集客户数据。

第三方数据的优势是获取的客户数据类型丰富（只要有供应商提供），只要经费充足，可以瞬间收集海量数据。

第三方数据的劣势是数据合规，在欧美国家有明确的数据合规规则，但在中国，这根红线相当模糊，企业很容易陷入法律风险。例如，在 B2B 行业，美国政府有明确的严禁销售名单，规定了美资公司在全世界范围内不可以进行接触的企业名单。但是，在国内没有成文规定，只有当企业的营销接触政府敏感部门和军工时，才会被政府严厉警告甚至处罚，但事前没有一个具体的清单可供参考。

（4）开放数据

以上三种方式获取的客户数据都需要很高的成本，那是否有廉价的数据源呢？开放数据就是成本最低的选择。互联网上存在大量的数据，这些数据有各种类型，并且会自动更新，配合不同的应用场景有相当高的价值。通过结合爬虫技术，可以把互联网上这些可见的信息扒取下来作为营销使用。

最常见的开放数据包括招聘网站上的信息（通过了解哪些企业在招人，能估算这个企业的规模和相关产品购买可能性）、企业信用信息（政府建设的相关信息网站，信息包括全国各企业的名字、注册资金、经营范围等）、社交媒体数据（虽然也可以通过 API 接口作为第二方数据采集，但是同样可以通过爬虫扒取 API 接口没有开放的数据）等。本书第三章有利用招聘信息进行商机挖掘的案例介绍。

开放数据的优势是廉价，一个懂爬虫工具的工程师（技术含量并不高）、一个爬虫工具（国内著名的标准化爬虫工具年费不过几百元，除了标准化工具，大部分统计工具如 R、Python 也有免费的爬虫模块）、找到拥有大量数据的网站加上一台电脑，一天就可以扒取上百万条数据。

开放数据的劣势是扒取的数据仍然有一定的法律风险，这些数据的归属会引来一些问题，另外开放数据的选择相对较少。

二 数据治理：数据使用前的清理工作

拥有了客户数据后，企业仍然需要对客户数据进行处理和加工才能使用。例如，CRM 系统中存储了各种来源的客户数据，其中字段"城市"标明了这个客户所在的城市，但是这个字段填写的内容包括"上海"、"上海市"、"Shanghai"、"SH"等多种写法，当数据营销人员想从 CRM 系统中抽取上海的客户时，会发现因为字段的不标准而无法实现。如果再对应"电话"字段，发现一些城市标明"上海"的客户区号却是 010，北京的区号，这样的数据会给数据营销带来极大的负面影响。如果不能保证数据的质量，结果就会使前后做的所有努力都变得没有意义。

要保证 CRM 系统中的数据质量，需要经过以下四个步骤。

1. 数据标准化

先确认采集客户数据的数据源中，那些重要的、以后可以使用的数据字段，给这些字段进行数据标准的制定。例如，手机号码可能有不同的格式，如数字型的 13812345678，字符型的+86 13812345678，字符型的 138-1234-5678。在确定一种格式后，需要对所有数据源的数据进行统一处理和转换，这种处理是通过 ETL 技术来实现的，典型的软件有 Informatica、Datastage 等。

除了以上数据格式和定义标准化外，还有针对客户行为数据的"非结构数据的结构化"，这个名词可能在大数据领域经常被提及，在数据营销中主要是针对社交媒体数据的。当一个企业想通过分析客户在社交媒体的发言，了解这个客户对产品的喜好和购买阶段，以匹配对应的营销内容时，最大的技术难点是客户在社交媒体上的发言都是随性的、无规律的，面对海量的客户发言时，无法简单地对客户进行分析和细分。解决这个问题的技术是"语义分析"，最早研究这个技术的是"冷战"时期的美国政府：在通过各种渠道收集苏联情报后，如何在每天数万份情报中发现有价值的内容呢？让数千个有判断力的资深人士用肉眼去看是不现实的，这时只能求助于计算机了。首先需要完成俄文到英文的翻译，然后预设一些关键词，当情报中提及"核武器"、"袭击"等这种指定关键词时就需要把这些情报挑出，最后将每天数万份情报压缩到几十份、让资深人士判断。如图 1-18 所示是数据营销领域语义分析的模式。

图 1-18　语义分析的模式

以下举例说明。某汽车公司想从数据相对开放的微博上找到目标客户。它首先设立了挑词词库，包括自己的品牌名字、主要竞争对手的品牌名字、"试驾"、"买车"等关键词。然后通过微博 API 接口抽取含以上关键词的客户发言（每天在微博上的发言有上亿条，无法全部下载分析，如果限定以上关键词，可以压缩到每天十万条左右），抽取数据后通过一些拆词工具（最常用的工具是免费的分析工具 R，网上有许多开源的拆词词库，如中科院开发的中文字库，拆词词库和之前的挑词词库的差别是前者包含几乎中文中的所有词汇）把客户发言的整句拆成一个个词汇，之后对这些词汇进行分析，如图 1-19 所示。

原句	拆词句			分析
今天我去XX 4S店试驾了XX款汽车，这辆车的驾驶性能真不错，就是贵了一点	今天 我 去 XX 4S店 试驾	了 XX款汽车 这辆车 的 驾驶性能	真不错 就是 贵 了 一点	· 触发词汇：试驾、XX款汽车 · 评价：驾驶性能——真不错，价格——贵 · 无关词汇：了、的、一点、就是、这辆车、去、我、今天

图 1-19　语义分析中的拆词逻辑

从图 1-19 中可以看到，在客户 50 个字不到的发言中，真正有价值的是客户提及了"试驾"和"××款汽车"，而客户关注的词汇有"驾驶性能"（并且给出了评价"真不错"）和"价格"（评价是"贵"），因此企业判断客户的核心痛点是价格。由于从每条微博中都可以找到发言者的微博 ID，企业可以以"价格"为核心营销内容针对客户进行推送。在全过程中，企业发现词汇"驾驶性能"不在最初的挑选词库中，但是由于在其他微博发言中都有所提及，因此企业会将这个词加入挑词词库。

相比其他数据营销的数据，客户在社交媒体上的发言数据更能表达其内心的真实感觉。语义分析是一个获取客户采购目标和采购阶段的核心技术，在营销上有很多适合的应用场景。但是，相比天然拆词的西方语言（如在英语中，每个整句由词汇组成，每个词汇不会有太复杂的多重含义），中文的整句由词汇组成，而词汇义由"字"这个更小的拼图组成，不同的拆词工具基于一堆字拆出来的词汇组成会有很大不同，再加上标点符号改变语气，对中文整句的拆词难度远大于西方语言，因此，语义分析技术在中文领域并没有西方语言走得这么远。

语义分析除了能挖掘目标客户外，还有更多的营销应用场景，如在第二章提到的"卖点提炼"，甚至更加前沿的"情感分析"，对客户发言的每个词进行打分，建立提及"好"是+1、"非常好"是+2、不好是"-1"的评分标准，最终判断客户对产品的定量喜好程度和定量的购买周期，从而更加精确地进行营销投放。

语义分析是笔者非常看好的一个数据营销领域，在国外，语义分析不仅能针对文字，甚至已经做到了语音层面，很多呼叫中心接听客户电话的已经不再是实实在在的一个个"人"，而是智能的程序，根据客户的发言判断回复的语句。在国内，由于中文的复杂程度，虽然还未出现这样的技术，但是随着这个技术的成熟，会出现更多有意思的数据营销方式。

2．数据清理

不同数据源收集的客户数据由于各种原因，会存在一些数据质量问题。例如，客户在调研问卷上填写的假姓名和联系方式；企业销售人员为了不让自己的公司了解真实的客户信息，在 CRM 系统中录入虚假的客户信息；营销供应商为了完成指标编造假数据；每天在各五星级酒店晃悠，参加产品推荐会，但目的是领取免费礼品和享受午餐的"会虫"给的虚假名片；在客户数据录入时出现的数据录入错误，等等。以上这些都是造成数据虚假的原因。在将这些数据录入数据系统前，数据营销人员需要对它们及时鉴别并进行清理，防止错误数据被营销部门使用。

首先，数据营销人员需要凭借经验对收集的客户数据质量进行评估，如长度只有 10 位的手机号码、不带@字符的电子邮件地址，都是错误数据需要清理（如原数据是 abcsina.com，这是在录入数据时在"sina"之前缺失了@，而缺了一位的手机号码只能直接删除）。

其次，通过相关字段的对比了解数据真实度。例如，拿一张"全国城市名—邮编—电话区号—手机号段归属城市"的对照表，判断客户填写的数据是否有冲突，虽然可能存在一个客户在多个城市办公的情况，但如果这个比例超过 1%就是不可接受的了。又如，利用"中文—拼音"的对照工具（有基于 Excel 的相关工具），将客户名字转换成拼音字母，查看电子邮件中是否含这些拼音（有些人愿意用名字的拼音作为电子邮件地址的一部分），如果匹配率不到 20%，那就需要人工识别了，如果看到大量姓名是"张三"，但邮件地址是 lisi@sina.com 的数据，就需要找到数据源探查具体原因。

再次，通过一些工具对数据进行清理，清除数据中的空格、非法字符等，当数据量很大时，需要通过上文提及的 ETL 工具实现。

最后，通过测试工具对已经确认格式和逻辑正确的数据进行测试。例如，通过电子邮件发送欢迎邮件，通常电子邮件发送供应商都提供退回功能，列出发送失败的邮件列表和失败原因（邮件已满、邮箱不存在、邮件服务器拒收等）。而电话号码则是"信令"技术，批量对电话号码进行预呼，根据拨打时运营商系统的回复如"你拨打的用户忙"、"你拨打的电话是空号"、正常接通的"嘟嘟"声等情况进行罗列，了解电话号码的正确程度。

数据清理的大致逻辑如上所述，但是手法远不止以上这些，经过数据清理，可以保证之后录入 CRM 系统的数据是基本正确的。

3. 数据匹配

同一个客户出现在同一个企业的多个数据收集渠道中是一个普遍现象，识别这个客户并拼合多个数据源的行为能帮助企业更加精准地了解客户，并且找到更加精确的营销推送渠道。下面以如表 1-10 所示的某奶粉的潜在购买者为例。

表 1-10　不同数据源收集的客户唯一识别码

数据源	收集的客户行为	客户唯一识别码						
		传统 CRM 数据				数字数据		
		姓名	会员号	地址	手机号	Cookie ID	社交媒体 ID	MAC
CRM	客户历史购买记录	▲	★	▲	★			
店面问卷	客户对产品的偏好	▲	★	▲	★			
呼叫中心	客户主动打电话进行的产品咨询	▲			★			
电商购买	客户在电商上的购买行为	★		★	★			
微博微信	• 客户在线的浏览行为 • 客户在线的咨询行为					▲	▲	★
地理位置	客户进出妇幼保健院或生育相关的场所					▲		★
在线浏览	客户访问奶粉相关网站的浏览行为					★		
相关 APP	• 是否下载相关生育 APP • APP 的使用情况					★		

注：▲——部分有，或者数据不完全可信；★——高可信度数据。

表 1-10 适用的场景是一个购买了某品牌孕妇奶粉（针对生产前的孕妇）的客户，在购买时留下了自己的联系方式，并且办理了会员卡，而在填写会员卡资料时留下了不太真实的姓名和地址（企业无法要求客户提供真实的身份信息），为了接收密码，客户不得不填写真实的手机号码，通过短信收到密码。作为奶粉企业，虽然收集了客户数据并录入了 CRM 系统，但仍然无法判断这个客户购买奶粉是自用还是送人，也无法判断这个客户具体的生育时间（一般来说客户怀孕三个月后会开始喝孕妇奶粉，但也许该客户之前已经购买过其他品牌的同类产品）。对奶粉企业来说，判断客户具体的生育日期对针对性营销是非常重要的，孩子出生后的第一口奶往往决定了之后接受的奶粉品牌，因此在孩子出生前 1~2 个月的营销至关重要。而孩子出生之后每几个月就需要更换不同配方的阶段奶粉，由于过敏等原因，客户有 10%~20%的概率在每个阶段交界会更换奶粉品牌，因此奶粉企业仍可能在这些阶段通过营销赢回其他品牌的客户。要了解客户具体的生育时间，虽然可以让门店促销员在客户购买时对其进行问卷填写，但由于各种干扰因素的存在，最后收集的数据不一定真实。

除了依靠线下销售端收集客户数据外，奶粉企业还能收集客户在其开设的电商上的购买行为、基于 Cookie 技术的客户互联网行为、基于社交媒体的客户行为、客户是否进出生育相关场所的地理信息位置数据（由第三方提供，后文会详述）、客户是否安装了生育相关 APP 及具体安装时间等客户行为数据，来支撑判断这个客户的具体生育日期并指导营销，而不同数据源有不同的客户唯一识别码，同一个数据源也会有超过一个客户识别码。

数据匹配的责任就是收集同一个客户在多个数据源中的客户识别码，通过连通这些客户识别码来拼合数据，起到用户 ID 管理的作用。表 1-11 展示了在数据匹配过程中，传统 CRM 数据和数字数据的不同模式。

表 1-11 传统 CRM 数据和数字数据不同的数据匹配模式

	主要客户识别码	识别码特征
传统 CRM 数据之间连通	• 手机号码 • 姓名+地址 • 会员卡号（零售、航空、银行等行业） • 身份证号（只在银行、运营商等少数行业使用）	客户识别码类型非常有限且很少变化 数据匹配定期执行，不需要实时 一旦通过识别码匹配，就可以把数据整合
数字数据之间连通	• 手机号码 • Cookie ID • 各平台 ID（如社交媒体 ID） • IP 地址	客户识别码体系纷繁复杂 很多客户识别码只有很短的有效期 就算客户识别码一致，仍然有较高比率的匹配错误 需要实时进行数据匹配
传统 CRM 数据和数字数据连通	手机号码	现阶段只有手机号可以使用

传统 CRM 数据的匹配过程相对容易理解（姓名、地址、电话即可），但是数字数据的匹配过程相当复杂。首先，客户识别码是基于不同体系的（终端、网页浏览器、路由器、操作系统等），很多识别码的有效性很短。其次，客户在同一个体系里的识别码非唯一，如同一个客户可能有多个微博 ID。第三，客户识别码往往对应的是一个终端（如一部手机）而不是一个具体的客户，如一个家庭上网时客户识别码是基于路由器的 IP 地址，但这个路由器背后有几个客户却无法探知。最后，个体客户行为的差异性会造成数据的匹配过程中发生大量数据逻辑冲突。例如，如何理解一个客户花大量时间玩网络游戏、经常出现在国外、经常住宿高级酒店、在团购网络上经常购买人均 20 元的低端餐饮的行为？

传统 CRM 数据和数字数据之间的连通方式，现阶段最常用的是手机号码，因此，我们现在就理解了为什么下载一个很小的 APP 也一定要输入手机号码进行注册，这些免费的 APP 为用户提供免费服务的同时收集了用户的行为数据。要将这些数量不大的行为数据拿到市场上去销售，必须将其融入更大的数据体系，而在融入过程中必须有手机号码这个客户识别码才有价值。

4．数据整合

在对不同数据源的数据进行标准化、清理和匹配后，最后一步就是将其整合到一个数据库中，其中的操作包括不同数据表之间的映射、插入/删除记录、同一个字段数据源的优先级、数据备份等，这是一个偏数据库技术的知识领域，在此不再展开叙述。

三 数据平台：数据的存放平台和应用工具

有了数据后，还需要配套的存储数据和应用数据的系统环境，以及数据最终在数据库中的展现形式（360 度客户视图）。在数据营销中，不可避免的问题是数据安全，企业花了高昂的成本得来的数据资源有时会被内外部的各种人或技术窃取，给企业带来潜在风险。

1．数据设施

前文也提及，现在的数据营销涉及复杂的 IT 技术，每个简单营销场景的实现背后都有许多 IT 系统和数据流管理，企业在数据设施上的投资也在大幅增加。因为这个领域的内容过于庞大，所以笔者会在本章的第六节单独详解。

2．360 度客户视图

随着大数据概念的兴起，很多人会把数据营销描述为大数据营销，虽然只有一字之差，但也体现了当前数据营销的趋势：随着营销技术的成熟，企业能通过更多数据源收集客户的行为数据（之前的"数据收集"部分提到了四种数据收集源和方式）。实行传统 CRM 的大型企业，十年的客户数据积累也就在 T 级别，而通过营销技术收集数字数据的中小型企业，也许每周就会产生 T 级数据。

问题是，企业收集如此大体量的数据的目的是什么？知道客户每分钟的地理位置，知道他们过去数年的购买记录，知道他们在网站上浏览了哪些网页，能如何帮助营销呢？

360度客户视图不只是一种营销技术或数据展现形式，更是一种数据营销的核心思维逻辑和客户数据建设的终极目标。盲目收集客户数据会消耗企业大量资源，在没有想清楚数据的应用场景前被"大数据"三个字误导，对客户数据进行大量投资是一种愚蠢的行为。一个正常的数据建设逻辑和线路图应该是从结果开始倒推的。

- 确定客户数据的应用场景、这些数据如何运用于营销中及收集数据的目的。
- 建立对应的360度客户视图。
- 寻找需要的客户数据来源。

360度客户视图如图1-20所示。

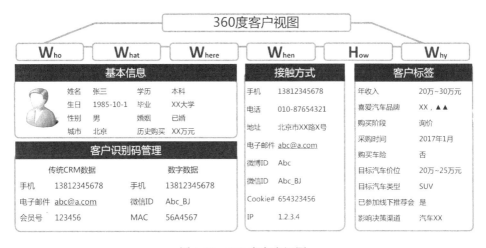

图1-20 360度客户视图

360度客户视图的建立是为了回答企业的六个问题（5W+1H）：Who（客户是谁）、What（客户买过什么，要买什么）、Where（哪种营销渠道对客户起作用，客户将通过哪些渠道进行购买）、When（客户的购买时间）、Why（客户的痛点和购买理由）、How（营销如何接触客户，什么样的内容能打动客户）。

为了回答以上六个问题，在 360 度客户视图中记录了四大数据类型：基本信息（包括年龄、性别等客户属性信息和统计学上的客户历史购买记录）、客户识别码管理（同一个客户在传统 CRM 数据和数字数据中的各种识别码）、接触方式（传统数据营销方式中的电话、电子邮件、家庭地址等和可进行数字营销的各类 ID）和客户标签（根据企业需求建立的用于营销的客户特征）。

在这四类数据中客户标签是最有价值的，也是大量客户数据的最终应用出口。不同企业对自己的客户有不同的关注点，需要有丰富的行业经验的数据操盘手进入数据库，利用收集的客户数据，通过"算法"把复杂的客户数据简化成客户级的标签，对客户进行描述。这里的"算法"并不是深奥难懂的统计学语言，它首先是一种计算逻辑。例如，企业通过各种渠道收集了大量的潜在客户数据，希望建立客户"年收入"标签来甄别这些潜在客户是否有真实的购买力，以决定继续投入营销资源的具体潜在客户，但作为非政府性质的企业无法直接调取客户的纳税记录和银行存款数据，只能通过相关数据来从侧面判断。例如，企业收集了潜在客户一个月内每天以小时为单位的地理位置数据，通过把客户地理位置数据的时间限定在晚上 11 点到凌晨 6 点（这些时间点的客户位置理论上就是家庭住址），再通过外部数据匹配，知道这些家庭住址所在小区的平均单价，就能大致预测这些潜在客户的收入水平。在本例中，每个潜在客户每个月中产生的数据是 30（天）× 24（小时）=720 条，如果收集的潜在客户的数量是 100 万个（相比 BAT 上亿的用户数量只是沧海一粟），那总数据量就是 7.2 亿条，这个数据存储和运算量需要购买大量硬件。而简化成"年收入 20 万～25 万元"这个标签后，只需要一列数据存储，数据量只在 M 级别。

在以上预测客户年收入的过程中，你可能会问，如果这是一个租户怎么办？如果这是一个高档小区的门卫怎么办？这里只能回答：基于不同数据的算法都会有偏差，除了客户的地理位置数据，还有很多数据源可以使用，如客户历史购买的金额、客户在电商上购买的产品类型等。对企业来说，把一个客户标签从 70% 的准确率提高到 80%，也许需要投入一大笔额外资源，怎么找到让投入准确性达到平衡的数据源和算法，也是数据操盘手需要考虑的。

3. 数据安全

在过去很多次"3·15"晚会上都曝光过各种客户数据泄露问题，有第三方数据公司专门销售各种车主、房主信息的，有银行泄露个人信息被用于诈骗的……很多企业投入大量资源建立的客户数据库，最大的收益者却是数据库的管理人员，他们偷窃自己公司的数据在市场上销售，这些技术人员能很轻易地赚到数倍于其年收入的钱。这些失窃的数据除了落到竞争对手手中，给企业带来收入损失之外，更可怕的是落到诈骗人员手中，造成声誉的损失和无穷的法律风险。

客户数据受到的威胁分为内部威胁（各种技术人员或能接触客户数据的业务人员）和外部威胁（外部人员通过技术窃取）两大类。从严格意义来说，"社工"（专业词"社会工作者"的缩写，可以简单理解为窃取数据的黑客）和数据安全是一场绝望的攻防，原因很简单，是先有疾病还是先有药物呢？大部分企业都不可能为了一个潜在的风险去花重金建立数据安全团队，就算企业愿意，市场上真正的数据安全高手数量也是有限的。那面对这场不可避免的斗争，收集客户数据的企业需要做什么从而尽量降低风险呢？

- 遵守国家法律法规。这点无须解释，但有几个数据营销人员的桌头有本被翻烂的《中华人民共和国个人信息保护法》？
- 专业数据安全软件。这些软件都是基于过去的经验开发的，但安装了这些价格高昂的软件离真正的信息安全还很远，它只能"防君子不防小人，防无知者不防高手"。
- 严格的数据管控流程。在企业内部，客户数据越重要，对业务发挥的作用越大，这意味着更多人可以接触客户数据。通过建立数据管控流程，可以让不同层级的人看到不同级别脱敏的数据（如一个呼叫中心的电话销售人员打开 CRM 系统后只能看到当天需要外呼或客户主动呼入的客户信息，并且客户的姓名只显示姓，电话号码也有几位被打上*号等）。另外，经常进行数据审计，也可以降低数据安全风险。

- 对核心数据操作人员的审查。大部分客户数据失窃并不是黑客攻击的结果，而是企业的内部技术人员造成的，因此，企业在使用或招募核心营销数据管理人员时，需要对其有远超一般水平的背景调查。在国外，当一个企业解雇一个品德有问题的员工时，会向同行的人力资源部发送"永不录用函"，警示使用此人的风险，一旦一个员工越过职业操守底线的事迹被曝光，他就无法再在此行业立足。而在国内，相关审查措施还不够健全，笔者仍然能看到很多品德有失的数据人员被赶出一个企业后，很容易在另一个大企业找到核心岗位的工作。

四 数据策略：利用数据进行营销和业务规划

之前的三个步骤（数据收集、数据治理和数据平台）都是回答如何帮助企业建立数据基础的数据架构问题，接下来将回答这些数据如何帮助企业的营销和业务。

1. 数据创意

如果有人问，在数据营销领域哪方面的知识最有价值，哪方面的人才最稀缺，毫无疑问就是"数据创意"。

数据创意指的是数据操盘手根据自己的知识和经验，利用手上现有的和外部可利用的数据资源进行整合，创造数据变现的方式。同样的数据在不同的数据操盘手手中会产生千变万化的营销模式，如同样的基于手机的地理定位信息：

- 利用晚上所在位置的小区单价预测客户的收入水平；
- 把数据对应到不同的商场的每个门店，从而了解客户对品牌的偏好，以推荐相关产品；
- 把不同的人的位置相结合，了解哪些手机信号经常在一起，以猜测客户和客户之间的关系；

● 找到在妇幼保健院出现的手机号码，以推送婴幼儿产品的广告；

……

看完前文讲述的发生在真实世界的案例，你也许已经想到了几个利用地理位置信息的应用场景。

不只在数据营销领域，在所有与数据相关的领域，数据创意人才都是稀缺的。经过这么多年营销技术的发展，在数据治理这一技术节点上的人才已经不再特别稀缺，而数据创意基于深刻的行业理解和项目经验，因此一个好的数据操盘手不一定有好的数据创意，但是一个好的数据创意肯定出自好的数据操盘手。

数据创意对客户数据变现的方式有两种。一种是应用到数据营销产品中。例如，百度每天都有上 P（10^6GB）的搜索数据，百度分析了同一个客户不同搜索词之间的关系后，开发了"百度司南"工具，它可以告诉企业，搜索其品牌的人还会搜索什么样的关键词，帮助企业了解什么样的广告词能打动自己的客户等。关于"百度司南"的具体内容将在后文介绍。

另一种方式是帮助企业营销，构建不同的营销场景。例如，如图 1-21 所示为某快餐品牌与某地图合作的樱花甜筒酷跑案例。

第一步
用户进入活动网站，点击"开跑GO"

第二步
显示最近的麦当劳地点开始倒计时

第三步
根据百度地图规划，到达最近麦当劳店

第四步
到店抢到樱花甜筒

图 1-21 樱花甜筒酷跑数据创意

当客户打开这个手机地图 APP 时，APP 会收集客户的地理信息位置，然后推送最近的快餐门店地址，并且规定当客户在规定时间内跑到这个指定的门店时，就能从这个地图 APP 上获得一张免费樱花甜筒的优惠券，在门店免费领取甜筒。

在这个案例中，APP 使用了实时的客户地理信息位置，还调用了所有有樱花甜筒设备的快餐门店的地理位置，进行了实时匹对，最终进行了优惠券推送。最妙的是这个快餐品牌的目标客户群是 15~30 岁的年轻人，爱运动是这个客户群的一个重要特性。这个地图 APP 也可以根据数据进行筛选，只让在这个年龄范围内的客户参与，而且最终的优惠券也需要客户通过运动这种方式获得，从而提高了客户的参与度。

2．营销策略

前文对此已经有详细介绍，营销策略是数据营销的六个主要责任之一，在营销策划阶段，需要数据营销人员帮助市场营销人员进行客户细分，以及对现有客户数据进行评估，此处不再赘述。

3．商业智能

商业智能作为数据营销的六大职责之一，前文同样已详细介绍，此处也不再赘述。

五 数据应用：数据营销的落地应用

拥有了客户数据，并在数据策略层面想清楚如何运用后，接下来就是具体的数据落地变现，为企业的营销产生价值了。数据应用涉及 18 个知识领域，占数据营销知识领域的一半以上，大部分人谈及的数据营销指的其实是数据应用这个层面。

1．数据产品

每年投入大量预算建设自己的数据营销完整闭环的大企业毕竟是少数，大量中小企业甚至都无力招募专业的数据营销人才，对这些没有知识、数据、人才储备的中小企业来说，一个有效的标准化数据产品是最有效的。在过去，最常用的数据产品组合方式如图 1-22 所示。

图 1-22　传统数据营销中中小企业的数据产品组合方式

中小企业通过各种途径获取客户数据后，通过短信或电子邮件发送工具进行覆盖，之后通过外呼工具对客户进行点对点的营销。在这种方式中，短信发送工具只是简单地起到营销接触的作用。电子邮件发送工具除了能发送电子邮件外，还能提供客户是否查看了电子邮件、是否点击了邮件中的链接等行为，帮助企业在上万份邮件发送中筛选出几百个查看邮件的客户。而专业的外呼工具也不只是一部电话这么简单，它涉及的领域很宽泛，以下介绍其中五种技术。

- 信令系统。该系统根据固定电话/手机号码被批量拨打后运营商给出的正常接通、空号、忙音等信号，来判断电话号码是否实际存在。该系统会在人力拨打电话前，批量地对电话号码进行预扫，从而减少拨打错误号码带来的损失。

- 网络电话。网络电话是指通过互联网带宽和工具进行电话拨打，而不是使用实际的电话。相比一根电话线、一个月几十元的话费，一根百兆宽带的包月费用不过 200 元，却能带动 20~30 根电话通路，从而减少通话费用支出。

- 话术系统。电话访问员往往是对着一台电脑与客户进行沟通的，沟通的内容也不是随意的，而是需要标准的话术来引导，电脑上的话术系统可以让电话访问员及时获取正确的回答内容。

- 录音系统。录音系统可以记录访问员与客户的沟通过程，帮助呼叫中心的管理者了解与客户沟通时出现的问题和改进点。

- 模拟号。模拟号是指利用交换机技术结合网络电话后，模拟任何电话号码。但是，由于过多的诈骗行为使用该技术（如诈骗模拟 110 这样的警务号码），因此此技术在国内是被禁止的。

除了以上传统数据营销的三种数据产品外，数字营销带来了更多的基于数字数据的标准化产品，这些工具整合了各种数据源和营销技术，基于某些应用场景将数据变为可用于营销推广、电商引流和数据分析的标准化产品，中小企业只需要投入少数专业要求不那么高的人才就可以精通数据营销。如表 1-12 所示是市场上常见的数据产品，并且这些产品不需要企业一次性大量投入，可以按照推广次数或包年方式付费。如表 1-13 所示是数据产品的常规付费模式。

表 1-12　市场上常见的数据产品

应用领域	工具名	工具提供公司	数据源	介　绍
营销推广	百度关键词	百度	百度搜索数据	针对在百度上搜索某些关键词的客户，在搜索展示页面优先列出某些网站
	广点通	腾讯	微信数据	整合客户在互联网上的各种行为，在微信中进行广告推送
	粉丝通	新浪	新浪微博数据	在微博上对客户进行广告推送
电商引流	淘宝直通车	阿里巴巴	阿里客户搜索和购买数据	针对在淘宝上进行店铺及商品浏览的客户进行广告推送
数据分析	谷歌分析	谷歌	目标网站上埋入代码后收集的数据	对目标网站上的访问数据进行统计和分析
	百度司南	百度	百度搜索数据	基于客户在百度上的搜索数据，进行统计和分析

表 1-13　数据产品的常规付费模式

付费模式	介　绍
CPM	Cost Per Mille impression，每千次广告展示付费的模式
CPC	Cost Per Click，每次客户点击广告展示付费的模式
CPA	Cost Per action，按每次企业指定的客户动作进行付费的模式
CPS	Cost Per sales，按每次销售进行付费的模式
CPT	Cost Per Time，按照时间付费

2. 营销自动化

这是一个针对大企业的营销工具，也是最近几年新出现的技术。在大企业内部做一次营销活动要比中小企业复杂得多。以一个电子邮件营销为例，涉及活动预算审批、营销总监审批、供应商提供营销物料（如电子邮件内容的图片设计）、数据营销人员提供数据、营销操作人员把数据和物料导入邮件发送系统、发送等诸多步骤和各个责任方，整个营销流程的执行都是以周为单位实现的。营销自动化可以把这些通过人工完成的操作通过系统完成。

（1）营销自动化的流程

如图 1-23 所示是营销自动化的大致流程。

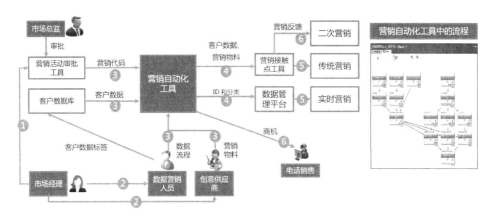

图 1-23　营销自动化流程

- 第一步：市场经理在活动审批工具中输入活动策划案，经过市场总监在系统中审批后，产生营销代码。
- 第二步：市场经理通知数据营销人员这次营销活动的目标客户群筛选条件，数据营销人员在客户数据库中对符合条件的客户数据打上活动标签。市场经理同时通知创意供应商需要提供的物料。
- 第三步：创意供应商向营销自动化工具中导入营销物料后，数据营人员在营销自动化工具中找到营销活动审批工具产生的营销代码，写入营销活动流程，设置活动时间点和营销接触点方式（如电子邮件或短信），选择活动所使用的物料，从客户数据库中抽取客户数据。

- 第四步：营销自动化工具在设置的营销活动时间点，发送客户数据和营销物料到营销接触点工具（如电子邮件或短信发送平台），如果是实时营销就对接到DMP。

- 第五步：通过营销接触点工具或DMP对接实施营销工具，将营销内容发送给客户。

- 第六步：营销接触点工具或实时营销工具往往能追踪客户对营销推送的反馈行为（如是否打开了电子邮件等），如果之前在营销自动化工具的流程中设置了某种营销反馈对应的客户，可以直接把数据传递给电话销售人员进行跟进，或者通过二次营销进行跟踪。例如，某电商有上百万种商品，为了搞清客户当前痛点产品，该电商向所有客户发送了某促销活动的电子邮件（只提及促销商品大的分类），根据追踪发现有 10 万个客户点击了食品类的内容，通过营销自动化的设置，这 10 万个客户在点击食品类内容的第二天，会收到另一封食品类商品的专项促销电子邮件。电商通过追踪，又发现这 10 万个客户中有 2000 人点击了清真食品，8000 人点击了软饮料的内容，则第三天这 1 万个客户又会分别收到清真食品和软饮料的营销。这种层层剥茧，根据客户的各种不同行为决定下一步营销内容，通过漏斗筛选客户具体需求的方式，只能通过营销自动化工具来实现。

（2）营销自动化工具的核心作用

营销自动化工具主要有以下四个核心作用。

- 营销协同。在营销流程中涉及的责任方可以同时在系统中进行属于自己的操作，如表1-14所示是一个简单的营销活动可能涉及的不同角色。

表 1-14　营销自动化连接的不同营销角色

责任方	营销自动化工具中的操作
营销总监	营销活动及费用审批
市场经理	营销活动代码申请，营销活动发生时间点输入，目标客户群筛选条件输入
数据营销人员	目标客户数据挖掘，客户数据系统导入，营销自动化工具中的流程写入
创意供应商	营销物料导入
呼叫中心	营销活动产生的商机跟进

- 个性化营销。向不同的客户推送不同的内容，以提升营销的效率是数据营销的出发点。以前受限于营销执行（向 100 个人发送 100 封不同内容的电子邮件意味着需要人工向邮件发送平台上导入 100 次数据和营销内容），往往是基于客户细分层面的营销（把所有客户分为几个细分，向不同细分提供不同内容），而有了营销自动化工具后，只要有足够的营销物料，可以通过系统自动做到"千人千面"的个性化营销接触方式。

- 实时营销。通过营销自动化流程，可以设定客户不同标签或不同行为触发的不同营销活动。例如，银行可以根据客户的年龄、收入、是否有房产等信息判断客户是否有房贷的可能性，当这些优质客户登录了银行官网查询房贷利率等信息时，就可以触发银行的呼叫中心对这个客户的电话销售。

- 接触管理。当一个企业市场部规模达到一定程度时，就存在客户被"过骚扰"的情况，特别是那些购买了大量产品的客户。由于他们在 CRM 系统中留下了大量信息，在任何一个"啤酒与尿布"的数据挖掘中，这些大客户都会被打上一个高分，因此就会出现大客户被圈定在任何一个营销活动中的现象。笔者遇见过的极端情况，是一个大客户在一个季度中被发送了 103 封电子邮件，平均每天 1.5 封以上，直到这个大客户直接找到企业的高层进行投诉，过度营销的结果非但没有产生任何商机，还造成了客户的严重不满。

如图 1-24 所示是笔者针对某行业每季度上百万封电子邮件发送的频率进

行的研究，当一个客户每季度收到的电子邮件在 18 封以下（平均一周 1.2 封）时，邮件打开率稳定在 4%左右。一旦超过 18 封，邮件打开率就直线下降到 2.8%，因此在该行业，客户的接触频率控制在一周一封电子邮件是比较合适的。

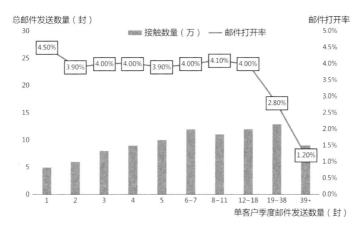

图 1-24　电子邮件中的"过骚扰"

在营销自动化工具中，可以在流程中设置接触频率和优先级。例如，电子邮件每周接触一次，电话每个月接触一次，当超过这些次数时，营销自动化工具在往营销接触工具导入客户数据时就会自动进行屏蔽。

除了防止过骚扰外，接触管理的另一个作用是控制客户营销内容。当企业的产品线过长，特别是自身产品线有冲突时，向客户传递的营销信息不可避免地会使客户迷惑：今天收到的电子邮件说产品 A 好，一周后又接到推销产品 B 的电话。当收到自相矛盾的营销内容时，客户很容易对企业的营销内容失去信任。在营销自动化工具中通过设置"兴趣图谱"，再建立兴趣图谱间的互通互斥关系，最后把所有营销活动归类到兴趣图谱中，可以通过营销自动化工具在某一段时间内让客户只听到一种声音。例如，某 IT 行业企业在 CRM 系统中记录了某客户现有 X86 服务器的商机，这条客户数据就会被打上"X86 服务器"的兴趣图谱标签，并且在营销自动化工具中设置其他类型的服务器兴趣图谱与"X86 服务器"互斥，客户就不会收到"UNIX 服务器相比 X86 服务器的 20 个优势"之类的营销内容了。

3．计算广告

计算广告是一个和程序化购买（本章第八节有讲述）挂钩的偏技术领域。在传统数据营销中，客户接触的付费方式相对简单，一条短信或一封电子邮件几分钱，因为成本低廉，很多企业甚至都懒得去做客户筛选而对所有数据进行群发，一个千万级别电子邮件群发的成本不过相当于邀请一线明星做代言的代言费的千分之几，而初级的互联网广告，如知名网站的首页置顶广告条的价格也是恒定的（如十万元/天）。但是，随着数字营销方式和互联网营销技术的发展，互联网广告的变现方式出现了竞价、实时、场景三种属性。

（1）竞价

由于优质客户的数量是有限的，能提供给优质客户展示广告的机会也是有限的，这些广告展示机会被大小企业通过竞价来争夺，例如，像百度关键词或淘宝直通车这样的数据产品，企业设定一种客户行为（如客户搜索了某个关键词或浏览了某个商品等）后，当有客户的行为符合这些设定时，企业就需要互相出价来确定这个客户最终能看到哪个企业的广告。这个竞价过程使单次客户广告展示的成本迅速上升。对于热门商品，企业需要为每次客户点击广告支付几元的成本，再也没有一个企业能承担购买所有客户的点击成本。而且令企业担忧的是这个价格也不再是可预期和可控的，完全取决于竞争对手的报价。

（2）实时

由于互联网广告的推送都是以秒为单位发生的（最明显的场景，是客户在淘宝上搜索了某些知名产品，数秒后当他打开新浪首页，大概在第三页就能看到一个广告条，里面列出客户刚才搜索的商品图片，这种营销模式是"实时竞价"，后文会讲述），在广告竞价过程中只能通过机器和程序完成，这就需要融合统计学、IT技术、心理学等多方面的知识和技术。

（3）场景

同样的一次广告推送，在不同平台会有不同效果，如一个出现在养生网站上的网游广告会让客户非常诧异而不感兴趣。而不同的广告推送平台价格也会相差甚远，在一个访问量很小的网站，也许包一天广告只需要几十元，而竞价之后可能发生一次广告点击就需要支付数元。

计算广告解决的问题是如何在秒级时间中，完成识别目标客户、找到最有针对性的广告内容和针对性的场景，以最佳投资回报率进行广告展示的全过程。具体的实现方法涉及过多统计学方法和营销技术，在此不再详细叙述。

4. 营销接触点

当企业掌握客户数据和针对性营销内容后，把内容传递给客户，其使用的传递方法统称为营销接触点，如电子邮件、短信、社交媒体、展示广告等。在不同的理论体系中，营销接触点有不同的分类方法，从数据营销的角度分为四大类，如表 1-15 所示。

表 1-15　数据营销角度的营销接触点分类

类别	接触点方式	备　注	产生数据	实时营销	付费模式
传统营销	短信、电子邮件、直邮、户外广告、电梯广告、传真、电话、网站广告条等	传统的、基于传统客户数据类型的营销接触方式	少	否	按时长付费、按展示付费
数字营销	程序化购买、iMessage、APP 推送、弹窗、展示广告、搜索引擎、论坛、问答类网站广告、积分墙、团购等	基于数字数据的在线客户接触方式（包括电脑端、移动互联网端、O2O 三种相关模式）	中	是	都有
生态营销	含以上各种接触方式	与以上两种企业—供应商的营销方式不同，这是不同企业通过连通客户数据或匹配客户画像，整合双方资源进行的营销方式	—	—	—
社交营销	在社交媒体上的各种营销方式	在很多归类方法中社交营销被归为数字营销，但在数据营销角度，社交媒体同时具备积累客户、产生数据、收集客户行为、营销接触的闭环功能，需要单独对待	多	是	除了按销售付费，其他都有

这四类营销接触点无法一一详述，其中需要解释的是生态营销。随着企业在营销接触点上的投入越来越大，如何减少营销接触的成本是企业所关心的。当两个大企业符合一定的条件（拥有大量客户基础和客户数据，能连通双方客户数据，双方客户画像类似，双方品牌定位类似，有共同的应用场景连接双方产品，产品线互相不冲突）时，就会考虑整合双方的资源进行联合营销，形成生态营销的模式，如信用卡和航空公司联名卡。生态营销模式在营销接触时，通过互相分担营销接触点的费用来降低成本。这种联合看上去是一种商业模式的合作，背后却是双方客户资源以数据形式的连接，第二章第六节会有相关案例描述。

上述四类营销接触点的付费模式也有差异，传统营销因为无法追踪过程和结果，只能通过按时长付费和按展示付费的方式报价，而数字营销的这些方式通过技术手段能看清楚客户的整个行为模式，理论上支持任何一种甲方提出来的模式。而社交媒体接触自带病毒传播的功能，在营销内容传播层面优于其他接触点，但由于和电商离得有点远，所以其营销结果距电商的销售还有一段距离（虽然有微信和微商的连通，但是应用场景并不多），无法通过按销售付费报价。

在这四类营销接触点中，传统营销用的是传统 CRM 数据，数字营销用的是数字数据，生态营销和社交营销介于两者之间，因为 CRM 数据和数字数据的使用方式有很大的不同，在大企业内部这些营销接触点的资源往往散落在 CRM 部门（传统数据）、市场部或品牌部（数字数据）手中，无法很好地整合资源。在过去一段时间也出现了"社会化客户关系管理"（Social CRM，SCRM，它可以打通传统 CRM 和社交营销数据，以传统 CRM 的模式进行营销）的概念，可以预见数据营销所有领域中变化最快的将是营销接触点这个领域。

5. 用户忠诚度平台

（1）用户忠诚度平台概述

每次营销活动结束后，企业都会把营销接触过的客户分为"产生销售或商机"和"没有销售和商机"两大类，通过在 CRM 系统中追踪那些"产生销售或商机"的客户来衡量营销结果，对于"没有销售和商机"的客户，因为企业无法追踪而不愿意花很大力气去跟进，只是在宏观层面建立"客户旅程"去引导这类客户走向销售的下一阶段，而不关注具体单个客户的行为。

在广告铺天盖地的今天，打动客户进行消费是一个漫长的过程，而且不同客户之间的行为也有很大的差异性和随意性，就算客户忠诚度较低的快速消费品领域，要更换客户原有的产品喜好也需要很长时间的努力，现在已经很少有单支广告或单次营销活动能瞬间打动客户产生立即的消费了。

用户忠诚度平台的定位就是将销售漏斗中没有立刻产生销售，但可能在未来产生销售的客户引导到一个互动平台，这个平台同时具备收集客户数据—客户互动—客户推荐—引导销售的功能，并且通过积分制度来激发客户持续的关注度。例如，家乐福的会员卡、中国国航的国航知音卡、洲际酒店集团的优悦会（IHG® Rewards Club）都是各行业中比较大的用户忠诚度平台。

（2）用户忠诚度平台架构

如图 1-25 所示是用户忠诚度平台的架构简介，客户来源包括营销活动（各种广告、营销推广等，通过二维码或 URL，吸引客户进入平台注册）、已有客

图 1-25 用户忠诚度平台架构

户（对于已经购买商品的客户，通过验证商品真伪、奖励积分等手段，吸引客户进入平台注册）、客户推荐（在社交媒体上使用病毒传播的方式，让已经在用户忠诚度平台上注册的客户通过在朋友圈中散播信息，吸引新的客户进入平台注册）。

完整的用户忠诚度平台会有三个主要平台：官网（针对互联网端）、APP（针对移动互联网端）和社交媒体（最佳会员入口，如微信公众号）。三个平台的数据需要连通，当客户在一个平台上注册时，同样的用户名和密码也需要在其他两个平台上使用。这三个平台各有优劣和不同的定位（见表 1-16），最佳的客户路径是通过扫描二维码进入微信公众号成为会员，再把一些复杂的应用场景放在 APP 或官网上，吸引客户进入其他两个展现形式更丰富的平台。

表 1-16 三种用户忠诚度平台的优劣势和定位

平台	优 势	劣 势	定 位
微信公众号	• 客户通过扫描二维码或点击微信图文就能加入 • 微信开发有大量资源，相对简单 • 平台客户数量大，客户活跃度高，可以通过图文推送方式或购买微信营销服务进行客户互动	• 微信的 API 提供的数据有限 • 第二方平台，受腾讯政策变化影响大 • 微信公众号用户只能看到 15 个按键，效果有限	• 最佳客户入口 • 日常营销互动平台
APP	• 展现形式多 • 移动互联网端，客户使用方便	• 客户活跃度低 • APP 下载需要大流量，客户一般在 WiFi 场景中才会下载	• 将微信注册后的会员导流目标 • 客户慢节奏互动平台（如优惠券相关）
官网	• 展现形式多 • 可以通过网站分析技术布码，了解客户的行为	• 客户活跃度低 • 客户只有通过电脑或 Pad 终端才能使用	• 将微信注册后的会员导流目标 • 产品展示和品牌推广

（3）用户忠诚度平台的四个功能

用户忠诚度平台包括四大功能。

- 营销管理。用户忠诚度平台自带和客户营销活动的功能，在这个平台上可以进行营销内容的导入、管理、策划和目标客户的筛选，最后也可以收集哪些客户浏览了营销内容这样的营销反馈数据。另外，用户忠诚度平台也可以对接外部第三方的营销资源（如短信、电子邮件等）进行营销活动。

- 数据分析。用户忠诚度平台往往需要连通客户的销售数据，当客户进行采购时按照采购额进行积分，因此企业可以基于客户的采购额和预测的客户潜力进行客户细分。另外，企业可以通过追踪营销活动的效果（如微信公众号中图文的点击、转发数量）进行营销结果的分析。用户忠诚度平台也会涉及一些积分兑换功能（如优惠券、实物等），因此企业可以进行投资回报率的财务分析。最后通过一些布码等方式，了解平台的运营情况，如每天的浏览页数等运营指标。

- 数据报表。相对于个性化的数据分析，在用户忠诚度平台上，相关运营团队需要标准化的数据报表体系，包括会员统计（各维度的注册客户数据）、营销结果（各维度的营销活动结果数据）、业务支撑（给公司业务层面带来的销售分析，往往通过优惠券的使用情况来追踪）和财务分析（平台使用的成本和收益计算）。

- 客户管理。这是用户忠诚度平台的核心功能。对客户来说，积分制度是吸引他们的最大因素点，客户获取积分的方法通常有五种（购买商品、平台注册、平台客户认证、推荐朋友和营销活动），而消费积分的方式有三种（优惠券、兑换商品、营销活动），平台需要从财务角度计算积分价值，一般来说积分相当于 1%~3% 的商品价格（每 100 元商品的消费带来的积分，相当于 1~3 元的兑换价值）。同时，平台还会设计会员等级（如航空公司的金卡、白金卡等），为客户提供不同的服务内容和积分兑换比率（如低等级客户每消费 100 元获取 1 积分，高等级获取 2 积分）。此外，还可以设计荣誉标签，它可以给客户带来炫耀的资本，不直接与积分挂钩（如手游行业，对连续登录数天的客户颁发勋章，可以让客户在游戏时佩戴而带来炫耀效果）。

用户忠诚度平台除了自身体系的循环外，还可以与第三方用户忠诚度平台（如平安集团的"万里通"，连通了不同企业的积分体系进行自由兑换）和第三方营销平台（如短信、电子邮件等形式）连通，从而产生更加丰富的营销场景。

在 B2C 领域，用户忠诚度平台是一种很好的增加客户黏性的工具，对此第二章第一节会进行具体案例介绍。

6. 第三方流量

对开设了电商的企业来说，无论是开设在淘宝、京东这样的第三方平台上，还是各航空公司、酒店的自营电商，都需要有坚实的客户流量来支撑销售。虽然企业可以掌握大量的客户数据直接进行营销，但是很少有企业能达到垄断，掌握市场上绝大部分目标客户的数据。因此，如何利用好第三方流量是每个电商平台企业的主要任务之一。如表 1-17 所示是电商的主要第三方引流方式。

表 1-17　第三方引流方式

数据源	主要工具
电商工具	淘宝直通车、钻石展位、淘宝客、聚划算、天天特价等
引流平台	QQ 推广、百度推广、DSP、线下广告、论坛推广、社交媒体、视频广告等

电商工具在前文有所介绍，每个进入电商平台的客户都是有目的或有预算进行浏览的，电商工具能通过分析客户的历史购物和当前浏览行为来判断其可能的目标商品，对客户进行广告展示，或者在客户搜索时对产品进行排序，优先让客户看到企业投入营销资源的商品。

在所有电商工具中需要特别解释的是淘宝系的淘宝客，少数成体系的按销售付费支付模式的电商引流工具之一。淘宝客的模式是淘宝建立交易平台，任何卖家可以将自己的商品销售页 URL 放在上面，并且指定每卖掉一个商品可以给中间商的提成比例。中间商（被称为"淘客"）可能是公司，也可能是个人，手上的资源体量也有很大差异，当它们在交易平台上搜索到与自己手中的资源匹配的商品销售页面后，就接受任务，交易平台会给中间商一个唯一 URL，中间商通过自己的营销资源把这个 URL 散布出去，当客户在各种场景中看到这个唯一 URL，最后连接到淘宝商品销售页进行购买时，这个中间商就能从交易平台上获取提成。

例如，一个有数万名粉丝的女"网红"以化妆技术出名，她在淘宝客接受某化妆品的任务后，把这些化妆品 URL 传递给自己的粉丝并自己制造营销内容进行推广，当粉丝因为信任这个网红购买了相关商品后，该"网红"就可以从交易平台上自动获取销售提成。在整个过程中，商品卖家没有创建营销内容（在营销过程中内容的创建是最痛苦的），并且跳开了所有营销的闭环，通过提成这种简单的方式进行推广。而中间商（淘客）在销售环节中不需要投入资金去压货，只需要看清楚自己资源的客户画像，并且找到对应的销售商品。对客户来说，由于有中间商作为信任背书，比起单纯在电商平台上购买自己搜索的商品，他们会更有安全感。

笔者之所以特别提及淘宝客这种按销售付费的电商引流方式，除了因为它作为"网红经济"的一个主推手值得研究之外，更重要的是它给了那些手上掌握了少量客户数据的资源方（如网红、一个只有几千名用户注册的细分网站、一个关键意见领袖）一个数据变现的方式。在第五章的"数据营销的未来"一节，笔者会对数据营销和自媒体连通的未来预期进行阐述。

除了电商工具，还有很多大量客户存在的平台可以利用，如客户画像比较明显的论坛、贴吧、问答类社区（如上海本地人聚集的"宽带山"、女生婚庆的"篱笆网"、汽车相关的"汽车之家"等）。当这些平台完成了原始客户的积累，企业在评估这些平台的客户画像与自己产品吻合之后，会非常愿意在这些平台上进行营销。

7. 销售渠道

营销的目的之一是给企业直接带来销售，在各种绚丽的营销效果背后，企业都希望能产生实际的销售，使其在营销上投入的每分钱都产生最大的效益，销售渠道就是数据营销最终的落脚点和变现方式。数据营销在这个节点的主要职责是将通过各种营销手段得到的客户流量或商机引入最能实现销售的渠道中去。从数据营销的角度来看，销售渠道可以分为四类，如表1-18所示。

表 1-18　销售渠道的四种类型

类型	主要销售方式	数据营销的主要职责
电商	• 第三方电商 • 自营电商 • 社交媒体电商 • 第三方团购	• 当客户进入电商平台或产品销售页，如何追踪客户的行为，找到精确切入点，最后转换为销售 • 价格监测 • 如果客户在电商平台上没有进行立即购买，在客户离开后如何追踪，重新拉回客户进行销售
O2O	• 第三方团购 • O2O APP	• 在自营和第三方平台、各种线上线下销售渠道中建立客户购买体验最佳、企业投入成本最低的流程
线下	• 店面销售 • 流动销售 • 代理商销售	• 将传统的等待客户上门的"坐商"销售方式，通过客户数据变为有主动拓展客户能力的"行商"模式 • 将线下的销售客户数据反哺CRM数据，作为二次销售利用 • 将客户数据和商机数据作为核心筹码，改变代理商的销售模式
电销	电话	为呼叫中心提供优质数据，提升外呼成功率和销售比率

（1）电商

前文也描述过引流是电商最大的成本，当电商千辛万苦把有真实购买需求的客户引到电商平台或产品销售页时，客户却没有最终购买，这时电商就需要搞清楚原因从而进行优化。例如，在天猫平台上访问销售页面的客户中，平均不到5%的人会进行购买，如果能通过分析将比例提升1%，对企业来说就节省了20%的引流成本。

在这个类型的销售渠道中，数据营销能做三件事情。

第一，如果这个销售平台是自营的，企业通过网站分析技术能在页面上进行布码，追踪客户点击、停留时间等行为，最后判断客户为什么跳出网络而没有购买。但是，在第三方电商平台（如天猫、京东等）上并不支持企业自己布码。

第二，通过爬虫工具（前文有解释），对电商平台上自己商品的价格（主要是代理商销售的价格）和竞争对手商品的价格进行实时扒取，知道当前价格层面的竞争情况，能支持企业实时地调整价格，在销售和利润之间找到一个好的平衡点。

第三，在自营的电商平台上通过布码，获取只看不买的客户识别码（如cookie ID），再通过对接外部的营销接触点，对客户进行二次营销，吸引客户再次回到销售平台进行购买。有的第三方电商平台会提供数据工具针对在第三方平台上只看不买的客户进行营销推送（虽然企业看不到具体客户数据），起到同样的效果。

（2）O2O

这里提及的 O2O 并不是简单的线上下单，线下取货或享受服务的概念，更恰当的解释应该是"多渠道整合"。大企业往往掌握各种线上线下的销售资源（如电商平台、社交媒体、线下实体店等），而在客户采购周期的最后环节，客户仍然需要经过"看—试—买"的过程。针对不同商品，客户有不同的渠道倾向。数据营销需要做的是通过 Cookie 追踪、优惠券、用户忠诚度平台等方式来追踪客户数据和引导客户按照预设的路径，以企业成本最小、对客户最可控、客户体验最优的方式最终消费，建立最佳的客户历程。

如表 1-19 所示是针对不同商品，客户在"看—试—买"过程中选择的渠道，其中耐用消费品（汽车）客户会比较偏向线下一站式在 4S 店解决；快速消费品和价值不高的商品（手机话费充值和视频）客户会偏向线上一站式冲动型消费解决；而个性化商品（衣服、化妆品）是一个需要结合线上线下的整合渠道销售过程。

表 1-19 客户"看—试—买"历程中的 O2O

领域 \ 客户历程	看：产品展示	试：产品体验	买：产品销售
汽车	线上：官网、论坛等 线下：4S 店	线下：4S 店	线下：4S 店
手机话费充值	—	—	线上：电商平台
食品	线上：社交媒体 线下：商场	线下：商场	线上：电商平台 线下：商场
化妆品	线上：官网、化妆品论坛等 线下：商场	线下：商场	线上：海淘 线下：商场
衣服	线上：新闻、社交媒体、论坛等 线下：杂志、商场	线上：虚拟试衣间 线下：商场	线上：电商、代购 线下：商场

在这三阶段的转换过程中，客户随时可能受到竞争对手的影响而没有进行最终购买，如被企业 A 完成了前期的产品教育的客户最终购买了企业 B 的同类产品。而快速消费品的购买由于往往是一站式解决，三个阶段无缝衔接，在销售过程中客户不愿意花更多时间成本去做更多的研究和尝试，因此客户在转换过程中丢失的可能性相对较小；而在个性化商品领域客户决策周期可长可短，受价格因素影响大，很多渠道都能影响客户的购买，这就需要数据营销建立最优的客户历程来引导客户进行最终销售。在第二章第四节，笔者会对零售业的 O2O 模式进行介绍。

（3）线下

线下销售渠道往往是传统企业的销售主战场，由固定店面销售、流动摊位销售和代理商销售组成，数据营销能在这三个层面帮助线下销售。

固定店面销售是一种等待客户上门的"坐商"，一个店面的销售量往往取决于店面的选址。数据营销的作用是连接客户和店面的关系，让每个门店都知道在自己所辖范围内有多少客户，这样门店除了等待客户上门式销售的定位外，还增加了作为主动出击的销售人员据点的功能，这些销售人员可以将门店作为产品演示的基地，手握附近的客户数据进行登门拜访式的销售。

在店面销售的过程中，也会产生大量对产品有兴趣但没有立即采购需求的潜在客户，企业通过二维码等方式，可以将客户引流到类似微信公众号平台的用户忠诚度平台上，对 CRM 数据进行反哺，再经过一段时间的二次营销，推进客户的需求后再引入销售渠道。

线下的最后一个渠道就是代理商（并不只限于线下销售），这些代理商往往掌握着客户资源和最终出货价，并且有能力引导客户使用不同厂商（企业）的品牌和产品。在传统的代理商渠道模式中，厂商（企业）通常对客户没有控制力，它们与代理商博弈的筹码只有产品的价格。数据营销的作用是将客户数据（商机）作为筹码，和代理商进行交换，帮助厂商（企业）提升对客户的控制力。第三章第一节对此会有介绍。

（4）电销

呼叫中心是数据库营销时代数据营销的核心，在呼叫中心的成本计算中，通常将电话销售的时间作为成本计算单位。统计每天产生的各种成本（人工费、场地费、电话费、水电煤气费等）摊分到电话销售一天 8 小时的工作时间中，可以得到每分钟的成本，因此如何有效利用电话销售人员的每分钟是帮助企业提升投入产出比的核心关键。如表 1-20 所示是数据营销帮助电销提高数据精确度从而增加外呼成功率和销售比率的主要手段。

表 1-20　数据营销提升电销能力的手段

作用手段	解　释
数据预呼	通过预呼技术，甄别空号、错号、长期无人接听的电话号码
客户筛选	通过分析客户的历史购买行为、当前的互联网行为等综合因素，找到有购买潜力并且当前可能采购的客户
反馈收集	在通过营销活动覆盖后，收集客户的反馈（是否有打开电子邮件等）来判断客户是否有当前购买可能性
错误更正	对外呼过程中发现的错误数据（查无此人、错误联系信息等）在 CRM 系统中更新，防止错误数据的二次使用
话术优化	收集与客户电话沟通时的反馈，根据客户的反映来优化标准话术

8. 市场研究

市场研究也是数据营销的一个主要职责，当企业经营遇到问题时，需要通过初步研究（通过客户调研等方式获取一手资料）和次级研究（通过现有数据或外部已有分析进行研究）对这些问题进行分析。在营销领域，市场研究的常规课题如表 1-21 所示。

表 1-21　市场研究在营销领域的常规课题

常规市场研究课题	研究目的	案　例
宏观经济及政策研究	了解定量的宏观经济变化和定性的政府政策对企业经营的影响，以此指导企业的业务及营销资源投入方向	研究最新"十三五"、"一路一带"政策，结合企业所在行业，了解政府的投资方向对企业的影响，帮助企业制定下一步的业务规划
市场容量及份额研究	从企业的产品角度，了解市场容量和当前市场份额，并且具体到不同细分行业，帮助企业制定细分行业的资源投入方向	每季度 IDC 研究公司会出版针对 IT 产品的"IDC tracker"，提供第三方的服务器、存储、PC、网络设备等进行行业、省份、时间三个维度交叉的市场容量和市场份额数据，帮助企业了解在各个交叉细分市场的现有经营状况和竞争情况
竞争情况分析	了解主要竞争对手的最新动态，包括产品、细分市场、业务策略、销售大单等多个层面	在 IT 领域，企业基于 IDC tracker 识别最近造成威胁的主要竞争对手后，进一步了解竞争对手的主要动态和可能的应对策略
定价分析	了解企业的主要竞品及代理商在市场上的定价策略，帮助企业对自己的产品进行价格控制和竞争定价应对	通过爬虫工具获取电商网站上自己产品和竞品的主要销售价格 • 识别破坏自身产品价格体系的经销商 • 了解竞争对手的定价变化，以进行应对
渠道调研	对市场上的代理商进行研究，建立厂商—代理商—客户的三层拼图，了解不同代理商的能力和覆盖范围	通过爬虫工具扒取招投标网站信息，了解在政府、医疗、教育行业的渠道拼图，帮助企业在细分市场找到合适的合作代理商
大客户研究	定期对自有大客户和竞争对手大客户进行调研，了解客户需求和自身优劣势	在 B2B 领域，在新产品上市前了解大客户的需求和期望，帮助制定清晰的产品定位和定价策略

市场研究的主要方法包括电话调研、面访、街头问卷、在线调研等手段，

其中初步研究中的调研目标包括客户、潜在客户、代理商、业内资深人士等。市场研究和数据营销一样也是一个庞大的领域，涉及问卷设计、项目控制、结果撰写等多个领域，它和数据营销并非包含而是互相交叉的关系。数据营销对传统市场研究的支撑包括以下几部分。

（1）客户数据提供及质量控制

市场研究的调研中所需要的客户数据，需要由数据营销人员提供。由于市场研究人员对 CRM 系统和客户数据的口径不甚了解，经常会发生 B2B 市场研究人员直接从 CRM 系统中抽取收入最高的前 100 个客户的情况，结果这些客户一大半都是代理商（CRM 系统中经常将渠道收入归入代理商名字的记录）；或者按照行业字段"金融"去抽取金融业客户，但他们不知道类似支付宝这样的互联网金融客户被归入互联网行业而不是金融行业。对于 CRM 数据，相比市场研究人员，数据营销人员对客户数据更有感觉。

（2）调研的执行

市场研究中涉及的调研部分，如果不需要深刻的行业知识，往往由数据营销人员执行和管控。

（3）客户数据之外的数据支撑

除了与客户相关的调研，还有大量市场研究会用到其他数据，如通过爬虫获取自己和竞争对手电商平台的销售量。

对客户评价的研究除了以上提及的数据营销对传统市场调研的支撑外，随着营销技术的成熟，还出现了一些大数据拥有方建设的标准化市场研究工具，这些工具针对企业通常会提及的问题，提供标准化的研究结果，企业不再需要投入大量成本通过调研等形式，雇用专业的市场研究人员或供应商进行市场研究。例如，百度建设的市场研究工具"百度司南"，使用了百度自身的搜索数据、百度地图数据和百度生态圈中各合作伙伴的数据、到目前为止有五个主要版本，如表 1-22 所示。

表 1-22　百度司南的五个版本介绍

版本	功能介绍
专业版	了解搜索企业产品的客户画像，并且对比竞争对手的情况来进行品牌定位 了解客户在最终购买前的搜索路径，优化搜索类广告的投入 了解目标客户的媒体偏好，指导企业的媒体组合投入
精算版	通过客户的搜索行为，了解互联网广告投出后，客户是否真实看到，是否对广告有真实关注和进一步动作
代言人	通过明星被搜索客户群的客户画像，了解明星的影响力，以及和品牌的关联度
舆情分析	了解与品牌相关的客户搜索、商品评价等，及时发现不利于品牌的舆论，帮助企业及时干预
户外版	了解企业目标人群的线下分布，指导企业在线下的广告投入（如户外广告牌、地推资源）

举一个在百度司南官网（sinan.baidu.com）上使用的案例。基于每天在百度体系中发生的海量搜索行为数据，司南列出了三个汽车品牌（宝马、奔驰、奥迪）的客户搜索行为分析（见图 1-26），可以看到搜索奔驰的客户群经常会关注旅游、金融财经和奢侈品类的内容，搜索宝马的客户群会关注孕婴育儿、美容美体、体育健身、3C 产品和休闲爱好等内容，而搜索奥迪的客户群会关

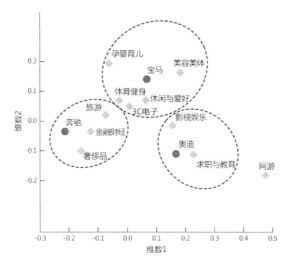

图 1-26　三个品牌汽车的客户画像对比

注求职教育和影视娱乐的内容。根据这些客户群的搜索行为，企业可以明显对三个汽车品牌的目标客户有个清晰的客户画像：宝马的目标客户更趋于年轻化，奥迪的目标客户更趋于职业人群，而奔驰的目标客户则更趋于年龄更大的商务人士。对三个汽车品牌的市场部门来说，该分析可以指导不同媒体渠道上的投放优先级。

9. 数据驱动业务

客户数据对企业的作用除了在营销层面，还可以进一步推动企业业务层面的深度结合，在电信、金融、零售等行业，客户数据已经作为企业的核心资产，如何利用好客户数据这个金矿来帮助企业的业务推进是众多企业的共同诉求。虽然很多企业对待客户数据的态度仍然是"投资回报率很低的麻烦东西"（很多拥有强大品牌或产品的企业觉得数据营销并非不可或缺，在实行数据营销的同时带来的数据安全、团队建立、初期投入等问题让企业更加不愿前行），但对尝到数据营销甜头的企业来说，当其真正了解数据营销的运转体系后，会惊喜地发现客户数据是一个"复利"非常高的投资领域：当企业花了大量成本收集的客户数据只有少数应用方式时，投资回报率并不会让人满意，但是随着符合企业运作体系的新方式的出现，企业的二次投入会逐渐减少，数据价值密度不断发生飞跃，特别是当数据与业务相连接形成数据驱动业务，而不只是数据驱动营销时，才是企业真正拥抱数据营销的那一刻。

数据驱动业务包括两个层面：业务优化（通过客户数据将原有业务模式优化，提升效率）和业务创新（以客户数据为核心资源建立新的业务模式）。数据驱动业务的模式有以下几种。

（1）销售渠道的扁平化

在企业传统的销售渠道和经营管理模式中，会碰到如图 1-27 所示的诸多问题。

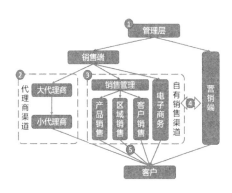

图 1-27 企业传统销售渠道和管理经营模式中的问题

通过客户数据来切割渠道，将销售端和营销端的资源进行重组后，形成"销售单元体"的阿米巴经营模式，如图 1-28 所示。在该管理经营模式中，客户数据起到职责划分、资源划分、指标分摊、数据统计统一口径等作用，对此第四章会有具体案例。

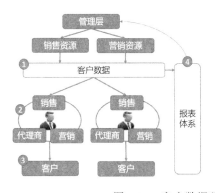

图 1-28 客户数据驱动的阿米巴经营模式

（2）产品设计及定价

在某些行业，企业利润中有相当部分来自价格体系和服务内容的信息不对称，当客户看到复杂的产品和定价介绍后，往往只会听取少数卖点就进行了采购。企业为了保持这块利润，会尽量将产品和定价做得复杂，客户数据能帮助企业针对不同的客户推荐不同的最优化套餐，在客户需求和企业利润之间找到好的平衡点。

（3）细分市场的整合营销

一个大企业会有很多类型的营销和销售资源，在面对不同细分市场时，可以以客户数据为中心，在时间维度上对这些资源进行整合，形成标准化的营销—销售模式，再迅速将在少数细分市场上得到验证的模式和经验迅速推广到大量市场上。对此，第四章第一节会介绍相关案例。

六　结果衡量：数据对营销和业务的衡量和优化

数据营销闭环的最后一个环节是利用营销技术获知客户行为和营销各个节点的过程量，来定量地证明营销的投入产出比，以及优化营销和业务流程，这也是随着数字营销技术和统计方法的成熟，最近发展最快的一个领域。百年来困扰营销人员最大的梦魇就是约翰·沃纳梅克的那句名言："我知道在广告上的投资有一半是无用的，但问题是我不知道是哪一半。"虽然现阶段结果衡量领域的各项技术远非完美，但它们已经开始对营销人员进行资源的定量决策提供依据。

如果你是营销人员，你可能非常希望读懂这个领域的知识，帮助自己优化现有营销资源并在公司内部争取更多资源。事实上，在结果衡量节点，数据营销虽然能起很多作用，但是拿数据来定量考核结果，尚不能达到大部分人期望的高度。你可能听过一个理论：大数据带来了"全量"数据的洞察而非个体，基于"全量"数据能更真实地了解事实真相。在其他领域也许是这样，但在营销领域，由于涉及过多利益方，各种营销技术带来的数据往往受"甲方考核指标"这根指挥棒控制，甲方市场部的市场经理怎么被营销总监考核，这些数字的压力就会被传递到乙方变成各种相应的作假手段来迎合这些考核指标，并且由于大数据是更加偏向技术领域的学科，这就意味着可以通过程序批量进行造假，因此大数据并没有带来更加精准的结果考核数据。

但是，你也不用对数据营销在结果衡量环节起的作用完全失去信心，如果合理设置目标，的确有很多技术手段能帮助改善日常的营销和运营模式，帮助企业节省营销成本。

1. 网站分析

当企业的商业模式高度依赖网站（官网如自有电商网站，APP 如 O2O 应用），企业花了大量营销费用进行推广和网站设计时，就会希望有数据支撑来判断以下问题。

- 网站的流量从哪里来，不同渠道的投入产出比。
- 不同流量来源的真实可靠性，是否有作假的流量存在。
- 客户在网站上的体验，是否客户会因为不好的网站设计不再继续浏览。
- 客户在不同页面的跳转逻辑，网站的设计是否能正确引导客户进行最终购买。
- 流量来源的最终转换率及带来的直接受益。
- 客户对官网和 APP 的留存和忠诚度。

在过去，网站的负责人通过日志分析来完成一小部分的分析工作，现在通过第三方的网站分析工具（如 Google Analytics、Omniture 及各种基于 APP 的软件开发工具包等）在网站的页面上进行布码，来追踪如图 1-29 所示的数据体系。

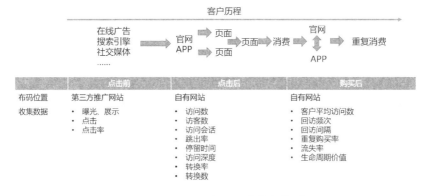

图 1-29　网站分析追踪的数据体系

网站分析的技术实现，是通过工具提供的标签埋在相关的网页上。例如，当企业在不同渠道投放了广告时（如门户网站的图片广告），在图片背后的 URL 中埋入个性化代码，当客户打开投放广告的页面时，就被记录"浏览"一次；当客户点击图片跳转到企业网站对应的落地页时，就被记录"点击"一次，以上被称为"点击前"的客户追踪。由于网站分析工具可以为不同第三方推广平台提供不同代码，因此在工具的后台系统，企业可以看到不同第三方推广平台的流量数量和质量，如图 1-30 所示。

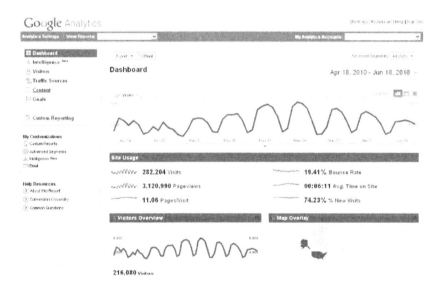

图 1-30　网站分析工具后台分析报告

当客户来到企业网站时，网站的每个页面背后都被埋了工具提供的代码，因为网站是属于企业自己的，相比投放广告的第三方广告平台，企业可以在自己的网站上埋入更多类型的代码来追踪客户"点击后"和"购买后"阶段的各种行为，在不同行业的网站中，可以针对以上参数进行排列，组合建立"转换漏斗"，据此看清楚客户访问网站后的行为。如图 1-31 所示是一个理想化的 O2O 订餐类 APP 客户路径分析，选用了"访客数"和"跳出率"两个参数来进行分析。

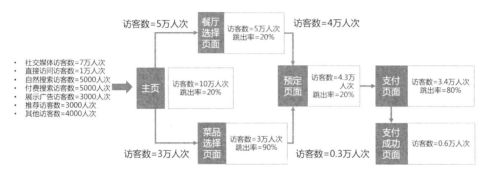

图 1-31　O2O 送餐网站的网站分析

从这个案例中可以看到，APP 的主要流量来源是社交媒体（7 万人次），口碑传播是主要的客户来源，APP 给客户提供了两条订餐路径：第一条是先选餐厅后选菜品，客户的跳出率只有 20%；第二条是先选菜品后选餐厅，客户的跳出率达到惊人的 90%。当客户到了支付页面，跳出率达到 80%，说明大部分客户在最后一刻放弃了支付，最终，对这个 APP 来说，转换率是 6%（0.6 万个订单/10 万人次访客）。以上这些数据分析对 APP 运营团队带来了如下启示。

- 结合不同渠道的营销投入，分析投入产出比，从总量来看社交媒体是最有效的路径。
- 检查"菜品选择"页面设计，是否由于菜品分类不合理或页面设计技术问题造成客户不愿意继续浏览。
- 检查"支付"页面设计，是否存在支付方式单一或页面设计技术问题，造成客户不愿支付。

除了以上横向追踪客户历程来优化网站设计提升用户体验外，网站分析工具还可以追踪纵向的客户转换，通过 Cookie 分析等手段，连接客户从首次访问网站到最终购买、重复购买的所有行为，建立客户角度的转换过程。如表1-23 所示是不同引流渠道的转换追踪，从表中可以看到五种不同引流渠道以最终销售为参数的投资回报率，其中 A、C、E 三个渠道各有局限性，但仍然是不错的渠道；B 是低成本低效果的渠道；D 的收入来自客户的首次购买，需要更多数据支撑来研究原因。

表 1-23　网站分析的纵向客户追踪

渠道	访客数(人次)	成本(元)	平均访客成本(元)	首次购买收入(人次)	重复购买客户(人次)	重复购买比率	重复购买收入(元)	总投资回报比	成本	首次购买	重复购买	投资回报比
A	10000	10000	1	10000	4000	40%	30000	4	高	低	高	中
B	10000	200	0.02	10	10	0.1%	100	0.55	低	低	低	低
C	3000	1500	0.5	15000	600	20%	3000	12	中	高	中	高
D	1000	1000	1	6000	100	10%	0	6	高	高	低	中
E	1000	—	0	1000	300	30%	1000	—		低	低	

网站分析工具埋的代码能追踪客户的具体行为，包括访问时间、停留时间长度、客户所在城市、使用操作系统版本等很多数据，通过分析这些客户行为能对作假流量进行识别。前文也提及当前数字营销的付费方式（也就是考核模式）大部分是按照浏览、点击等客户行为量计算的，狡猾的供应商可以通过很多方式对这些客户行为动作进行造假。例如，使用电脑屏幕右下角的弹窗强迫客户浏览广告，使用一张带色情内容的图片吸引客户点击，通过木马程序控制电脑和手机进行互联网操作……但是无论什么样的作假手段，在网站分析工具上产生的客户行为数据都是有破绽的。例如，客户发现受骗访问了某网站后会迅速离开，通过"客户停留时长"就可以判断这种欺骗手段；通过客户的访问时间（是否符合正常人的作息时间去浏览广告）、客户所在城市（客户来源是否符合广告投放地域比率）、使用操作系统和输入法是否都是中文等数据的结合，可以从逻辑上识别木马作假手段。

2. 资源最优化

除了网站分析，还有一些技术和数据算法在不同的应用场景能帮助营销资源进行最优化配置。

（1）A/B 测试

这是针对微观营销执行层面的营销技术。过去，在每次营销活动中供应商都会递交给企业多个内容设计方案，那企业是如何选择蓝色或红色作为电子邮件背景色的呢？大多数情况下是资深的市场经理根据自己的经验来做判断，但是这种凭经验做出的断定不一定准确，而且如果涉及细分市场，也许真实情况是某些客户喜欢蓝色，某些客户喜欢红色，企业又不可能把所有方案全部执行一遍，否则客户将收到两份内容一致、只是背景色不同的电子邮件。

A/B 测试正是从技术上解决了数字营销中的选择问题，如果营销的设计有多个方案，可以通过对所有方案的小样本实践，基于页面上埋入的追踪代码，了解客户对不同方案的反应，最后在不同细分市场选择最优化的方案。

例如，企业准备发送 10 万封电子邮件，但当前有 A、B、C 三套不同的配色和布局方案。企业首先选取 1 万封作为样本发送后收集客户的反馈比率，发现不同细分市场对不同方案的反馈后（如北方人喜欢 A、南方人喜欢 B、年轻人喜欢 C），就可以决定将剩余 9 万封电子邮件按照不同细分市场发送反馈率最高的设计版本。

对电子邮件的 A/B 测试由于是非实时的，企业仍然可以通过手工完成，但在网页设计、优惠券选择等需要实时判断的领域，就需要一些专业的工具，比较常见的包括 Google Website Optimizer、Adobe Target、AB Tester 等。

（2）市场营销组合

这是利用统计学中的归因分析来计算在不同领域营销投入最优化的技术方式。前文举过一个例子，一个 4S 店观察到大量客户都是乘坐 1 路公交车来购买汽车的，那是否意味着所有营销投入都应该放在 1 路公交车上做车身广告呢？答案当时是否定的，大部分客户的购买历程都是一个非常复杂的过程，在购买前接受的众多广告对客户的最终选择都只起了一部分作用，但很难说哪部分作用是决定性的，对耐用消费品和 B2B 产品来说更是如此。虽然在数字营销领域可以通过营销技术追踪客户的反馈，据此了解营销的效果，但是大部分企业只会把不到 30% 的预算投入数字营销领域（它们会认为数字营销虽然可追踪、可优化，但传统营销方式效果更好），那如何来切分不同营销方式的预算比例呢？

如图 1-32 所示是一个理想化的市场营销组合模型样本，在横轴上放入时间（这里以周为单位），左纵轴放入不同渠道的营销投入，右纵轴放入本周的实际业务收入，在样本中可以看到业务收入和营销投入是成正比的，投入越多收入越多，但是不同渠道的投入效果也有上限。例如，当投入小于 10 万元/月时，渠道 A 有最好的投入回报比，当投入增加到高于 50 万元/月时，渠道 C 开始发挥显著作用。市场营销组合模型的最终产出就是在不同预算总量下，不同营销渠道的投入最佳比率。

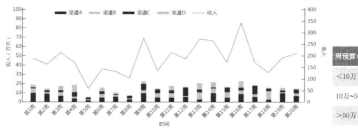

周预算（元）	渠道A	渠道B	渠道C	渠道D
<10万	50%	30%	—	20%
10万~50万	30%	20%	20%	30%
>50万	20%	10%	30%	40%

图 1-32　市场营销组合模型样本

3. 销售漏斗

销售漏斗的性质更加倾向于一个数据营销方法论而非技术，前文也提及销售漏斗模型是数据营销的三个主要理论之一，用于帮助企业在结果量之外，建立梯度的过程量衡量体系，了解整个营销过程的健康程度。以 B2B 为例，除了将销售量作为最终考指标核外，还可以追溯到客户商机量—客户反馈量—客户接触量—客户数据量，建立五层逻辑的漏斗，每层漏斗的转换都有相关负责部门（如客户接触量到客户反馈量的转换取决于营销活动的质量，需要市场经理来负责这个节点），在企业内部就能把营销活动的管控作为指标定量地分解到不同部门中去。

　　脱离客户数据，企业的高层同样能从运营部门得到这些过程的统计量，但是由于涉及考核，每个转换节点的责任部门和对应供应商都会通过一些手段保证自己完成考核指标，因此会出现很多虚假数据。例如，客户反馈量到客户商机量转换的负责部门是企业的业务拓展部门，因为业务拓展部门不负责商机的最终销售，它们就可能在 CRM 系统中建立很多虚假的商机信息，这些商机会让考核数字看上去很好看，但对真实销售没有任何用处。

　　解决这个问题的根本是在 CRM 系统中建立客户级的代码追踪体系，对于每次客户接触、反馈、商机都通过同一个营销代码来追踪，最后了解漏斗不同层次上下级转换是否为同一批客户。以 B2B 的一个电子邮件营销为例（见图 1-33），市场经理从 CRM 系统中抽取了 10 万条数据进行电子邮件发送，其中有 2000 人通过邮件里的 URL 来到网站递交了自己的商机需求，通过呼叫中心访问人员的电话跟进，确认了 100 个商机并在 CRM 系统里新建，最终达成了 10 单销售。

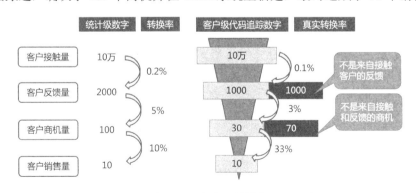

图 1-33　统计级和客户级的销售漏斗对比

在整个漏斗转换中，只有顶层的客户接触量和底层的客户销售量是不可能作假的，通过客户级代码的追踪能识别没有接触（没有收到电子邮件）却有反馈（电子邮件点击和数据在线递交）的 1000 条数据，以及没有营销接触或反馈却在 CRM 系统中建立了商机的 70 条记录。对企业来说，看清楚真实转换率的价值首先是能进行真实的考核，其次是节省呼叫中心访问人员跟进作假反馈数据、销售人员跟进假商机的时间成本（如果只计算呼叫中心的成本节省，按照一个正规呼叫中心访问员每天能进行 20~30 个电话沟通，每通电话的成本为 30 元，少打 1000 个电话意味着在这个营销活动中为企业节省了 3 万元），最后能真实地指导企业将有限的经费投入最需要改进的转换节点中去。

第六节 / 数据营销的基础设施

工欲善其事，必先利其器。笔者在和朋友聊天时被问到最多的问题就是"哪个 CRM 最好"，笔者的回答如下。

首先，数据营销需要的不只是一套 CRM 系统，而是一整套数据营销设施体系（包括由各类软件、硬件组成的应用，以及使用这些应用的人）。

其次，没有"最好的"数据营销应用，只有"最适合的"，数据营销各个领域的应用升级换代非常之快，每年都会出现很多数据营销新模式和所需的系统，每个数据营销系统都需要投入大量资源去建设和运营，而且要与现有体系成功对接也有相当的风险。企业需要正确评估现有设施资产和现阶段的需求，然后选择适合自己的数据营销应用进行建设。

最后，要有非常清晰的投入产出比预期，每种数据营销系统的建设都会带来一些新的数据营销模式，但这些模式是否能给企业带来覆盖成本的收益，需要企业有非常清晰的预测。一个新的数据营销系统的出现往往来自大企业的个性化需求和开发，成本会非常高，但是当这个系统被证明有效之后，大量软件开发公司会进入这个领域进行标准化应用的开发，成本会陡然下降。但是，随着过多企业使用这个模式，营销效果也会随之下降。找到投入和效果的最佳平衡点时间进行数据营销应用的建设，是每个企业需要考量的。

如图 1-34 所示是数据营销基础设施架构，按照企业建设的内部设施和可以直接采购使用的外部工具及不同的功能，可分为数据管理类和数据应用类。

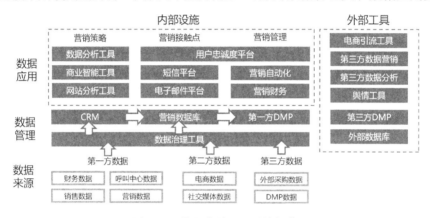

图 1-34　数据营销基础设施架构

1. 数据治理工具

数据治理工具包含 ETL 和数据匹配工具，对企业收集的各方数据进行标准化、清理、匹配、整合，最后将干净的数据导入数据库中以供数据营销使用。

2. CRM 系统

可以将 CRM 理解为存储各类客户数据，并为企业内部不同角色提供前台操作的客户数据管理及操作系统，主流的专业 CRM 包括 Siebel、Salesforce、销售易等。

3. 营销数据库

当企业内部对客户数据管理趋于复杂，对营销、销售、服务等功能所需的客户数据需要分开对待时，将营销用的客户数据单独从 CRM 中抽取出，建立没有前台操作界面的后台数据库。营销数据库一般需要定制化开发。

4. 第一方 DMP

当企业需要利用内部客户数据对接外部营销工具进行实时营销，对数据调用有很高的时间要求及数据保密要求时，可以将营销数据库中的客户识别码和对应的标签单独建立一个数据库。第一方 DMP 需要根据企业需求定制化开发。

客户数据在企业内部存储在 CRM 系统、营销数据库、第一方 DMP 三个系统中，三者的差别如下。CRM 系统串接了全公司的销售、营销、服务等流程，在很多企业内部作为企业核心系统存在，一般由企业的 IT 部门负责运营维护，同时有存储数据的后台和进行数据操作的前台界面。CRM 系统中的数据往往有复杂的业务逻辑，对可能涉及业务的数据字段不做清理。例如，在某 B2B 企业的 CRM 系统中，"中国银行"被标记了"制造业"的错误行业代码，但由于不知道业务逻辑（如一个制造业的销售人员做了一单中国银行的销售，为了将收入提成归属于负责制造业的销售部门，就会出现这种情况），市场部是不可以在 CRM 前台把行业代码更改为"金融业"的，否则就会影响收入和提成归属。而营销数据库只用于营销，一般由市场部找供应商建设运维，市场部可以按照自己的意愿在后台数据库随意更改。第一方 DMP 的数据来自营销数据库，并且不会存储客户姓名、地址、历史购买记录这样的敏感信息，只会存储客户数字营销的识别码（如 cookie ID、手机号码等）和基于原始数据制作的客户标签（如基于客户历史购买记录和当前行为制作的，在未来一个月内可能购买商品的数据挖掘打分）。

5. 数据分析工具

企业要对客户数据进行分析，需要有把数据从数据库中抽取出来的工具和数据挖掘工具（如 Excel、SAS、SPSS、R 等）。

6. 商业智能工具

商业智能工具将数据做成可视化的图表和界面，给企业内部业务层面的人员使用，这些工具包括 Excel、Crystal、Tableau、Cognos、QlikView 等。

7. 网站分析工具

前文介绍过网站分析的内容，Google Analytics 和 Adobe Omniture 都是主流的埋码和分析工具。

8. 用户忠诚度平台

用户忠诚度平台是为潜在客户和现有客户提供积分、互动的营销平台，包括 Siebel Loyalty、微信公众号、500friends 等主流解决方案。

9. 短信平台

短信平台是企业获取客户的手机号码后，向客户发送短信的平台。如果客户数据量很少，可以直接通过企业员工的个人手机发送，但是针对大型企业（如银行，每个月都需要发送上亿条短信），需要使用运营商提供的专业短信平台，并且工业和信息化部对营销类型的短信发送内容有法律规定，严格来说企业只可以发送服务类短信，营销类短信是被禁止的。

10. 电子邮件平台

与短信平台类似，当企业掌握了客户的电子邮件地址后，如果数据量很少，可以通过员工邮箱发送，但当数据量达到上万条，各类邮箱服务商就会设置规则将邮件作为垃圾邮件处理，阻挡营销邮件进入客户的邮箱。专业的电子邮件平台除了需要与邮箱服务商商定进入白名单，从而把所有邮件正常发送至客户外，还需要有能力追踪电子邮件的打开、点击、退信、退订行为。

11. 营销自动化

前文已经对营销自动化工具进行了介绍，主流的营销自动化工具包括 IBM Unica、Adobe Campaign、Oracle Eloqua、SAS、Redpoint、Marketo 等。

12. 营销财务

市场经理填写营销计划和预算，市场总监和财务审批预算，生成营销代码，并连通 CRM 系统后追踪端到端营销结果的管控系统。

13. 外部数据库

外部数据库提供非实时的、合法的数据采购平台，如中国人民银行的征信系统、邓白氏（Dun & Bradstreet）的全球 B2B 客户数据库等。

14. 第三方 DMP

第三方 DMP 实时提供脱敏客户数据（去除敏感字段），如已经被 Oracle 收购的 Bluekai、阿里的达摩盘、腾讯的广点通、百度 DMP、Talkingdata 等。

15. 舆情工具

舆情工具实时抽取社交媒体上的言论，为企业提供负面舆情的预警。国内有大量舆情工具，常规价格每年上万元。

16. 第三方数据分析

有些拥有大量数据（包括但不限于大数据）的平台，基于企业的常规应用场景提供标准化分析甚至营销服务的工具，如基于搜索大数据的百度司南（前文已经有详细介绍）、基于建筑业数据的瑞达恒、基于电商大数据的阿里价格指数等。

17. 第三方数据营销

当前国内最常见的第三方数据营销是实时竞价模式（Real Time Bidding，RTB）和搜索引擎营销。RTB 可以使用 DSP 提供的标准化工具对接第三方 DMP 和广告交易平台进行实时营销，通过设置客户不同的在线行为来触发实时广告展示（如客户在电商上搜索了某种商品之后，在新闻网站的页面上也会看到此类商品的展示图片）。常见的国内 DSP 包括品友互动、腾讯广点通、百度 DSP 等。搜索引擎营销在国内谈的最多就是百度关键词，企业通过购买与自己的销售高度关联的关键词，让搜索这些词的客户在搜索引擎上先看到自己的主页。第三方数据营销工具带来了丰富的应用场景。

18. 电商引流工具

企业可以使用第三方电商提供的标准化工具，对目标客户进行广告内容推送或关键词引流，在淘宝系中最常见的包括淘宝直通车、钻石展位、聚划算等。

以上提及的每个数据营销基础设施都需要企业投入大量资源，很少有企业拥有所有基础设施并连通使用。对企业来说，需要正确判断当前的需求、主要目标和可承受的投入产出比，再考虑如何投资数据营销基础设施。笔者根据企业规模，把对数据营销的需求大致分为三个阶段，如表 1-24 所示。

表 1-24 企业数据营销的三个阶段

项目	初级阶段	中级阶段	高级阶段
资源投入	10 万元 / 年	100 万元 / 年	1000 万元/年以上
客户数据	散落在销售、营销、财务、服务部门	• 集中在 CRM 系统和营销数据库 • 有非实时的数据补充机制	• 通过第一方 DMP 与外部数据连通 • 有实时的数据补充机制
营销接触点	• 电子邮件、直邮、电话、线下会议 • 电商引流工具	• 社交媒体 • RTB 等实时营销工具	• 用户忠诚度平台 • 更丰富的个性化行业应用场景
对数据营销的期望	• 收集散落在各部门的客户数据，防止因为员工的离职而丢失客户数据 • 利用电子邮件、直邮、电话、线下会议等营销方式进行老客户维系和新客户挖掘 • 标准化电商工具的电商引流	• 整合内部数据，建立客户数据的统一管理平台 • 符合企业需求的个性化数据营销体系 • 除了营销，客户数据还能实现经营分析、市场研究等功能 • 数据可视化 • 通过商业智能等手段，找出潜在目标客户 • 个性化电商引流闭环的建立 • 外部工具驱动的实时营销 • 营销结果可衡量	• 整合内外部客户数据 • 内部数据驱动的实时数据营销 • 千人千面的个性化营销 • 营销自动化 • 营销结果实时可衡量 • 电商、传统数据营销、数字营销、市场研究的数据连通 • 通过客户数据连通跨行业合作伙伴，形成联合营销

根据以上三个阶段，企业对数据营销基础设施的选择如表 1-25 所示，可以看到，对初级的数据营销企业来说，少数懂得数据处理的人员和 Excel 工具就能实现数据营销的基本功能。

表 1-25　三个阶段的数据营销设施选择

设施	初级阶段	中级阶段	高级阶段
数据治理工具	手工处理	ETL 工具（Informatica， IBM datastage， kettle）	
CRM 系统	Excel	带 CRM 和行业属性的标准化 CRM 系统	大型的可进行个性化开发的 CRM 系统，如 Siebel、Salesforce
营销数据库	—	个性化开发	
第一方 DMP	—		个性化开发
数据分析工具	Excel	SAS、SPSS、R、MATLAB 等工具	
商业智能工具	Excel	Crystal、Tableau、Cognos、QlikView 等工具	
网站分析工具			Google Analytics、Adobe Omniture
用户忠诚度	微信公众号		个性化开发 APP、网站
短信平台	手工发送	标准运营商接口及工具	
电子邮件平台	手工发送	标准电子邮件工具	
营销自动化	—		IBM Unica、SAS MA、Oracle Eloqua 等
营销财务	—	个性化开发	
外部数据库	—	按需合作	
第三方 DMP	—		按需合作
舆情工具	—	按需合作	
第三方数据分析	—		
电商引流工具		按需合作	

第七节　数据营销的人员配置

除了上文提及的数据营销基础设施，还有一个重要的问题是如何组建数据营销团队，即：什么样的人员配置才能开展有效的数据营销？哪些职位需要放在企业内部？哪些职位可以外包？哪些职位涉及数据安全需要严格对待？

数据营销的成功与否在很大程度上取决于数据营销操盘手和数据营销团队的能力，数据操盘手的能力决定了同样的数据内容是否能形成符合企业业务模式的数据营销模式；数据营销团队的能力则决定了这个模式能走多远。就像炒菜，同样的食材在不同的厨师手中会变成截然不同的菜肴，而烹调使用的炉灶和油盐酱醋则决定了菜肴的味道是否如厨师所料。如图 1-35 所示是大企业内部的数据营销团队结构。

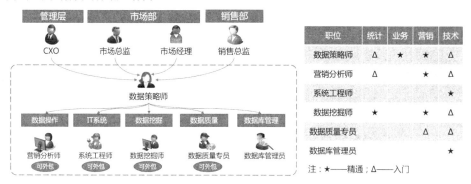

图 1-35　数据营销团队结构

1. 数据策略师

数据策略师等同于企业内部的营销数据操盘手，需要同时精通业务和营销，负责与业务需求层面的沟通，为企业设计数据营销模式，掌握企业数据营销的预算及日常数据营销的管控。同时，数据策略师需要对统计学和技术有一定的了解，知道什么样的数据营销方式在技术上是可行的，明白数据分析和挖掘对企业真实可实现的作用，制定客户数据标准和规则，以及设计企业数据营销基础设施的建设路线。数据策略师是数据营销团队的核心人物，一个好的数据策略师需要对企业业务有深刻的理解，具备多年的行业认知、多部门间的协调能力及最重要的项目经验，了解什么样的数据营销模式能真实地帮助当前企业的业务，什么样的模式只是纸上谈兵。数据策略师往往只能在企业内部长期培养，或者高价从竞争对手那里挖取。

2. 营销分析师

营销分析师负责数据营销的执行层面，包括日常数据的抽取、分析及数据营销工具的操作。营销分析师面对的是市场经理、一线销售经理这样直接需要客户数据支撑的企业一线人员，因此需要对企业的营销策略有深刻的理解，能够对客户数据进行基于行业理解的市场细分，在营销执行中知道什么样的数据能真实起作用，营销之后还要通过分析对营销结果进行衡量并提出改进意见。除了对营销的了解，营销分析师在技术和统计学上的要求并不高，一个有 SQL 背景、懂得数据库逻辑的人员经过半年左右与业务人员的磨合，基本就能成为合格的营销分析师，这样的人才在市场上并不稀缺，同时也有很多供应商提供营销分析师岗位的外包，如果供应商有严格的数据权限设置规则，则营销分析师只能接触有限的客户数据甚至脱敏数据，因此外包这个职位的数据安全隐患并不大。对工资体系相对较高的企业来说，外包此岗位是快速展开工作和节省成本的方法。

3. 系统工程师

系统工程师对数据营销基础设施负责，包括新系统的开发上线和系统上线后的日常维护，它是一个完全偏 IT 领域的岗位，一般放在企业的 IT 部门或外包。系统工程师并不需要很强的业务理解能力，一般配合数据策略师理清业务需求和逻辑后就能进行系统的开发。系统工程师在开发系统时并不一定会接触真实的客户数据，因此数据安全风险较小，除非是最新的应用领域（如营销自动化、第一方 DMP 等）。系统工程师在市场上的人才储备并不少。

4. 数据挖掘师

当企业的客户数据量体量庞大、收集的客户的行为字段非常复杂时，数据分析和客户细分只能通过专业的数据挖掘软件（如 SAS、SPSS 等）结合统计学算法进行操作，这时企业就需要数据挖掘师。数据挖掘师需要根据营销需求，对海量的客户数据进行数据挖掘，建立数学模型，从中发现客户的共性，据此指导客户细分和营销策略。对数据挖掘师的要求通常按照数据挖掘模型的建立点划分，在模型建立过程中，需要数据挖掘师对企业的营销有相当深入的了解，同时具备深厚的统计学功底，而随着数据挖掘工具的成熟和模块化，数据挖掘师并不需要强大的 IT 技术能力。在数学模型建立后，定期的数据刷新工作（模型参数不变，数据有变化）相对简单，不需要资深的数据挖掘师出手，但模型刷新工作（模型方法论不变，模型参数有变化）仍然需要资深的数据挖掘师。对企业来说，数据挖掘师的工作负荷是阶段性的，除非电商、零售这样高度依赖数据挖掘的行业，大部分企业选择将数学模型的建立过程外包给专业的数据挖掘供应商，而数据刷新工作由内部数据操作人员完成。市场上有大量的数据挖掘师，但对行业有深刻理解、经验丰富的数据挖掘师仍然很稀缺。

5. 数据质量专员

数据质量专员对客户数据质量负责，一般只与数据策略师沟通而不接触业务人员，需要完成日常的数据库质量检查工作，如数据缺失率、数据合规率等。一些数据量较少的问题需要数据质量专员直接进入 CRM 系统前台或营销数据库后台进行更改，数据量较大的问题则通过与数据库管理员沟通，对数据进行批量更改。这个职位不需要很高的技术含量，只需要在数据策略师划定的规则内做日常检查和操作，有一定的 SQL 操作能力和数据库知识偏 IT 领域的人员就可胜任。对企业来说可以将该岗位外包给进行自身 CRM 系统开发的供应商。

6. 数据库管理员

数据库管理员负责客户数据库的 IT 操作，如大批数据的导入、删除、ETL 的操作、权限设置等，一般归属于企业的 IT 部门。数据库管理员需要对数据库的技术层面有深刻的理解，同时对口数据策略师和数据质量专员，了解数据管理需求。由于数据库管理并没有太多行业特性，因此在市场上有大量的数据库管理员的人才储备。但是，数据库管理员是数据营销团队中仅次于数据库策略师的第二重要角色，因为数据库管理员决定数据库的安全策略。数据库管理员是 IT 层面唯一能接触所有未脱敏客户数据的角色，是数据安全的最大潜在风险，因此在数据库管理员的选择上，对职业操守的要求远高于技术能力，企业招聘时需要投入大量精力去做背景调查。该岗位一般不会选择外包。

第八节 / 大数据给数据营销带来的变化

大数据的概念已经兴起了很多年，人们对什么是大数据都有一定的理解，在此不再详述，前文也介绍了大数据推进数据营销进入数字营销阶段，那什么是营销大数据呢？营销大数据会给营销带来什么变化呢？笔者的观点如下。

- 营销大数据是数字数据的一部分，指的是客户在互联网和移动互联网上产生的行为数据，如社交媒体行为、电商行为、地理信息行为轨迹、互联网浏览行为等。
- 随着各种营销技术的出现，出现了更多收集客户行为数据的方式。
- 更多数据设施的出现，实现了营销的个性化、实时化、程序化。
- 除了传统的手机号码、姓名、身份证号等客户识别码外，营销大数据能收集各种等同于客户的设备及应用识别码（如手机 MAC、路由器的 IP 地址等，在大部分情况下一部手机只有一个用户，手机的行为等同于这个用户的行为）。
- 通过各种识别码能连通各种数据源，让企业掌握更多的客户行为，建立更完善的 360 度客户视图。
- 最重要的是企业对客户数据使用的思维逻辑的变化。在传统数据营销中，企业主要依赖第一方数据，在自身内部建立数据营销闭环。随着第二、第三方收集的客户行为数据价值越来越大，企业开始愿意连通不同数据源，形成平衡内外部资源的数据营销应用生态圈。

- 大量拥有客户数据的第三方的出现，使企业数据获取和使用的成本大大降低。
- 数据生态圈的出现使数据安全及合规面临更复杂的场景。
- 可以追踪客户的线上和移动行为，使端到端衡量营销效果体系成为可能。

至此，如果你对营销大数据还没有确切的认知，可以看一个虚拟的案例。

你刚搬新家，处于缺少一切日用品的状态，在午夜打开电视机时看到电视购物节目在推销一把价格 199 元、号称欧洲某国皇室祭天专用菜刀（姑且称为"三立人"品牌），随着主持人上窜下跳的演示，你有点被打动，于是拨打了屏幕下方的 400 电话与销售人员聊了会儿。你觉得销售人员把这把菜刀说得过于神奇而显得不可信，加上对这个品牌还过于陌生，还想深入了解一下产品性能，因此没有马上在电话中下单。你挂上电话后打开电脑，使用搜索引擎查询了这个品牌介绍，发现搜索的所有结果都是对这个品牌的非常正面的评价，特别是在某菜刀论坛中一个菜刀领域（关键意见领袖）表达了对"三立人"品牌的赞美，还提及"三立人"有三条产品线，电视购物中销售的 199 元款是国内代工的基础款，还有 400 元左右的进口中端蓝标系列，以及 10000 元以上真正某国皇室专用的黑标系列。你考虑了预算和对生活品质的期望值后，决定购买蓝标系列。你打开"三立人"的官网后，发现蓝标系列的标价是 399 元，又打开了某第三方电商网站想看看有没有海外代购，果然某店家的价格是 299 元。你拍下商品后，电脑屏幕上出现了一个支付二维码，你通过手机某第三方支付 APP 连接信用卡扫描二维码后进行了支付。三天后你从快递公司的手上收到了这把菜刀，你高兴地发现这把菜刀的美观度和实用度都超过预期值，再想到身边的朋友没有几个知道这个好产品，就拿手机拍了张你和菜刀的合影放到社交媒体上，并且加了"新买的三立人菜刀果然是某国皇室专用，切菜真方便"这样的话。

上述案例是当前普通消费者的一次相对复杂的购物过程，围绕这个案例，一共有四个问题。

- 哪些角色知道你要买菜刀？（大数据的数据收集技术）
- 这些角色是如何识别你的？（大数据的客户识别技术）
- 这些角色是如何知道你的需求的？（大数据的客户分析技术）
- 在采购过程中，企业是如何影响你的？（大数据的营销接触技术）

笔者先对大数据技术进行拆解，再对这个菜刀的案例复盘，现在，你应该明白什么是"大数据营销"了。

一 大数据的数据收集技术

传统数据营销中使用的客户数据大多是第一方数据，如客户在采购时留下的联系方式、营销活动收集的客户名片等，数据采集手段也是非实时的。随着营销技术的发展，出现了能实时采集客户在线行为的数字数据的手段。

1. API

一些数据拥有方通过预先定义的函数，为数据使用者提供标准化的数据，数据使用者往往无法知道数据的实际来源和定义标准，大部分情况下直接按照数据调用次数或包月的方式进行付费。例如，新浪提供了微博数据的 API 接口，数据使用者（企业的开发人员）可以通过调用微博 API 接口获取本企业的微博数据，包括粉丝数据、舆情数据、内容数据等。这些数据有的来自客户的注册数据，如粉丝的用户名；有的来自微博的算法，如根据粉丝的发言行为和朋友圈关系等计算的收入水平标签。API 接口上能抽取的数据类型取决于数据拥有方提供的种类。

2. 深度包检测技术

深度包检测技术（Deep Packet Inspection，DPI）是一种数据协议识别技术，对为数据传输提供软硬件管道服务的厂商（如互联网服务提供商）来说，可以截留和识别传输的数据内容。打个比方，以前自来水管道公司只负责将水厂生产的自来水传输到千家万户，今天的 DPI 技术相当于在水管里加了探头，可以检测水管里传输的水质。理论上 DPI 技术可以截取所有的客户互联网行为数据，但不是所有流经管道的数据都是可以被分析的，具体取决于数据传输中的加密水平。

3. 网络爬虫技术

网络爬虫也被称为网页蜘蛛、网络机器人等。我们在电脑上看到的网页是通过 HTML 语言编写的，如果用户在网页上单击鼠标右键，选择"查看源代码"，就能看到当前网页背后的代码。通过一些配置就可以直接下载这些代码中的文本文件，实现过程相当于用户手动把网页上有用的信息复制到本地数据库中。很多网站（如招聘网站、机票预订网站、电商产品展示页面等）的页面结构都是固定的（如第一列存储产品名称，第二列存储产品价格等，第三列存储产品销售量等，并且有"下一页"的信息分页功能），通过爬虫工具可以抽取页面表格内的内容，存储到背后数据库对应的字段里，并且自动单击"下一页"翻取下一批内容。从严格意义上来说，爬虫更像一种数据下载逻辑，很多软件都具备爬虫的功能（如 Python、R 及专业的爬虫软件"火车头"、"八爪鱼"等）。通过一台电脑在一天内下载电商网站上的数百万条数据对初学者来说并非难事，爬虫能下载的数据类型取决于目标网站上展示的信息种类。

虽然爬虫是一种成本很低的数据获取办法，但会给数据拥有者带来很大的硬件压力，需要数据拥有者在 IT 硬件层面做更多投资，因此也发展了一些诸如限 IP、限流量等反爬虫技术。爬虫的使用需要把握好"度"的问题，在获取数据的同时不给数据拥有者造成麻烦，这也是数据营销人员需要遵守的底线。

4. Cookie 分析

Cookie 分析是当前营销技术收集客户数据的主流手段。当客户在电脑上输入一次电商网站的用户名和密码，并且把商品放入"购物车"后，再次打开电脑就会发现不再需要输入用户名和密码就已经登录了电商网站，"购物车"里的商品也都还在，这些都是通过客户电脑上的 Cookie 实现的。Cookie 是基于浏览器记录信息的，这意味着如果客户电脑上有三个浏览器，每个浏览器都会有单独的 Cookie，每个 Cookie 只记录客户使用对应浏览器时的行为。Cookie 记录的客户行为数据包括以下几项。

- Cookie ID：针对每个 Cookie 的唯一识别码。
- 用户名：客户登录网站，输入并选择"记住"的用户名。
- Cookie 建立和到期时间：一般 Cookie 记录的有效期是 14 天。
- 浏览页面 URL：包含客户访问页面的域名、路径、用户名等信息。
- 服务器。
- 购物车商品：客户在电商类网站上将其放入购物车，没有马上购买的商品。
- 浏览路径。
- 系统、浏览器、软件信息。
- 营销代码。

基于以上数据，企业可以通过客户浏览过的网页来画出非常详细的客户画像。例如，每天花一小时浏览育儿类网站，并且在购物车里放了许多婴幼儿用品的客户，有很大概率是一个孕妇或准爸爸。Cookie 是一个非常有效的客户数据收集技术，但其劣势是系统自动设置的有效期有限（但是可以通过技术延长），而且同一台电脑的同一个浏览器的使用者也许并不是同一个人。此外，客户可以通过浏览器设置来屏蔽 Cookie 功能。

5. 智能探针技术

当你使用智能手机，打开 WiFi 就能搜索周边的热点，通过连接上网来节省 3G/4G 流量，但是你是否遇到过怎么都连不上热点的情况呢？智能探针是一种提供热点的设备（真实能上网的路由器可以安装探针功能，而并无上网功能的虚假热点也可以作为探针使用），当智能手机打开 WiFi 搜索周边热点时（大部分智能手机只要打开 WiFi，无论有没有手动搜索热点，系统都会每几分钟一次自动搜索周边热点），就能记录出现在这个热点覆盖的几十米范围内的 MAC 地址（一种基于网卡的唯一识别码）。智能探针有许多营销应用场景。例如，在妇幼保健院大门口放置一个智能探针，就能收集大批孕妇及准爸爸的手机 MAC 地址；在商圈关键路口设置智能探针，就能知道每天各个时间点的人流数量等。

虽然智能探针收集的客户数据只有安置地点（手工输入）、时间点和 MAC 地址三个字段，无法直接进行营销推送，但是通过与第三方数据连通可以找到 MAC 对应的手机号码，以及散布在各种渠道基于手机号码的客户画像和营销接触方式。

智能探针虽然成本很低，是很好的客户基于位置服务（Location Base Service，LBS）的信息收集路径，但是由于收集的信息过于敏感，有合规风险，当前主要应用于极少数营销应用场景。

6. 网站分析

网络分析是利用一些第三方网站分析工具，通过在网页上埋入代码，追踪客户的行为（点击、浏览、退出、停留时间等）。对此前文已经有详细介绍，此处不再赘述。

7. 摄像头

2015 年 3 月，马云在 CeBIT（汉诺威消费电子、信息及通信博览会）上展示了刷脸支付的技术，虽然小概率的不准确性制约了人脸识别技术在金融支付领域的应用，但该技术帮助营销打开了一扇新的门。摄像头的图像通过技术能转换的数据包括客户的人脸、行动轨迹、停留时间等，企业利用这些数据已经可以实现识别客户（人脸作为客户唯一识别码，虽然还无法 100%精准）和行为轨迹热力图（客户在不同位置的停留时间）功能。在美国已经有零售商将原来用于安监的摄像头加载低成本的软件后，对店内客户进行分析，了解同一客户从进店到出店的所有行为轨迹，分析不同画像的客户对不同商品的需求和当前热点，最后通过优化店面商品布局，让客户有更好的购物体验并推荐最适合的商品给客户。

纽约的书店 Story 就是这个领域的先驱者之一，不同于传统书店按照书的科目（烹调类、旅游类、学习类等）进行划分，并且店面布置基本一成不变，Story 通过与视频分析公司 Prism Skylabs 的合作，通过人脸识别技术把不同摄像头中出现的客户进行唯一识别后，分析其在书店中的行为轨迹（如发现有大量客户在奥运会和巴西旅游相关商品的书架前停留很长时间），从而得到一些结论（临近巴西奥运会，客户需要相关领域的商品），据以指导基于专题的店面布置和营销（把相关的产品组合成"奥运柜台"放在人流量最大的店铺入口，并且向客户推送奥运相关内容的营销内容）。虽然 Story 的商品在短时间内没有太多变化，但是通过经常变换排列组合，形成不同的专题，能给客户带来更多的新鲜感。笔者收集的资料中，Story 平均每 8 周会对商品摆放进行重新设置，在客户 40 分钟的行业平均停留时间中，能在三周时间内做到 40% 的客户重复访问和购买。

随着新应用的探索和摄像头技术的改进，会产生更多的客户数据类型，而且大量可以进行营销互动的设备（Kiosk 机、计算机、手机等）都可以集成摄像头。可以预见，在不远的未来会产生很多有意思的、基于摄像头采集数据的、实时的、互动的数据营销方式。第五章会介绍一部美国影片《少数派报告》（*Minority Report*），里面对笔者提及的以上方式有更深刻的展现。

二 大数据的客户识别技术

在传统的数据营销中，客户的识别是通过姓名、电话号码、身份证号这些客户识别码实现的，这些识别码很少发生变化。而通过营销技术收集的客户行为大数据，存在大量不同体系的识别码，这些客户识别码往往是基于设备的（如手机的 MAC）、非唯一的（如一个人拥有多部手机）、有效期有限的（如 IP 地

址的有效期取决于路由器的开关, Cookie ID 的有效期一般为 14 天)。如表 1-26
所示是常用的基于数字数据的客户识别码体系和主要收集渠道, 可以看到, 仅
从收集渠道角度来看, 使用最多的是 Cookie ID, 而手机号码和 E-mail 是能连
通数字数据和传统 CRM 数据的识别码体系。

表 1-26　数字数据的常用识别码体系

唯一码	解释	有效期	收集渠道						
			API	DPI	爬虫	Cookie 分析	智能探头	网站分析	摄像头
手机号码	用户从运营商处获取的唯一号码, 使用最多, 少数可以打通数字数据和传统 CRM 数据的唯一码形式	很少变化, 有效期长	△	★					
IP	一个网络中每个主机被分配的唯一编码, 如 9.181.1.1, 但是如果主机是路由器作为热点, 下面还连接不同设备, 这些设备的 IP#则由路由器分配。企业从运营商处获得的 IP 地址其实无法使用, 因为企业不知道这些 IP 地址背后是否只有一个用户	除非固定 IP 地址宽带, 一般设备一开/关机就会重设 IP 地址	△	★				★	
Mac	基于每个网卡(每个上网设备都会有)的唯一码	有技术能改写 MAC, 但是很少使用	△	★			★		
User	在不同平台(特别是社交媒体平台, 如微博、微信)上客户自己选择的用户名, 大部分平台都愿意使用手机号码作为用户名	很少变化	△	△	△	△			
Cookie ID	基于浏览器级别 Cookie 的唯一码	15 天(可延长)	△	★		★		★	
E-mail	电子邮件地址, 少数可以连通数字数据和传统 CRM 数据的唯一码形式之一	很少变化	△	△					
IMEI	基于手机的唯一识别码, 多用于运营商	不变	△	★					
IDFA	基于苹果手机, 用于营销的广告标示	不变	△	★					
安卓 ID	基于安卓手机的唯一识别码	可以通过技术修改	△	★					
人脸	基于人脸的唯一码	很少变化	△						★

注: △——可能有; ★——主要渠道。

三 大数据的客户分析技术

在完成了大数据的收集和唯一识别后，企业需要对这些客户行为数据进行分析，得出客户的当前需求以进行之后的精确化营销。对客户需求的挖掘方式包括以下几种。

1. 触发式

提前预判一些目标客户的行为，这些行为可能代表客户采购阶段的某种特征。例如，客户进入妇幼保健院就是进入生育阶段的特征，有购买奶粉的需求。企业首先需要确认所有妇幼保健院的经纬度，一旦发现有客户定位出现在这些位置，需要立即完成识别工作，通过能掌握的识别码，对应到使用此识别码体系的实时营销接触点。常规用来判断客户需求的触发包括浏览行为（某些固定的 URL）、下载 APP 行为（如下载了跑步记步类 APP，表明客户有健身需求）、地理位置（与客户需求高度关联的经纬度）、电商行为（完成某电商商品的购买，一般逻辑是识别客户的商品页—支付及配送信息页—完成支付确认页）、沟通行为（如拨打某产品的 400 电话、加了某些微信公众号进行询问等），以及结合以上几种的综合行为。

对触发式的使用往往需要结合营销自动化工具、结合客户画像的综合手段，如一个在妇幼保健院工作的护士是不愿意天天接到奶粉的广告推送的。

2. 二次营销

严格来说，二次营销也是触发式的一种，如果只是针对客户的单纯触发行为进行客户需求判断会有很大的偏差，而通过一些试探性的、能收集客户反馈的营销手段接触客户，能够通过客户的反应来触发下一轮更加精准的营销内容接触。最常用的是在电子邮件中埋入代码，追踪客户是否点击其中相关内容的链接（如邮件里有三个落地页的 URL，可以追踪客户点击了哪个 URL，据以判断客户兴趣），以及客户在页面停留时间较长的区域（如一封电子邮件内容有五页长度，客户在前三页都迅速往下拉，但在第四页停留了 1 分钟，到了第五页又迅速关闭了电子邮件，就可以认为第四页的内容就是客户的兴趣点）。

3. 客户画像

与以上两种客户需求识别方法不同，客户画像的建立需要通过长期的客户行为的积累，并且不会因为少数行为来马上触发营销接触，等客户画像足够丰满和精确后再进行针对性营销。例如，通过客户长期晚上 11 点到凌晨 6 点的地理位置，结合爬虫收集的小区房价数据，就能通过客户居住小区的价格判断这个客户的购买能力；通过客户在社交媒体上的朋友圈关系（例如，Linkedin 将所有人的朋友按照亲密程度分为一层、二层、三层等）来判断客户的职业；通过客户过去一年在电商上购买和浏览的商品，可以判断客户的性别、年龄和收入水平等。结合以上各种数据源对客户的描述，企业能得到更加精准的客户画像，然后像传统 CRM 营销一样进行针对性营销。客户画像的方式更加适合大型企业，建立客户画像的过程虽然漫长而且投入资源相对较大，但数据的精确度会降低营销接触的成本。

4. 语义分析

随着移动互联网的普及，越来越多的平台能让客户表达自己的意见，在社交媒体、电商的评论体系中每天出现海量的客户言论数据，大部分的言论都是客户真实的想法，往往还包含商品需求、采购时间点等信息。语义分析就是通过爬虫工具或利用这些平台提供的 API 接口收集客户的言论行为数据后，利用大数据分析工具、统计学、语言工具（词库）进行分析，发掘客户的需求，并且找到针对性的营销内容。

语义分析的逻辑如图 1-36 所示，在收集了客户言论行为的厚数据后，通过"工具+算法+词库"，对原数据进行分词。大数据工具指的是像 R、SPSS、Python 这样的统计学软件，现在主流统计学工具都有语义分析功能。算法指的是切词法，把一句话切分成不同的词汇进行理解，百度多年前的视频广告"唐伯虎的'我知道你不知道'",其实就是讽刺国外搜索引擎的中文切词技术,同一句话按照不同的切词法会出现完全不同的意思。词库指的是中文词汇集合和拆分优先级(如"大数据营销"作为一个词的优先级大于"大数据"+"营销",又大于"大"+"数据营销"),用来指导算法如何拆词,目前有很多免费的词库可以通过互联网直接下载。

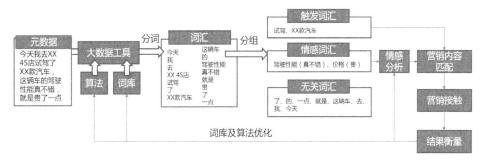

图 1-36　营销语义分析的逻辑

　　分词的结果是把客户的言论拆散成一堆独立的词汇,然后根据经验把这些词汇分为不同的分析组。例如,常用的"触发词汇"用来判断客户提及的词汇是否与企业的产品销售相关,是否需要继续对这条言论进行研究;"情感词汇"用来定量地判断客户对产品需求的阶段(如果客户提及"我等不及要买"对应的需求程度为 10 分,那"这产品还可以"对应的需求程度可能是 3 分);"无关词汇"则是一些辅助词或与企业产品不相关的词汇,之后的分析不会涉及这些词汇。

　　将词汇分组后,需要通过分析判断客户的产品采购阶段,从而决定是否需要投入营销资源。此外,还需要通过这些词汇找到精确的营销内容,提升营销效率。这个分析过程首先通过情感分析对"情感词汇"打分,并根据客户在最近多条言论中提及这些词汇的频率来判断客户对企业产品的需求程度。情感分析的过程是基于经验和统计学的,相当复杂。例如,之前提过的"我等不及要买"为什么是 10 分而不是 9 分呢?这需要通过以往提及这个词的客户进行购买的概率对比平均概率计算出来，因为涉及过多统计学算法，在此不再细究。在判断需求程度后，还需要将客户提及的关键词与企业的产品连接起来，这个关联关系一半是通过经验，一半是通过基于经验的算法完成的。

在对客户进行营销后，需要继续跟踪营销效果，据此调整之前分析中可能影响结果的算法（拆词法）、词库（可能导致拆词不完整）、情感分析算法（对不同词的打分和对应营销内容的匹配），整个过程就形成了闭环。

四 大数据的营销接触技术

在使用以上方法确认客户需求后，最终需要对客户进行营销接触。基于大数据的营销接触和传统数据营销接触的模式是完全不一样的，传统数据营销的接触模式不外乎短信、电子邮件、外呼等这么几种，而基于大数据的营销接触方式丰富多样。大数据和营销技术带来了大量基于客户识别码的营销方式，无论企业的客户数据来自何方，只需要带有这些营销方式可识别的客户识别码，就可以进行精确化营销。大致的模式包括如下几种。

1. 合作营销

如果企业可以通过大数据非常清晰地描述自己目标客户群的客户画像，并且通过大数据工具（如上文提及的百度司南）找到一些平台，这些平台自身拥有与企业客户画像匹配的客户积累，并且完成了对客户的信任背书和持续吸引力，企业就可以借对方平台的客户资源进行营销推广，这种方式比企业自身积累客户数据会更快。也许有人认为凭借行业经验也能找到这些合作平台（如每个汽车企业都会找"汽车之家"进行合作，每个IT企业都会找"中关村在线"合作），但是这些行业内很有影响力的平台对企业往往有相当大的议价权，而大数据找到的是那些价格和影响力相对平衡的中小型平台，特别是跨行业平台。例如，汽车企业通过大数据分析发现自己的目标客户与某个旅游细分市场的目标客户画像一致，在这个旅游细分市场有些论坛有相当数量的客户积累，这时汽车企业就可以和这些旅游论坛进行合作。

2. 跨界合作

不同于合作营销更多的是甲方和乙方的关系，跨界合作是多个企业之间的合作，当多个企业有相似的客户画像，并且品牌价值匹配、产品不互相冲突时，就可以通过联合营销的方式接触客户，对此后文会进行一些案例介绍。

3. 跨屏营销

在收集众多客户识别码后，企业就可以通过这些识别码连通不同平台对客户进行 360 度全方位的覆盖。每天我们使用的各种终端（手机、电脑、PAD、电视、智能家电、智能穿戴设备等）及第三方设备（街头的广告屏、自动售货机、电梯里的广告屏）上的应用都可以基于某种客户识别码进行个性化推送，当客户在一种设备上的行为被识别后，他就可能在另一种设备的应用中收到营销推送信息。例如，客户在手机上通过搜索引擎查询了某手机的价格，回到家后打开电视机看到其网络电视的开机广告是这款手机的促销（通过电视机顶盒识别）。又如，客户经常在家中通过平板电脑观看 NBA 比赛，之后当他在地铁里的自动榨橙汁机上通过移动支付购买橙汁时，收到了某款篮球鞋的优惠券。这些场景从技术上来说都是可行的。

4. 实时营销

通过营销技术实时收集客户行为并识别客户需求后，就可以通过营销自动化、实时广告交易平台等工具驱动实时的营销接触，如下一节中具体介绍的程序化购买。

五 程序化购买

1. 程序化购买概述

毫无疑问，程序化购买是大数据营销最前沿、企业投入最大的一个领域，它涉及两个关键词：媒体购买和数字营销。关于什么是数字营销前文已经有很多介绍，关于什么是"媒体购买"，则要追溯一下历史，才能理解为什么今天的企业如此青睐这个领域。

当企业有了好的广告内容时，需要找到合适的媒体展示给客户。在过去，传统媒体可能是户外广告牌，可能是杂志封底，也可能是某个网站的首页广告条，一般企业的付费模式是按照展示页面（杂志、报纸等）、展示时间（户外广告牌、网站广告等）付费，并且购买频率非常低，企业和这些媒体洽谈之后，这些广告内容就可以沿用数天甚至数月。有时企业会让代理公司介入与媒体谈判，因为一家代理公司往往面对多家企业，可以以量为筹码压低媒体价钱。而很多小媒体（如一天只有 1000 个访客的某小众网站）由于缺乏与企业及代理公司谈判的筹码，出现了新角色"广告联盟"，通过整合大量的小媒体资源，统一与企业和代理公司议价。在这个模式中，企业和代理公司被称为买方，媒体和广告联盟被称为卖方，整个售卖过程被称为媒体购买。如图 1-37 所示是一个简单的传统媒体购买生态圈。

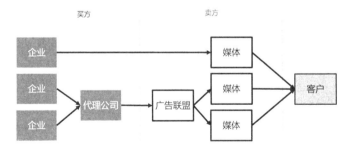

图 1-37　传统媒体购买生态圈

2. 程序化购买的雏形实时竞价模式

以上传统模式对技术和管理的要求非常低，无论对买方还是卖方来说，大家在同一个 Excel 上就能讲清楚排期和相关费用。虽然这个模式简单直接，但是企业会想，自己的预算是有限的，有没有办法可以在每个媒体上少投点钱，只把广告展示给对自己产品有兴趣的客户，从而扩大覆盖范围、多投一些媒体呢？而媒体也会想，自己每天的访问量是固定的，有没有办法可以把有限的流量切开卖给不同企业，从而提高销售总价呢？随着技术的发展，在过去五年里，产生了程序化购买最早的雏形：实时竞价模式。

实时竞价技术层面的触发点是对客户 Cookie 中行为数据实时分析的实现，营销技术可以实时分析客户的不同行为（点击并查看网页的 URL、"购物车"中保留的商品 URL、在不同页面的停留时间等）来判断客户的购物倾向，最终通过一系列复杂的数据交换来实现广告推送。如图 1-38 所示是实时竞价模式的解释。

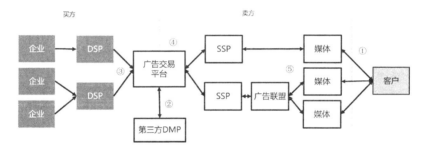

图 1-38 实时竞价模式

实时竞价模式的流程如下。

- 客户的互联网行为会被各种角色通过 Cookie 追踪，当客户打开某个媒体的页面后，这条信息会被传到广告交易平台。例如，客户打开电脑，通过 IE 浏览了京东页面上的某款化妆品，Cookie 中会记录 Cookie ID 作为客户的识别码，并且通过知识库转换，知道客户访问的 URL 代表的化妆品品牌、类型、售价等信息。

- 广告交易平台会对接第三方 DMP，加上客户更多的标签信息，这些第三方 DMP 自己拥有海量的客户行为大数据，数据源可能是自有的（如 BAT），可能是从外面采购的（如从小型媒体采购客户的行为数据），并且已经按照算法完成了自有标签。以上浏览化妆品的客户数据通过

Cookie ID 匹配后，加上了性别、年龄、年收入等各种字段，作为企业的参考。这里需要强调的是这个第三方 DMP 的标签补充并非是必需动作，很多情况下为了节省支付给第三方 DMP 的成本，企业会直接根据客户 Cookie 中的信息判断其是否为目标客户。

- 广告交易平台会发送信息给 DSP，DSP 可以理解为之前的代理公司，由于需要建立专业系统，没有企业会自己扮演 DSP 的角色。这些 DSP 会根据企业制定的竞价规则，对客户进行拍买。同一个客户的同一个行为，对不同企业有着不一样的重要性。此外，受限于企业的资产多寡，出的价格也不一样。承接上文的例子，客户正在搜索的企业品牌、竞争对手品牌、周边产品如卸妆水的企业纷纷通过程序出价。

- 不同 DSP 的出价统一汇总到广告交易平台上，经过激烈竞价后出价最高者胜出（有些广告交易平台设置出价第二高者胜，这里涉及博弈理论，不再展开分析）。

- 胜利的 DSP 将媒体采购费用通过广告交易平台传递给媒体，同时也给出需要向客户展示的物料（图片、小视频等），最终媒体将这些广告展示给客户。

以上五步的全过程完成时间，按照行业标准为 50 毫秒（0.05 秒），客户完全感知不到整个复杂交换的过程。要在这么短的时间内完成整个过程，必须通过程序进行预设操作，这就是程序化（媒体）购买的由来。

3. 其他程序化购买模式

当实现了以上复杂过程后，企业有了新的考虑。首先，实时竞价的付费模式是按展示数量付费，那么如何保证这些广告展示是真实发生的？其次，实时竞价是一个多对多的竞价过程，这就意味着来自某些高利润行业的企业会赢得所有竞争，有没有其他的竞价模式？最后，在整个操作流程中，向客户展示广告的媒体企业并不可控，在一线门户网站首页的广告和一个长尾网站的展示之间的价格相差甚多，并且不同广告条的宽度、长度、可接受的物料类型也不同，如何管理这些流程？

基于以上考虑，出现了新的交易模式和数据设施。目前主流的交易模式可以分为以下几种。

- 公开竞价：也就是传统的实时竞价，是大量企业在一个公共交易平台上，面对大量媒体进行竞价的模式。
- 程序化合约：某个大企业直接找到媒体，要求按照固定价格只针对符合某些客户画像的客户投放广告，抛弃竞价过程。
- 私有竞价：几个来自同一行业的大企业一起承包了某个优质媒体，并且自建了一个小型广告交易平台，这个媒体的广告只会在这几个企业之间进行拍卖交易。

如图 1-39 所示是更加复杂的程序化购买生态圈，企业建立了更多的系统参与程序化购买，并且出现了提供效果追踪的供应商，企业会使用效果追踪供应商提供的第三方数据来支付媒体费用。

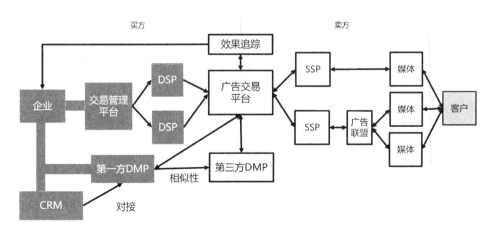

图 1-39　更加复杂的程序化购买模式

- 效果追踪。虽然 DSP、广告交易平台和媒体都会提供效果数字给企业，但由于它们都是利益方，都希望把这个数字做得越大越好，不可避免地就会出现很多作假行为。专业的效果追踪公司为了弥补这些不足，会根据企业的实际情况设定一些合理口径。例如，企业按照点击量来付费，但是当客户点开广告图片，发现点错之后马上关闭了，图片甚至都没有加载完成，在这种情况下，效果追踪供应商就不会计算这个数字，企业最终会按照效果追踪供应商提供的结果数字进行支付。

- CRM 和第一方 DMP。初级实时竞价中的目标客户判断来自 Cookie 中记录的客户行为，以及第三方 DMP 的客户画像，这些基于客户互联网行为产生的客户画像在精准度上有待商榷，于是企业考虑是否能把营销的目标定位在第一方数据中，包括现有客户，以及已经参加过企业其他营销活动，表达了明确的购买意向的客户等。因此，企业把 CRM 系统中收集的客户信息放入第一方 DMP，这个过程是数据对接。通过直接对接广告交易平台参与程序化购买，企业可以根据自有数据限定目标客户的选择。此外，通过连接第一方 DMP 和外部的第三方 DMP，企业可以开展相似性营销，用有限的已经购买过商品的客户画像，在更加宽泛的第三方数据中找出相似的目标客户，由此及彼地进行营销推广。

- 交易管理平台。一个大企业往往会面对多个 DSP、多个广告交易平台和更多的媒体，因此同一个客户的同一个互联网行为，有可能出现在众多竞价中，导致过多资源被投到同一个客户身上。实验发现，当客户一天看到同一个广告少于三次时，对广告不会留下印象，而多于六次时又会感到厌倦，因此企业通过自建的交易管理平台，识别在多个交易平台上出现的客户，控制客户观赏同一个广告的频率，甚至同一个广告但设计的先后顺序不同，从而保证同样的广告投入能有效覆盖更多的人群。

看完程序化购买的介绍，你会发现一个简单的广告展示背后居然有这么复杂的实现逻辑，并且这个生态圈会越来越复杂。同时，由于付费模式是按照过程量（展示数、点击数等）付费的，程序化购买会产生程序化作假，大部分企业都不会具备专业的 IT 知识来识别供应商为了做大数字的行为，每次博弈的结果都是在生态圈中产生新的角色，或者最终形成企业的新系统。因此，笔者认为程序化购买领域仍然处于企业和供应商体系的互相碰撞过程中，离完善还有一段时间距离。

六 一把菜刀的故事读懂大数据营销

看完以上大数据营销的介绍后，我们重新演绎"三立人"菜刀的故事。首先，我们回答前三个问题，在这里我们只讨论技术是否可实现，不讨论这些角色是否真实进行了数据的收集和使用。

- 哪些角色知道你要买菜刀？（大数据的数据收集技术）
- 这些角色是如何识别你的？（大数据的客户识别技术）
- 这些角色是如何知道你的需求的？（大数据的客户分析技术）

通过表 1-27 的分析，我们看到了不同角色对客户行为数据的收集，包括收集的数据基于什么样的客户识别码，以及收集的客户行为数据是否能判断客户的需求（包括是否已经购买）。这里列出的角色之多可能已经远超出我们的想象，这些角色收集数据的办法包括以下几种。

- 营销技术（网站分析、Cookie 分析、爬虫）。
- 发生在自己平台上的运营数据（操作系统、论坛等）。
- 作为数据产生和传输方通过 DPI 等技术进行收集（电信运营商）。

表 1-27 一把菜刀的案例分析

角色类型	数据收集方	客户唯一码									数据收集技术	是否知道需求
		手机号码	Cookie ID	IP	MAC	姓名	地址	银行账号	身份证号	平台ID		
电商类	电视购物	Y									呼入记录	是,但无法判断是否已购买
	电商平台	Y	Y	Y		Y	Y	Y		Y	注册数据	是
	电商商家	Y				Y	Y			Y	订单快递数据	是
电信服务	网络电视运营商	Y		Y	Y	Y	Y				账单数据、DPI	
	电信运营商	Y	Y	Y	Y	Y	Y		Y	Y	账单数据、DPI	是
硬件类	路由器生产商		Y	Y	Y					Y	DPI	是
	手机生产商	Y			Y							
软件类	操作系统		Y	Y	Y					Y		是
	浏览器		Y	Y						Y		是
互联网类	厂家官网		Y	Y							网站分析	是,但无法判断是否已购买
	搜索引擎		Y	Y								是,但无法判断是否已购买
	论坛		Y	Y						Y		是,但无法判断是否已购买
	社交媒体		Y	Y						Y		是,但无法判断是否已购买
支付类	银行	Y				Y	Y	Y	Y		注册数据	不一定,部分通过卖家名判断
	第三方支付	Y				Y	Y	Y			注册数据	不一定,部分通过卖家名判断
其他	快递公司	Y				Y	Y				订单快递数据	不一定,部分通过卖家名判断
	第三方公司		Y							Y	Cookie、爬虫	

- 自身不产生数据，但是通过爬虫、Cookie 分析、API 等手段收集与客户行为相关的开放数据（如社交媒体数据、论坛发言数据等）。

购物流程中的所有行为都将出现在所有行为数据中，包括如下内容。

- 拨打电视购物电话。
- 利用搜索引擎搜索"菜刀"关键词。
- 在论坛上浏览和提问。
- 浏览"三立人"官网。
- 电商平台上的购买。
- 商品的支付。
- 社交媒体上的展示。

要连通这些行为数据，需要连接客户唯一识别码体系。对客户的识别又分为几类，其中运营商和电商平台能连通最多的识别码体系；电商商家、快递公司、网络电视运营商、银行、快递等角色能通过注册数据获知客户的个人信息（地址、电话、姓名等）；互联网类的角色只能知道基于数字数据的 Cookie ID 和 IP；硬件类的角色则是基于网卡的 MAC、IMEI、安卓 ID 等。通过表 1-27，可以看到每个角色可以收集多个识别码体系，是否能连通其他数据源取决于掌握的识别码体系的多寡。例如，银行有客户的真实个人信息，但是无法与搜索引擎的数据进行对接。

通过客户识别连通客户行为数据后，各角色需要对这些数据进行分析，捕捉客户的购买需求和购买阶段（如是否已经购买等）。但是，由于不同角色收集的数据类型不同，大部分角色都是盲人摸象式地捕捉客户的一部分行为，因此需要通过一定逻辑去判断客户需求，只有电信运营商、电商平台等少数角色能掌握客户在购买流程中的全程行为。这些分析逻辑需要将客户行为数据对接知识库，从而解读客户的每个行为意味着什么。

- 知道客户拨打的电话，分析这个电话是哪家电视购物网站的，以及在这个时间段销售的商品，从而判断客户感兴趣的产品类型。

- 通过解读客户在搜索引擎上输入的关键词，知道客户对什么产品有兴趣，以及处于哪个购买阶段（如果搜索"菜刀"、"价格"、"哪里买最便宜"的关键词组合，就能大致判断这个客户会购买菜刀，并且已经进入最终选择店家的阶段）。

- 对照知识库分析客户浏览 URL 的逻辑。例如，客户先浏览了"三立人"牌菜刀的销售页面，之后跳转到了支付页面，最后跳转到支付成功页面，这是一个标准的电商购买流程。这种 URL 分析的难点是了解电商网站上海量 URL 分别对应的商品、品牌、价格等信息，解析客户的各种行为。

- 电商平台、银行、第三方支付这些角色能收集购买过程中的支付数据，但除了电商平台外，银行和第三方支付只能知道客户向店家支付了钱，如果店家的名字是"三立人菜刀旗舰店"，则可以通过店家的经营范围猜测客户购买的商品（当然，如果这个旗舰店除了菜刀还销售其他东西，结果就会出现偏差，而且大部分旗舰店也不会把自己经营的商品大类显示在店名上），数据是不支持银行和第三方支付获取准确的客户需求的。

- 分析客户社交媒体行为，当客户贴出与菜刀的合影，并且写出"新买的三立人菜刀果然是某国皇室专用，切菜真方便"这样的语句，就表达了购买结果，但是要从这段非结构化的语句中分析出这个看似浅显的结论，需要有强大的语义分析能力。

在分析完这三个问题后，再来看最后一个问题：在采购过程中，企业是如何影响你的？（大数据的营销接触技术）

回顾整个采购周期，客户在"电视购物节目—电话咨询—搜索引擎—论坛—产品官网—电商平台"这个全过程中接受了商品信息，最终促成了销售，并且购买后在社交媒体上发表了自己的看法来影响周边的人。以上的营销接触方式可以分为以下几种。

- 大覆盖面的广告：包括电视购物、论坛、商品官网。这些平台目前还不能定位到具体的客户（如不同的客户看到的电视购物属于不同商品，虽然从技术上说是可行的，但尚未看到实际案例），只是在业务层面能判断目标客户聚集的地方，然后通过软文、广告等方式传递商品信息给客户，基本不受大数据的影响。
- 引导性广告：包括搜索引擎、电商平台的引流工具。这些平台主要是通过基于历史客户行为数据的前期分析，找到目标客户可能的行为，对这些行为进行预设后进行的营销。大数据起的作用还在统计级的分析层面，并没有落地到具体客户。
- 点对点广告：包括电话咨询、与电商商家的在线沟通。这些咨询和沟通并不受大数据的影响。
- 社交传播：通过客户在社交媒体上发表的内容达到广告效果。这些平台很难受企业影响。

综合以上分析，可以看到，在数据收集、客户识别和客户分析这三个层面，大数据营销带来了很多新的方式，但每个角色收集的数据类型是有限的，对客户的认知也都是片面的，要得到更加真实的客户画像，需要通过客户识别码连通更多的数据源。因此，不同于传统数据营销中企业把所有数据放在自己的内部闭环，大数据在营销上的应用需要合作的生态圈。在最后的营销接触层面，受大数据的影响并不大，展现形式也相当有限，传统的广告、软文、点对点销售沟通还是主流。

第二章

B2C 领域的数据营销应用场景

笔者用了一半的篇幅介绍数据营销是什么，看完第一章，你应该对数据营销有了初步的认识，但是可能会觉得对数据营销的认识是碎片式的，你知道每块碎片是什么，但无法拼凑一张全图来描述数据营销到底如何帮助企业的日常工作。从本章开始，笔者将介绍数据营销在 B2C、B2B 和商业模式重构这三个领域的作用，介绍市场上的各类企业是如何熟练使用数据营销的。由于这些真实案例发生的时间并不算久远，所以笔者不会提及具体的企业名称，在有些案例中笔者会融合多个企业的案例，让这些数据营销的应用场景看上去更加丰满。

第一节 / 用户忠诚度平台：航空和酒店行业如何掌握客户

假设你是一个经常外出，需要订飞机票的商务人士或资深驴友，你选择哪种方式来订机票呢？也许你的公司有指定的机票代理公司，或者你愿意在在线旅行社（如携程、去哪儿、驴妈妈等）上预订，这样你就可以对各家航空公司的所有航班时间、价格、机型等信息进行对比，如果你对价格敏感，你可能先筛选价格最低的机票；如果你希望有很好的起飞时间，你可能把航班时间作为首要选择要素；如果你希望航行更加安全，少受颠簸，则可能先筛选飞机机型。你选择机票的优先级中，航空公司会排在第几位呢？航空公司作为企业也会宣传自己的特色（餐饮、安全、服务、准点率，甚至飞机的特色涂装），但大部分情况下航空公司的产品是高度同质化的，客户只有在价格、起飞时间、机型等因素极度相似后才会考虑航空公司的问题，虽然航空公司也推出常旅客计划（如国航的知音卡），但对大部分客户来说，航空积分的积累是缓慢且低价值的。以国航知音卡为例，客户需要飞满 4 万公里（相当于 20 趟北京到上海的往返）或 30 次飞行才能从普通等级晋级到银卡，并且所有积分会在一两年内过期。对不经常乘坐飞机的客户来说，积分并没有足够的吸引力。

另外，作为客户购买机票主要入口的在线旅行社和机票代理公司掌握了客户联系方式的数据资源，虽然客户购买的是航空公司的机票，但是在线旅行社和机票代理公司不会把客户的联系方式提供给航空公司，这意味着航班如果有变更，航空公司可能无法通知客户。如果航空公司要对客户进行营销，只有先吸引客户加入常旅客计划，留下联系方式后才能进行，因此航空公司被在线旅行社和机票代理公司卡住了营销的喉咙，并不算掌握了客户资源。这样的渠道模式会造成在线旅行社和机票代理公司对航空公司的强势态度，而且因为价格透明，航空公司只有进行价格战才能吸引客户。

除了航空公司，酒店也面临以上同样的问题，总结起来，航空业和酒店业的共同痛点如下。

- 第三方销售渠道（在线旅行社及其他代理公司）由于掌握客户资源而强势。
- 产品高度同质化，竞争激烈。
- 由于收集客户信息困难，而无法进行对应的营销覆盖。
- 客户忠诚度低。
- 常旅客计划对客户的服务附加值低。

针对这些痛点，数据营销如何帮助企业破局呢？首先看一下国外某航空公司的创新做法。

如图 2-1 所示是国外某航空公司的智能选座系统。

图 2-1　国外某航空公司的智能选座系统

当旅程在 500 公里以下，乘坐飞机行程需要一小时，乘坐高铁行程在三小时以内时，考虑到飞机延误的可能性、安全性、安检、候机的时间损耗和费用问题，大部分旅客都会选择乘坐高铁。只有行程在 1000 公里以上，飞行时间在两小时以上时，大部分旅客才会选择乘坐飞机。在飞机上的这段不算短的时间里，大部分旅客在干什么？看书、看电影、休息……但是如果你正在计划三个月后的度假，而邻座正好在度假目的地生活了很多年，知道很多"私房景点"，你是否有兴趣和邻座愉快地聊聊天呢？基于这个场景，某国外航空公司提供了智能选座系统，帮助旅客选择旅伴，形成"社交航班"模式，图 2-1 给出了这个系统的大致逻辑。

- 首先要求现有客户提供不同社交媒体的用户名和授权，连通 CRM 和社交媒体数据。
- 基于内部（常旅客计划、CRM 系统）和外部数据（社交媒体）对客户进行标签化，标示"旅行爱好者"、"专业厨师"等标准化标签。
- 建设智能选座系统，已经参加常旅客计划的客户可以通过这个系统看到不同航班上已经选座旅客的客户标签（为了数据保密，系统不会显示真实的客户信息），之后可以根据自己的需求选择有共同话题的旅伴。
- 当然，如果客户需要安静的环境，不想和旅伴有更多的沟通，也可以关闭标签的显示。

这个案例并不是传统意义上的营销，但它使用了数据营销的思路和客户数据资产，为客户提供了更好的体验，与其他竞争对手形成了差异化增值服务。那些有更多客户数据积累的大型航空公司会在选座系统中给客户提供更多选择，当"一个聊得来的旅伴"的诱惑大于价格、航班时间等因素时，这个智能选座系统就能成为刺激客户的新兴奋点，帮助大航空公司避免陷入与小航空公司的单纯价格战。

在国内，春秋航空公司是这个模式的尝鲜者，在过去几年，春秋航空公司建设了基于微博的"微选座"系统。通过连通内部常旅客的 CRM 数据和外部微博数据,客户可以在系统中看到已选座旅伴的微博发言和给自己打的标签,帮助客户选择"聊得来的旅伴"。更有意思的是,如果客户给自己打上"未婚求偶"的标签,并且一个航班上拥有这个标签的旅客超过 10 位,春秋航空公司就会打造"相亲航班"来帮助客户进行互动,找到属于自己的另一半。

除了以上针对已有客户的社交功能,酒店和航空业还可以围绕用户忠诚度平台为中心进行更多的创新来提升客户体验,建立从新客户获取到老客户维系的闭环。用户忠诚度平台的定义和功能前文已有详细的介绍,在酒店和航空业开展用户忠诚度平台的优势是当客户第一次入住或值机时,酒店和航空公司可以收集客户的真实身份数据(身份证、姓名,但不含联系方式),以及与客户零距离沟通的机会。传统的用户忠诚度平台的做法是吸引客户填写一张会员入会表,留下联系方式,之后对客户消费进行积分。但是,不同于零售业,大部分客户在酒店和航空公司的消费是低频率的,每年少数几次入住或航班的积分甚至不足以换取任何小礼品,再加上对提供真实联系方式的顾虑,普通客户填写入会表留下联系方式的动力并不足。

基于微信公众号的用户忠诚度平台的出现提供了最佳的客户入口,客户只需要花几秒扫扫二维码就可以加入会员,再通过手机短信的用户激活这种客户尚能接受的方式,酒店和航空公司就可以连通多个客户识别码(订单中的身份证号、短信验证的手机号码、微信 ID),收集足够多的客户数据(订单数据、联系方式,以及通过客户识别码连通的第三方数据)。随着这些客户数据的积累,产生了许多优化客户体验的场景,如图 2-2 所示。

针对陌生的新客户,酒店和航空公司的各类营销和广告的目的是给客户留下好的品牌印象,吸引客户进行购买。对大部分理性客户来说,第一次购买都会选择通过在线旅行社或第三方代理公司,这是不可避免的。

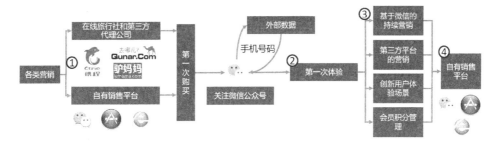

图 2-2　酒店及航空业以微信公众号为中心的用户忠诚度平台模式

当客户第一次购买并入住或值机，并加微信公众号后，第一个用户场景是可以通过与外部数据源进行数据交换（通过手机号码连通），使柜台后的服务员可第一时间判断客户的重要程度，是否需要通过提供升客房等级、升舱的方式来给重要客户良好的第一次体验。

收集客户数据后，企业可以通过以下 4 种方式与客户进行持续的互动和营销。

- 微信公众号中自有的图文推送功能。
- 数据连通后的第三方平台营销方式，因为收集的手机号码能对接外部数据源，对客户的营销方式可以千变万化。
- 由于掌握了不同的客户和对应的客户特征，酒店和航空公司可以制造很多基于不同细分客户需求的场景，如类似上文提及的"社交航班"的创新型客户体验场景。
- 对经常消费的大客户的积分管理。

实行以上多种方式对客户进行营销的最终目的是吸引客户将之后的消费发生在酒店和航空公司的自有销售平台（微店、APP、自有网站等）上。因为掌握了足够多的客户资源，酒店和航空公司便有了与在线旅行社和第三方代理公司博弈的筹码，可夺回对客户和价格的控制权，不再受制于人，为企业创造更大的利润。例如，当前很多酒店集团和航空公司的最低价已经不再出现在在线旅行社的网站上，而是在自有销售平台上。南方航空公司也曾暂停和去哪儿网的合作，酒店和航空公司在掌握足够的客户量之前是不敢执行这些动作的。

第二节 / 个性化营销：妇婴行业千人千面的精确化营销

一 个性化营销概述

"对不同的客户讲述不同的内容"是各行业营销人员共同的梦想，虽然很多营销公司都宣称自己有足够的数据储备、方法论和营销技术进行精确化营销，但在笔者所见的行业，营销的最终转换率远在 10%以下，虽然高于无差别的大范围广告，但离期待中的"精确"仍然有很大的差距，产生这个差距的原因包括以下几个。

- 营销资源的缺乏。对不同的客户讲述不同的内容需要有大量的营销内容，如果客户需求有 1000 种可能性，就意味着需要 1000 套推广设计，制作这些内容需要的资源对任何一个企业来说都是不可能承担的。

- 客户行为的实时性。虽然有很多方法和渠道能收集客户的行为数据，但是这些数据掌握在不同角色手上，无法实时连通，而且客户的行为往往过于个性化，要实时地对客户需求有精确的判断在当前的技术条件下是不可能实现的。例如，客户的很多行为表现出购买汽车的倾向，但是当客户购买完汽车走出 4S 店之后，由于企业无法连通 4S 店的购车数据，所以客户在很长一段时间内仍会收到大量的汽车广告。

- 客户行为的差异化。当前有许多渠道为客户提供产品信息（论坛、电商网站、社交媒体、搜索引擎等），帮助客户进行购买前的决策，虽然这些渠道的客户行为可以通过各种方式收集，但是这些行为数据散布在过多的渠道中，需要长期积累。例如，在中国可能有上千个介绍汽车的网站和上万个相关自媒体，对汽车企业来说客户的搜索和浏览行为将涉及上百万个网页，要在这些网页上分辨汽车品牌、车型、价格等客户关注点需要汽车企业长时间的累积。

要使营销更加精确，除了初期基于客户画像的针对型营销，还需要之后基于客户反馈的二次调整。如今客户会收到过多的营销，除了豪车、奢侈品等少数产品领域，客户只会对自己感兴趣的产品营销进行反馈，企业收集这些反馈信息后，就可以实时调整对客户的营销内容，做到在"正确的时间"针对"正确的客户"在"正确的渠道"以"正确的促销方式"推送"正确的内容"，满足客户的真实需求，这就是个性化营销的目的，但是整个过程需要大量计算，只能通过系统完成。如图 2-3 所示是以营销自动化工具为核心的个性化营销闭环。

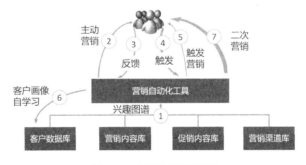

图 2-3　个性化营销闭环

二　个性化营销的资产前提

从图 2-3 中可以看出，在实行个性化营销前，企业首先需要同时建立 4 套营销资产。

- **客户数据库**：360 度客户画像，包括客户联系方式和可用于营销的识别码体系。
- **营销内容库**：基于企业产品各类卖点的营销内容"集市"，企业将没有时效性的营销内容进行标准化，每个内容都标以兴趣图谱代码，对接不同客户画像的标签，做到针对不同的客户画像推送不同的兴趣图谱内容。兴趣图谱的建立是一个根据营销结果，逐渐新增、细分的漫长过程。

- 促销内容库：对客户来说"满100减25"和"第二件半价"哪个促销更优惠呢？对企业来说是选择更大折扣带来更多销量，还是较低折扣以维持利润率呢？这些问题的最佳答案是企业基于不同客户的"一户一议"。促销内容库中存储了企业当前可用的促销政策，而且为了防止不同客户群间促销信息的传递，维持信息不对称带来的利润率，促销内容往往以促销代码的形式存在，而且会被设置以天为计算的极短的有效期。

- 营销渠道库：基于收集的客户识别码，企业可以在不同平台上对客户进行营销接触。虽然这些营销平台根据其知名度对客户有不同程度的信任背书，但由于投放价格有相当大的差别，企业更愿意选择成本和效果较平衡的营销接触点平台。营销渠道库对接了企业的客户数据和营销接触渠道。

基于以上4套营销资产，企业可以客户数据为出发点，对接内容、促销和营销渠道，实现个性化营销。在客户识别初期，企业收集的客户数据是稀少的，没有足够的识别码来连通不同数据源的数据，对客户的认识也会有很大的偏差，这时的个性化营销只能实现"千人千面"，谈不上"精确化"。如图2-3中①、②、③的主动触发场景，企业通过营销自动化工具，利用低频率、低成本但可收集客户反馈的渠道对客户进行接触，主要目的是收集客户的反馈，发掘客户的真实需求。另一种场景是图2-3中④和⑤的被动触发场景，通过在众多接触渠道中设置客户可能的触发点，一方面在这些营销接触平台上进行触发营销，另一方面收集客户的识别码和行为数据。经历了以上主动和被动触发的两种场景后，如图2-3中⑥所示，将收集的客户行为归集到原来的客户数据库中，需要通过自学习的方式更新客户的标签，最终如图2-3中⑦所示，基于更新的客户标签，重新调整营销内容、促销和渠道，进行更精准的二次营销，至此完成客户接触→反馈收集→客户标签更新→再营销的闭环。

以母婴行业为例，这是一个按照怀孕后的时间来区隔、客户画像相对简单但产品需求明确的个性化营销市场，其中涉及奶粉、保健品、食品、服装、玩具等一系列产品线。如果仅看奶粉一个细分产品领域，在销售过程中最重要的节点是婴儿出生后的"第一口奶"，当新生儿熟悉了这"第一口奶"的味道后，往往会拒绝其他品牌的奶粉。因此，国内外的奶粉企业都希望和医院合作，通过为新生儿提供免费的第一罐奶粉的方式获取新客户。但由于这种合作涉及过多利益，医院和管理医疗的政府机构都会进行严格控制，因此奶粉企业在开展这种合作的同时，仍然希望通过市场化的营销方式来获取客户。

除了针对"第一口奶"的营销，在婴儿出生后，企业每几个月就会得到一次因婴儿更换奶粉段数而带来的机会（如婴儿出生后第六个月需要从一段奶粉升级为更优配方的二段奶粉），有 10%左右的婴儿因为过敏等各种原因会更换奶粉品牌，这是奶粉企业的第二个重点契机。此外，有的奶粉企业另辟蹊径，在婴儿出生前为孕妇提供"孕妇奶粉"，竖立父母心中的品牌印象，提升"第一口奶"选择的可能性，这是奶粉企业的第三个重点契机。

总结奶粉行业企业的营销重点如下。

- 获取更多进入生育阶段的父母的数据，因为从怀孕到不再需要奶粉的时间窗口只有 2～3 年，父母数据的收集是一个流动的过程。
- 判断收集的父母数据中婴儿的出生时间，了解客户所处的阶段和针对性产品。
- 判断客户所处阶段后，找到该阶段的客户痛点，如价格、品质、口碑等，进行针对性的内容营销。

奶粉企业收集客户信息的途径有很多，前文提及的第一方、第二方、第三方数据都能收集进入生育阶段的父母信息，这里不再详述。奶粉企业特别注重线下的客户信息收集，在大型商场和超市的奶粉柜台，奶粉企业都会派驻促销人员，帮助客户选购奶粉并记录客户的个人信息，甚至有的奶粉企业将客户数据收集纳入促销人员的考核指标中，直接和收入挂钩。

但是，这些来自不同渠道的客户数据在清理前会存在严重的数据问题。例如，数据的大量重复（同一个客户出现在不同数据收集渠道里，被当成多个客户），会造成奶粉企业无法真实掌握客户数量以指导细分市场的资源投入。同时，因为将数据收集纳入一线促销人员的考核指标，也会造成促销人员为了完成指标的数据造假行为。此外，客户购买用于送人而非自用也是干扰客户数量判断的一个重要因素。

三 如何提升个性化营销的精确度

要提升数据质量，了解相对真实的客户数量、客户的购买阶段并找到针对型营销方式，首先需要连通不同数据源进行初期判断，之后利用收集的客户反馈来改进这些标签，利用营销自动化工具中预设的规则来自动提升精准度，具体执行的方式包括以下几种。

- 当收集的客户数据极度缺失客户画像时，可以对接外部第三方 DMP，直接调用外部数据源已经建立的客户标签体系。由于大部分第三方 DMP 不直接出售标签，企业往往只能在对接第三方 DMP 指定的外部营销接触平台（如 DSP）进行营销，最终导向电商销售平台，形成"自身营销数据库→自身建立的第一方 DMP→第三方 DMP→DSP→电商平台"的漫长营销模式。这种方式高度依赖第三方 DMP 的数据，并且很难回收客户数据。同时，因为战线过长、节点过多造成转换率不高等结果。

- 对客户数据的收集尽量连通传统客户数据和数字数据，特别是通过获取客户的 Cookie 数据，了解客户的访问和搜索行为，从而判断客户的购买阶段。对客户 Cookie 数据的解读需要基于知识库，如表 2-1 所示是生育各阶段父母会搜索的关键词。有了清晰的客户画像后，企业可以通过已掌握的客户识别码对接外部接触平台来进行营销。

表 2-1 生育各阶段的搜索关键词

生育阶段	孕早期	孕中期	孕晚期	更换奶粉
搜索关键词	防辐射、叶酸、孕妇奶粉、护理	孕吐、DHA、孕妇装、孕妇美容、生育保险	待产、备血、脐带血	奶粉过敏、奶粉营养

- 以上两种方式都是基于数字数据的，理论上可以做到实时的自学习过程。第三种方式是通过传统的电子邮件、短信（需要埋入短链接）方式对客户进行营销，通过追踪客户的反馈行为，逐渐提高客户画像的精准度。

以上 3 种方式对大部分奶粉企业来说都是同时进行的，只是基于资源不同，侧重点不一样。前两种方式需要搭建大量的数据设施（如第一方 DMP、营销自动化工具等），而第三种则可以依靠手工进行，初期投入较少，但无法做到实时和千人千面的自学习过程。

第三节　互联网时代的"羊毛，猪，狗"模式：第三方商用 WiFi

一　"羊毛，猪，狗"商业模式概述

有句互联网思维的名言："羊毛出在猪身上，狗来买单。"讨论的是互联网时代的数据变现问题：相比传统企业"羊毛出在羊身上"的简单赢利模式（收入主要来自产品销售），互联网思维的产品把目光集中在产品沉淀下来的客户数据变现这条路上，这些产品（如手机游戏、信息查询、日常服务等涉及各方

面的应用）为客户提供免费的服务，但客户在使用这些免费应用的同时留下了大量的数据，应用开发企业收集这些数据后，对数据进行整理加工，再放入不同生态圈进行变现，从而完成企业的赢利。整个商业模式的闭环如下。

- 基于客户的某个应用场景来设计应用，但是要保证使用这些应用的客户有清晰的客户画像，并且能为此客户画像找到有强大的支付能力的企业（如大量围绕汽车、化妆、租房等场景而设计的应用，最终对应汽车厂商、化妆品公司、房地产公司这样的大型企业）。
- 这些应用更加倾向于在移动端使用，因为客户有便捷的应用场景从而带来更大的使用频率，应用开发企业能收集更多的客户数据。
- 考虑到很少有应用能收集到百万级以上的客户数据，大部分的应用用户数量不过几万个，因此数据变现必须通过生态圈的方式（如将数据提供给第三方 DMP）。要将数据融入生态圈，和其他数据源的数据连通合并，就必须收集客户的识别码，最常见的识别码就是手机号码。这也是为什么现在一个很小的应用，都需要客户将手机号码作为用户名，再把密码发送到客户手机上进行认证。另外，有的应用也可以通过微信和微博用户名和密码登录，这也是为了方便应用收集的数据与微信、微博这样的主流数据源打通。
- 受限于用户数量，大部分应用的客户数据量并不足以支撑其直接与企业洽谈广告业务。而在这些应用为外部生态圈提供数据后，企业在集成了无数"长尾平台"数据的拥有者第三方 DMP 上筛选数据，又会逆向追踪到提供数据的应用，从而为这些应用带来广告业务。

纵观以上步骤，这些应用开发者的变现主要来自提供数据和广告业务这两块，以下讨论的是数据在营销中变现的一种方式：第三方商用 WiFi。

二 第三方商用 WiFi

当你在咖啡馆、机场、高铁站、银行营业厅等有一定的时间停留的场所使用智能手机时，是否会发现名为"XXX_free_WiFi"的免费 WiFi 热点？当你链接这些热点后，手机上会出现一个页面让你输入手机号码来接收 WiFi 密码，之后你就可以免费上网了。在这个应用场景中，你是否想过谁来提供免费的 WiFi 热点呢？这些免费 WiFi 的赢利模式是什么？

这种商业模式被称为第三方商用 WiFi，如图 2-4 所示是一个简单的运营模式。

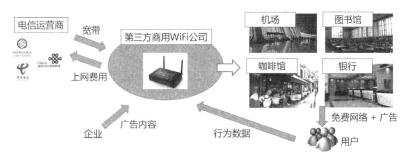

图 2-4　第三方商用 WiFi 的运营模式

- 首先由第三方商用 WiFi 公司设计生产带有数据收集和广告推送功能的路由器。
- 之后需要与应用场景（机场、图书馆、咖啡馆、银行等）进行商业谈判，确定利润分成模式，允许第三方商用 WiFi 公司在场景中部署热点。
- 与当地电信运营商合作，在应用场景内布上宽带，连上自己开发的路由器，同时支付运营商的宽带费用（平均每个场景一个月的宽带费用为 100～200 元）。
- 第三方商用 WiFi 公司根据已经掌握场景的客户画像，找到对应的企业（如在咖啡馆投放中端汽车广告、在银行营业厅投放理财广告等），获取广告投放内容。
- 当客户在这些场景搜索到免费 WiFi 后，需要输入手机号码获得上网密码，在客户上网后第三方商用 WiFi 公司通过路由器的设置向客户进行广告推送（登录页面广告、弹屏广告等），并且收集客户的上网行为数据。

- 通过整合不同场景中部署的免费 WiFi 收集的客户数据，第三方商用 WiFi 公司很容易得到海量的客户数据，最后将这些数据融入大数据的交易生态圈进行变现。

除了以上提及的咖啡馆、银行营业厅、图书馆、机场等固定场景下的商用 WiFi，还有将移动信号转换为热点的移动热点（Mobile WiFi，MiFi）形式，在高铁、飞机、出租车、地铁、公交车上布上同样功能的路由器，也可以达到同样的商业模式效果。但是需要提醒的是，与宽带转换为热点的有限费用不同，MiFi 的形式依靠的是 4G 网络，平均上网费用为 10～30 元/GB，远高于宽带的费用。笔者了解到，第一批尝试在公交车上部署免费热点的创业型公司，一次性部署了数千辆公交车，每月上网流量费用达数百万元，考虑到乘坐公交车的客户的消费能力并不突出，只能吸引到快速消费品等单渠道投入并不高的企业，在艰难维持数月后该公司还是失败了。

第四节　O2O：零售业中的客户体验最优化

一　O2O 概述

在很长一段时间内，"O2O"这个词非常热门，只需要点一下手机中的应用，各种服务就会自动上门，如洗车、理发、送餐、送花等。只有想不到，没有做不到的商业模式。在营销领域，"O2O"的概念与狭义的"线上线下"商业模式的概念有所不同，如果要选择一个恰当的中文解释，笔者选择的是"多渠道整合营销"，即 O2O 需要在充分研究客户购物旅程的前提下，整合各种营销和销售渠道。

首先，相比多年前客户只能在有限渠道中获取产品信息、整个购买过程相对简单、客户冲动消费比率较高的特点，当今客户的购买行为变得非常个性化而且偏向理性，采购周期也分为不同阶段。以电通公司（Dentsu）的 AISAS 理论为例，客户从对产品和品牌完全不了解，到最终购买并且在社交媒体上分享，会经历"A（Attention，注意）—I（Interest，兴趣）—S（Search，搜索）—A（Action，行动）—S（Share，分享）"这一过程，在这些节点上客户分别需要通过不同渠道的"听—看—试"的体验来增加对产品和品牌的了解和认知，最终引导到销售上来。对企业来说，很少有"毕其功于一役"的决定性营销渠道能瞬间带来大量销售，各种营销接触点散布在线上和线下的各个节点，企业期望每个营销接触点都能在对客户漫长的教育过程中起作用，在客户的不同采购阶段，以成本和效果最优的平衡方式，以客户数据为主线串联这些营销接触点来形成整合营销的模式。

除了营销接触点的整合，还有销售渠道的整合。大部分传统企业在过去几十年中建立了以实体店、呼叫中心、流通销售团队、面对面销售、代理商为核心的销售渠道，在这些传统渠道中，店面租金、销售酬金、人员成本、线下广告等是主要成本构成。而随着电商的兴起，这些传统企业很快尝到甜头，有些激进的企业开始大量关闭传统销售渠道而转投电商渠道，在很多企业内部，传统销售部门和电商部门分别作战，二者有各自的预算、营销和销售体系，经常为了资源归属而争得不可开交。然而，随着电商引流成本的不断增加，很多企业发现线上的成本（引流、平台搭建、人员成本、系统开发等）开始超过线下的传统销售渠道，于是又逐渐回归线下。在过去一年里，你可能观察到许多运动品牌出现了实体折扣店的价格低于电商价格的现象。这场"左手"（传统销售渠道）和"右手"（电商）的内部战争最终会融合，形成以客户体验为中心的 O2O 协同模式。

二　O2O 整合的效果

通过营销和销售渠道的 O2O 整合，对企业来说能达到以下效果。

1．流量共享

在销售渠道引流阶段，线上（各类数字营销，如搜索引擎、程序化购买等）和线下（报纸杂志、直邮、户外广告等）通过二维码和优惠券的手段互相连通，建立客户体验、企业成本、营销效果三者间的最优化引流通道，无论客户从哪个节点开始被影响，最终都会被导流到企业选择的销售渠道中，形成线上和线下的流量共享。

2．客户共享

当客户在传统销售渠道或电商平台进行购买后，企业通过整合客户数据，能形成更完整的客户视图，弱化客户线上和线下的购买属性和内部数据归属，之后通过二次营销引导客户到购买最简便、企业利润最高的最优化销售渠道中进行二次销售，形成线上和线下客户的互相共享。

3．人员共享

当前大部分企业内部的线上和线下人员的工作都是割裂的，他们各司其职。通过客户细分、产品销售规则的制定等，可以弱化线上线下的人员分配机制。同一个人员需要同时使用线上线下资源，建立客户和企业人员的对应关系，从客户角度来对待整个营销和销售过程，达到人员共享的目的。

4．库存共享

无论传统销售渠道还是电商，都需要对自己的产品库存数量有清晰的把握，通过建立 ERP 系统，最终达到传统销售渠道和电商共享同一个库存数据。

5．产品共享

在这方面，不同的企业有不同的策略，有些企业在对价格有很好的控制力的前提下，在线上和线下销售同样的产品；有些企业会在线上和线下销售不同的产品，即使同样的产品在吊牌上的货号也会不同，避免客户在不同渠道间的比价造成销售利润的降低；有些企业会在两种渠道中投放不同子品牌，同时在内部割裂子品牌的生产线和前端销售部门，完全做成两个体系来防止渠道间的产品冲突。

6. 价格共享

电商渠道带给客户最大的便捷是产品的比价，客户很容易在各个网店（企业自营、代理商、海淘等各种类型）中找到价格最优的选择。特别是在标准化产品领域，不同渠道销售的产品差别不大，客户完全受价格导向，这时企业就需要通过建立 O2O 的契机，完成对不同渠道的价格管控。

在以上六个共享中，人员、库存、产品和价格的共享是 O2O 模式成功的必要因素，而流量和客户的共享是最终效果。这些资源的整合并没有标准的模式，需要根据企业销售的产品，在了解客户购买旅程的前提下进行个性化配置。如图 2-5 所示是"客户采购旅程→企业营销重点→线上线下资源配置"的 O2O 营销模式。针对标准化的快速消费品（如手机充值、饮料、3C 产品等），企业的营销模式会更偏向线上；针对个性化的、需要大量沟通的及耐用消费品等领域（如服装、大额理财、汽车等），企业的营销模式则更偏向线下。大部分产品的不同客户在采购阶段有线上或线下的偏好。

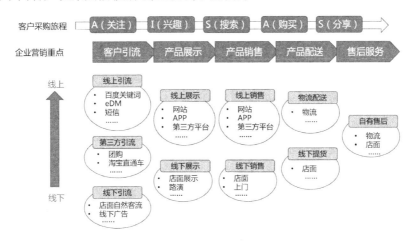

图 2-5　O2O 营销模式

三 服装行业的 O2O 模式

以服装行业为例，虽然每年在电商平台上的销售数量很多，看上去完全只需在线上形成闭环，但是实际在产品展示阶段，由于客户没有在线下进行尝试来了解服装是否合适，往往会利用电商平台七天无条件退换货的政策进行购买，给企业造成大量库存。据笔者所知，在 2015 年的"双十一"活动中，某品牌服装电商的退货率达到 50%。虽然有的电商平台会开发"虚拟试衣间"等工具，但客户的线上体验远比不上真实的线下体验。服装行业的完整 O2O 模式如图 2-6 所示。

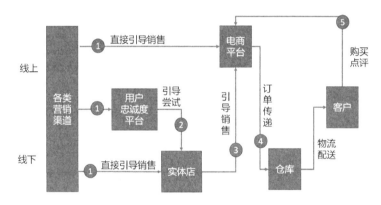

图 2-6 服装行业的完整 O2O 模式

- 在线上线下各营销渠道中，对需求清晰的客户可直接引导到电商页面或最近的实体店进行销售，而其余大部分客户还需要一个教育过程。考虑到不同客户关注产品的出发点不同，可能是品牌，也可能是款式或代言明星，无论客户被哪种线上线下营销渠道接触，企业最终将引导其进入类似微信公众号的客户忠诚度平台（线上如 URL 链接，线下如二维码），从而持续吸引客户对产品和品牌进行深入了解。

- 在用户忠诚度平台上完成了对客户的教育后，通过给予线下实体店的限时限店优惠券，引导客户到库存较多且到达便捷的实体店进行尝试。

- 在实体店尝试后，尽量引导客户在线上下单，这个环节可能令人费解：客户能从实体店购买商品，为何又要绕到线上？原因之一是通过这个方式能减少零售商的店面库存。简单计算一下：如果某零售商有 1000 个门店，每个门店销售 100 种款式，每种款式有 10 件库存，以每件衣服价值 100 元计算，这个零售商的库存就价值 1 亿元。再考虑到衣服会有尺寸的差别，不同店面之间的库存协调将涉及大量物流成本，如果在最终销售环节通过线下向线上的引流，只在生产地建立大型集中的全国库存，就可以避免库存协调问题。

在国外，有些著名服装品牌已经做到每个店面除了出样的三件样品，不再保留单独的库存间。在这个环节的另一个问题是如何让店面的销售人员来完成这个动作，因为大部分销售人员的薪资构成是低底薪+高提成，如果把客户都引流到线上，他们的提成如何获取呢？答案是通过二维码。当销售人员给客户推荐商品，最终吸引客户在 APP 上下单时，会提供自己的二维码（如印在挂在胸前的员工证上），当客户购买或放入"购物车"时，通过扫描这个二维码，就可以把这笔收入计算到相关销售人员身上。这种做法虽然看上去很简单，但是笔者观察到国内使用得并不多，主要是因为国内电商过于发达，除了零售商自有 APP，客户很容易在其他电商平台上找到各种第三方小店和代购，价格也会比官方店低，最终客户只把实体店当成了纯粹的"试衣间"。因此，这种模式需要零售商对价格和渠道有很好的控制力。

- 当客户在电商下单后，通过 ERP 系统流转，订单被递交仓库、物流，最终送达客户处。
- 当客户收到商品后，就到了整个 O2O 闭环的最后一个环节——吸引客户回到电商平台进行评价，达到口碑传播的效果。

在以上 O2O 的闭环中，每个节点都通过客户数据连接，建立了以客户购物旅程为中心的"发掘需求→购买→分享"的销售漏斗，每个环节与下一个环节之间的转换率都可以通过客户数据看清楚，可帮助零售商进行清晰的分析判断，指导资源投入。

四〉运营商的 O2O 模式

再来看一个运营商的例子。移动互联网高速发展时期，运营商投入了大量资源在移动业务的销售上，"合约机"就是运营商行业的一种特殊销售方式：当客户签署协议，支付一定费用加入套餐后，就可以拿回一部智能手机，在套餐合约期内还能每个月享受话费返还。从产品角度来说，现在国内三大运营商无论手机类型、套餐类型还是费用基本雷同，再加上市场已经饱和（有些省份手机持有量超过 100%，同一个客户拥有多个手机号码成为普遍现象），整体市场已经成为"红海"市场（竞争白热化的、残酷的市场）。在白领、老年人、学生等各个细分市场上三大运营商虽然各有优势，但这种优势的差距并不明显，客户受价格因素影响大，运营商可通过额外的送话费、送生活用品（柴米油盐）进行新客户的拓展和老客户的维系，但是这种基于成本的"以本伤人"营销方式是运营商不愿意看到的。目前，合约机销售的竞争已经下沉到具体的一个个客户聚集的"聚类市场"（如居民小区、商务楼、工业园区等），运营商需要集约资源对"聚类市场"完成短、平、快的营销闭环，特别是价格策略，运营商之间虽然避免大范围的价格战，但是在少量高价值的"聚类市场"，面对数量为千级的客户仍然可以通过价格战迅速占领市场，并且将价格策略仅限于以天为单位的时间窗口，从而避免价格信息的传播冲击其他细分市场。

回到运营商营销的 O2O 模式，在整个合约机营销和销售过程中最难的有两点。

- 合约机套餐的解释。往往一个套餐的解释内容会远超过一页 A4 纸，面对众多条款，大部分客户都是没有解读能力的，需要销售人员进行一对一的解释，对于这个过程，线下的效果是优于线上的。

- 手机真机的尝试。虽然有一部分客户是冲着各种"明星"机型去的，但大部分客户对智能机的选择条件还比较模糊，如"2000 元左右"、"三星、华为、小米等 4～5 个候选品牌"、"32G 以上存储空间"等，仅靠线上公布的诸多手机参数，客户无法判断真正符合自己需求的品牌和机型。这个选择过程也同样高度依靠线下销售人员的引导，客户只有真实尝试真机后，才能做出最后的决定。

基于以上合约销售的痛点，运营商的 O2O 营销模式闭环如图 2-7 所示。

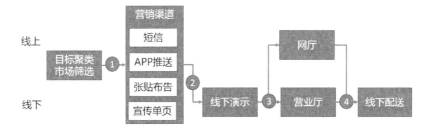

图 2-7　运营商合约机销售的 O2O 模式

- 整个 O2O 闭环的开端是目标聚类市场的筛选。运营商需要将现有客户数据精确到聚类市场，并且结合外部数据，掌握每个聚类市场现有客户的套餐使用情况、历史收入、潜在客户数量、竞争情况等的综合数据后，才能选定重点聚类市场进行营销。

- 选定聚类市场后，需要在线下演示之前的几周时间内，通过线上线下各种手段告知聚类市场中的客户。这一步需要运营商有大量前期完成的客户数据储备（包括现有客户数据的清理和 APP、微信公众号等互动平台上的客户积累）。运营商有技术能力基于地理信息位置，结合聚类市场的客户标签（基于现有套餐等因素的综合判断），对现有客户进行个性化短信覆盖（如对已经使用某种套餐，还有 3 个月到期的客户发送续约内容；对刚进入合约期的新客户发送推荐朋友有奖励的内容等），也可以对安装了运营商 APP、关注其微信公众号的客户进行推送。

除了线上手段，运营商还可以采取最原始的线下覆盖（如聚类市场门口张贴布告、靠人力派送宣传单页等）方式，告知客户合约机现场演示的时间、地点、合约机型及套餐优惠信息，吸引客户在演示当天参与活动。

- O2O 闭环最重要的环节是现场演示，经过几周的营销铺垫后，面对相当数量的客户，线下销售人员需要竭尽所能进行销售工作，完成现场签单。

- 对于意向明确但当天没有采购的客户，通过二维码的形式吸引客户加入微信公众号或下载 APP，给予一定有效期的优惠券，在之后几天客户可以前往指定的线下营业厅或运营商的网厅享受同样的优惠政策。即便过了这个有效期，客户仍然可以持续收到其他的促销信息，这也是一个客户数据收集的途径。

- 当客户拿着优惠券在线下运营商网厅下单后，通过线下的配送完成 O2O 闭环的最后环节。

通过对比服装和运营商两个行业的 O2O 模式可以看到，服装行业的 O2O 模式更偏向于解决业务层面的问题（如库存、价格等），站的角度更高，但有很多前提条件（如对产品、价格、渠道等的管控）；而运营商行业的 O2O 模式更偏向于执行层面，是集约了各种营销资源后形成的"短平快+速战速决"模式。

第五节　舆情监测与情感分析：电影和投资行业的故事

一　舆情监测概述

在前文中笔者提到了舆情工具的概念，通过社交媒体平台提供的 API 接口和爬虫工具，企业可以实时获取客户对品牌和产品的评价，在第一时间识别负面信息并加以干预。在传统的客户关系管理模型中，当企业服务好一个客户时，这个客户会把这种好的体验告诉身边 10 个人；但当客户得到恶劣对待时，这个客户会在自己的圈子把怒气发泄给身边 50 个人，当有了社交媒体这种传播更迅速的工具后，舆情的传播速度及效果更加可怕。例如，2015 年发生了"青岛大虾"事件，也许相比其他旅游城市，青岛的问题并不算最严重的，却因为一条舆情被推向风口浪尖。

如图 2-8 所示是信息传播的基本模型，一个信息从产生到传播分为五个阶段，信息出现和初期传播阶段是相对缓慢的。到了第三和第四阶段，传播速度就会以几何级数增加。到了传播后期，由于传播的覆盖面高度重合，速度又会减慢直至消失。因此，舆情的监测和干预只有在前两个阶段有效。例如，"青岛大虾"事件，当地政府必然花了大量资源来控制和干预信息的传播，但是由于切入时间过晚，已经无法控制舆情的传播了。

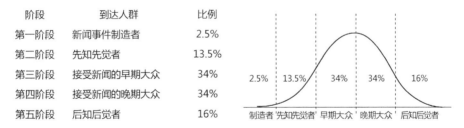

阶段	到达人群	比例
第一阶段	新闻事件制造者	2.5%
第二阶段	先知先觉者	13.5%
第三阶段	接受新闻的早期大众	34%
第四阶段	接受新闻的晚期大众	34%
第五阶段	后知后觉者	16%

图 2-8　舆论传播模式

舆情监测的基本流程相对比较简单，具体如下。

- 企业设置一些关键词（利润品牌名、产品名、公司名称、主要公司高管姓名等），在主流社交媒体上通过 API 接口或爬虫，获取出现这些关键词的客户言论数据。

- 再设置一些情感关键词，判断这些客户言论数据的优先级，如"非常差"、"产生事故"、"投诉"这些词，表达了客户的极度不满，需要重点干预。

- 现有的中文语义分析技术还无法自动判断客户言论的含义并进行干涉，仍然需要大量人力资源通过肉眼进行判断。例如，对直接@投诉的客户进行在线沟通，或者联系社交媒体平台进行删帖等工作。

舆情监测的难点不在于中后期的判断和干涉，而在于前期第一时间的舆情发掘。例如，当一个客户在微博或大众点评上抱怨一个商品或餐厅时，实行舆情监测的企业就会在几小时内和这个客户进行沟通。

二 电影行业的舆情监测

以上是通过"堵"的手段防止负面信息的传播，而电影行业是利用同样的模式进行正向操作的特殊行业。不同于其他领域，电影行业的销售大多数情况下都是一次性的，很少客户会反复购票观看同一部影片。在客户的整个采购决策链中，也许知名影星、导演会起到相当大的作用，但不是每部电影都请得起最受欢迎的影星和导演。在电影的营销过程中，口碑显得尤为重要。常规情况下，会对客户采购起作用、形成良好口碑的渠道包括以下四个。

- 传统媒体：包括报纸、杂志、地铁、户外广告等。
- 各类电影评分平台：如格瓦拉、豆瓣、百度电影等。
- 社交媒体上的自媒体。
- 社交媒体上的个人评论。

对于前三个渠道，企业投入资金后可以进行口碑走向，但是面对社交媒体上海量的客户评价是无法用"堵"的办法来控制的，电影行业采用的方式是通过采集海量客户评价，对客户的关注点进行分析，找到最有效的目标客户细分人群和对应卖点，之后集中资源在可控的渠道中（如社交媒体上电影相关的自媒体）针对这个卖点进行营销，吸引这个客户细分人群观影。

在国内，一部好的电影不过千万人次的观看量，相比中国庞大的人口基数，不过百分之一不到的比率，而客户对电影的品位有很大差异，任何一个卖点都会找到对应的细分客户群。例如，哪怕再差的电影，只要剑走偏锋放出"史上最烂电影"的卖点，也会吸引一群猎奇者进行消费。对电影行业来说，不怕找不到卖点，就怕没有将有限的营销资源宣传的卖点集中在几个主要细分客户群上。相比舆情监测，电影行业的执行逻辑稍有不同。

- 确定与电影相关的关键词（电影名、演员名、主要情节的关键词等）从社交媒体上获取评论数据。相比过往的电影名，当今的特殊电影名越来越多，如"港囧"、"阿凡达"、"猩球崛起"等。这些特殊的电影名能保证抽取的数据是和该电影相关的。如果把经典老片《甜蜜蜜》放在今天，数据分析人员无法判断抽取的海量数据是评论这个电影还是邓丽君的歌名，或者是上海某餐厅的名字。
- 抽取评论数据后，需要通过语义分析进行拆词（前文介绍了相关技术），了解评论电影最多的词，以及词与词之间的关联，了解客户的兴趣点。
- 同时对比社交媒体或第三方数据公司给出的数据，了解这些客户兴趣点背后的客户画像，有选择地确定下一步需要推广的卖点和目标客户群。
- 基于以上分析推出营销后，再实时监测社交媒体上客户的言论，了解市场的反馈和营销效果，然后进行二次调整。

相比舆情监测，电影行业的这个逻辑的难点是在客户个性化的海量评论中，找到关联性和客户评论的出发点，这个分析不只是基于关键词的出现频率，更需要有深刻的行业洞察力才能做出准确的判断。

以 2015 年上映的某国产动画片为例，观察这部电影的口碑传播过程，你会发现非常有意思。由于缺乏资金，这部电影没有进行传统媒体宣传，人们在电梯、地铁、杂志等载体上并不能看到这部电影的宣传，一开始宣传的卖点也是"多年良心之作"、"国产动画片典范"这种不太能打动人的说辞。后来吸引很多人目光的卖点是在社交媒体上出现的一张票根的照片，照片显示另一部针对 90 后观众的电影"偷"了该动画片的票房，由于这部动画片的主要目标客户是 80 后观众，两代人之间的代沟和矛盾造成大量 80 后观众开始转发这张图片，甚至出现了大量自发为这部影片进行推广的粉丝客户，他们号称自己是"自来水"，这部动画片因此而瞬间火爆。笔者无法判断这个卖点的提炼和传播过程是偶然事件还是基于数据的分析，但这个模式无疑在数据层面是可以实现的，并且是可以复制的。

三 投资行业的舆情监测

除了电影，投资行业是另一个受口碑影响巨大的领域。由于投资有相当大的不确定性，大部分投资者虽然都有自己的观点和理论体系，但同时也存在着不自信。例如，一个做了十年股票的老股民，按照自己的经验判断某支股票有相当大的风险，下定决心不会投资，但当他看到所有专家给出正面评价，并且这支股票的价格连续几天拉升之后，大部分情况下还是会改变自己的决定进行购买。如果把投资领域的操盘手看成企业，定量地聆听市场的声音是支撑其下一步操作的重要依据。在西方国家的股票市场，大部分的交易都是通过程序自动化完成的，很多场景下的"操盘手"并非一个具体的人而是自动触发的程序，舆论声量也是操盘手判断的依据之一。整个逻辑和上文提及的舆情监测和电影行业类似。

- 通过关键词在相关的在线论坛和社交媒体上获取市场的评价。
- 通过语义分析将海量的市场评价进行拆词。
- 对评价中提到的情感词汇进行定量评分。例如，将"非常好"、"肯定会涨"这样正面的词汇给出+1、+2 的正分，而"不看好大势"、"肯定会跌"这样的负面词汇给出−1、−2 的负分。
- 情感词和评分标准的关联有一个漫长的自学习过程，为什么"非常好"是+1 而不是+2，这个需要长期按照结果不断进行调整。
- 综合所有评分后，定量地了解市场对走势的评价。

在投资行业，这个流程有两个难点：一是对不同情感词汇的评分标准，目前市场上有很多第三方开发的情感分析算法和词包，但在实际操作中，还需要按照结果进行调整来适应投资行业；另一个难点是如何了解客户言论背后的真实意愿。例如，当一个客户在社交媒体上用最大声量疾呼某支股票价格肯定会涨时，其背后会有两个场景，一种是客户真觉得这支股票会表现优异，另一种可能完全是另一个极端，即这个客户可能在这支股票上已有大量亏损，在失去理智的情况下进行的意见表达，并不代表这个客户的真实信心程度。要判断客户的真实意愿，需要对客户的历史言论数据进行统计。

- 建立基于单平台的 360 度客户视图。与营销不同，投资行业的分析并不需要连通不同数据源的客户数据，最终目的只是分析客户单个言论的真实性，单平台数据已经足够。
- 根据客户历史言论的频率，对现有发言的评分进行调整。例如，客户很久之前就注册了平台，但从来不发表言论，当他第一次发表了激烈的言论时，其真实性是非常值得怀疑的，因此在实际操作中直接做负面处理（如正常情况下按照客户言论中的感情词汇给予+3 分，但这种场景下直接加上负号给予–3 分处理）。
- 根据客户历史言论和真实投资品的价格走势进行对比，了解客户判断的准确性，再对客户言论的评分进行调整。
- 收集海量客户评分，基于统计学对总量和评分的分布进行分析，最后定量地对市场走向做出预判。

投资行业的基本应用逻辑如上，从技术角度来说并不难，一个稍懂技术的人就可以进行实操，困难点在于经验的累积和算法的优化，笔者所见已经有很多投资公司和学术研究机构进行相关的研究和实操，实际算法会比以上提及的更复杂。需要提醒的是，这种舆论分析需要基于海量大数据，言论的样本量越多，企业就有越多的空间去改进算法，当这种分析只是针对某个冷门投资品，每天只能收集千级数据时，数据量就不支撑算法达到精确的结果。

第六节 / 跨界合作：以客户数据作为核心资产的联合营销

一 跨界合作概述

很多企业苦于营销成本的不断攀升和营销结果的不确定性，"我知道在广告上的投资有一半是无用的，但问题是我不知道是哪一半"一直是悬在营销人员头上的一把利剑，而大量打着"精确化"招牌的数字营销都采取了竞价的模式，目标客户是有限的，广告平台是有限的，展现机会也是有限的，企业们为了争取在客户面前展示一段文字或一张图片，需要不断竞争抬高单价。此外，为了运营独立的营销体系，企业需要维持一个庞大的内部营销团队，上百人规模的市场部团队很常见，人员成本的投入对企业来说也是一笔庞大的开支。对企业来说，有没有既能大幅降低成本和风险，又能保持营销效果的方式呢？也许"联合营销"是一个答案。相比传统的企业—营销供应商的甲乙方模式，联合营销采取的是企业—企业的资源整合模式，企业不再独立作战，而是拼合双方的营销资源和客户资源。当然，要实行这种看上去很美的合作模式也需要一些前提。

首先，最重要的是双方的客户有着相似的画像，这一点能保证客户资源是有价值进行互换的。

其次，这种合作从客户角度来看要有很好的切入点，能给客户带来新的刺激点。

第三，合作的企业之间有着类似的品牌价值，当一个大企业和小企业合作时，会由于各自的文化和操作模式不同，造成双方都非常疲惫。

第四，双方的产品没有冲突。

最后，在互换客户资源的模式中，合作双方并不直接掌握对方的客户数据。

二 行业上下游的联合营销

最早的联合营销出现在行业上下游。例如，CPU 生产商英特尔（Intel）很少主动做营销，但是当下游的品牌电脑、服务器生产商推出广告时，广告最后都会出现"Intel is inside"的标示，英特尔会为了最后一秒的视频或只占页面很小角落的图片支付 50%的广告费用。从客户角度来看，无论看到哪个品牌电脑或服务器的广告，最终都能看到英特尔的品牌标示，这也是一种良好的客户体验。这种营销方式虽然看上去直接广告投入很高，但在英特尔内部避免了人员成本和纷繁复杂的策划执行等环节，总体投入并不一定很高，而且因为覆盖了所有下游厂商，最终的效果是"无论客户购买哪个品牌的产品，都是购买了英特尔的产品"，这种方式适合产业上游基本形成垄断的企业使用。

三 具体营销活动中的合作

在具体营销活动中的合作也是比较初级的联合营销方式，如 2015 年北京三里屯举行的六个品牌的联合营销活动"罗兰·加洛斯在城市"。

- 整个活动以法国网球公开赛（罗兰·加洛斯）为切入点，为客户提供现场观赛、表演、比赛、相关产品销售等服务，对有一定购买能力的网球爱好者有相当的吸引力。
- 这六个品牌分别是来自不同行业：中央电视台、浪琴手表、鳄鱼、巴黎水、百宝力和中国网球公开赛，这些品牌都与网球这个主题相关，并且有着类似的客户画像。
- 三里屯是北京的黄金地段，场地租用费相当高昂，但是由六个企业分摊这个持续六天的活动，成本压力相对会小许多。

这种方式的难点是如何筛选跨行业合作伙伴，并且找到客户切入点。从数据营销角度，可以通过第三方的大数据分析工具（如前文提及的百度司南），在对自身客户关注点和跨界关注品牌有清晰认识的基础上，再找这些合作伙伴进行商务谈判。

四 产品设计层面的联合营销

再深入的联合营销合作方式是产品设计层面的。例如，中国电信和中石油联合创建了"中石油版合约套餐"，套餐包含的手机是中高端的 iPhone、三星 S 系列、华为 Meta 系列产品。相比传统的运营商合约套餐，客户在办理这个手机套餐后每个月可以享受油费补贴，这个场景看似很简单，却有非常好的切入点。

- 中国电信和中石油各自有着庞大的客户群，中国电信使用中高端手机的客户与有车一族的中石油客户有着类似的客户画像，通过该套餐能将优质客户向对方产品引流，而整个引流过程通过中国电信的短信、中石油加油站的张贴和传单这些成本极低的营销方式实现。
- 对客户来说，虽然话费返还和油费返还看似差别不大，但这些优质客户中很多会在各自企业内享受手机话费报销，加入这种套餐相当于在每个月报销的手机话费中包含了部分油费，而且在发票账单上并不体现"油费"这个条目，这对部分客户来说是有吸引力的。

五 互相引流的联合营销

互相引流是比产品设计更深入的"联合营销"方式。对拥有完整 CRM 体系和庞大客户数据量的企业来说，对自有客户的营销相对来说是廉价的（如一条短信和电子邮件推送的费用是几分钱，利用自己的 APP 做推送则是零成本的），客户数据的质量也相对较高，在这些企业间很容易发生化学反应找到好的合作模式。例如，运营商和电商就是很好的跨界合作伙伴。

- 对运营商来说，每个运营商都掌握了数亿条实名客户数据，数据类型包含历史采购、DPI 数据、位置信息等（前文有所介绍），能建立完整的客户画像。而且短信、弹屏广告这些营销方式也是运营商的自有营销资源而不涉及成本。运营商的核心痛点之一是合约机的销售，如今大量客户会选择在电商平台上采购手机，运营商和电商的传统合作是甲乙方的模式，以京东"6·18"活动为例，如果运营商要在京东平台开设合约机的专属销售页面，每天需要支付给京东数百万元，而且京东不对销售结果作任何承诺，这种合作模式和费用是运营商很难承受的。

- 对电商来说，它们同样掌握了海量的客户数据，但数据类型只有本平台内客户的历史采购和行为数据，基于这些数据建立的客户视图并不完整。要覆盖平台外的潜在客户，需要电商投入大量资源购买第三方营销资源。电商的最大优势是掌握了客户购买决策链的最后一个环节——客户的最终购买是在电商平台上完成的；而电商的核心痛点之一是如何降低从站外往站内引流的营销费用。由于竞争激烈，每个大型电商投入的营销费用都在亿元规模，电商只有在自身拥有庞大流量的基础上，才能通过引流工具的方式再将流量销售给入驻商家。

基于以上资源和痛点分析，运营商和电商跨界合作的契合点是合约机销售和流量的互换，形成"流量换销量"的方式，双方可以协商将运营商的电商平台销售成本和合约机销售量酬金都折算成电商需要的流量，运营商利用自己的客户数据和营销工具帮助电商引流，电商帮助运营商销售合约机。

在这种资源互换的跨界合作模式中，资金不再是最重要的核心资源（企业很难一直拿出动辄上百万元的费用做单次营销活动），客户数据才是双方合作的基础。纯粹的客户数据本身没有价值（就算运营商把所有客户数据交给电商，电商用这些数据做营销，最直接的后果就是收到一堆关于数据安全的投诉和法律风险），客户数据在跨界合作中需要通过营销工具变现为客户流量，在这个过程中，由于客户之前有过购买行为而对运营商有基本的信任背书，客户会相信运营商提供的营销内容并按照运营商指定的路径访问电商平台。

第七节 / 基于微信的 SCRM：适合小型企业的数据营销

上文提及的数据营销应用都是来自大型企业的重资源模式，而对那些每年营销经费在万元级别的小型企业来说，有没有不需要昂贵的人才储备、技术门槛低、客户数据能形成闭环的轻资源数据营销模式呢？笔者推荐的是"基于微信的 SCRM"，该模式涉及两个关键词：SCRM 和微信。

一 SCRM

顾名思义，SCRM 就是在社交媒体上使用 CRM 方式进行的数据营销。相比传统 CRM 的完整流程，SCRM 的数据层面和营销层面的环节都在社交媒体上实现，基本流程如下。

- 企业在社交媒体上开设自己的"专区"（如微信公众号、微博认证等）。
- 在社交媒体上，通过发布内容、互动活动等，吸引客户关注。
- 当客户关注后，可以进行点对点的营销接触（微信图文或微博的@等），客户可以把这些营销接触进行一键转发，覆盖到更多客户的朋友圈中，形成病毒营销的结果。
- 根据社交媒体平台提供的接口，企业可以获取关注客户的数据，能采集的客户数据类型取决于社交媒体平台的设置。
- 从社交媒体上采集的客户数据包括客户的识别（平台 ID）、在社交媒体上的发言、不同客户间的关注关系等。
- 有的强大的社交媒体（如微信）除了社交功能，还为客户提供各种延伸服务（如微信支付、各类 O2O 服务等），企业可以基于自己的需求进行二次开发，为关注自己的客户提供个性化服务模块。

- 利用社交媒体提供的营销接触点工具，企业可以在社交媒体上对客户进行个性化营销。

如表 2-2 所示是 SCRM 和传统 CRM 的对比。首先，在成本上，SCRM 模式可以节省的成本包括：数据资产的投资（CRM 软件、营销数据库、数据分析工具等）、专业数据营销人员成本（数据分析人员、IT 人员、数据操作人员等）、数据整理和分析成本（建立精准的客户画像需要一个漫长的过程，很多社交媒体会提供成熟的标签）、数据风险（自有数据库中的客户敏感数据存在泄露风险）。对企业来说，哪怕只投入一名员工就可以试水 SCRM，几个人的团队就可以操作整个体系。

表 2-2　SCRM 和传统 CRM 的对比

对比领域	SCRM	传统 CRM
数据来源	社交媒体平台	第一、第二、第三方多种数据源
数据类型	社交媒体上的行为数据，根据社交媒体的 API 规则决定可获取数据字段	• 历史采购数据 • 营销反馈 • 外部第三方数据 ……
对客户的认识（客户标签）	• 客户的言论 • 社交媒体上客户和客户间的关联关系	• 基于多种数据源的综合判断
客户联系方式数据	社交媒体上的 ID，只可在社交媒体平台上使用	姓名、电话、电子邮件等多种联系方式
数据存储	社交媒体提供的后台	企业自建的营销数据库
CRM 操作前台	无	根据企业选定的 CRM 软件
数据分析工具	• 社交媒体提供的标准化标签 • 企业下载数据后自行使用的分析工具	CRM 营销数据库连接的分析工具
营销方式	社交媒体上提供的有限方式	多种营销接触点方式（电子邮件、短信等）

除了成本，SCRM 的最大优势是营销过程中的病毒效应。虽然相比传统 CRM，SCRM 的营销接触方式非常有限，只能在社交媒体平台上发布一些内

容，或者制作一些简单互动（如 H5 页面），但是社交媒体有着强大的传播效果，凭借"借势营销"等手法，小型企业的营销也可能一夜爆红。小型企业手中资源有限，很难像大企业那样通过各种营销资源的整合来达到好的营销结果。在社交媒体上每天都发生各种热点事件，由于社交媒体上客户的多元化，小企业基于这些热点制作的应用，甚至一张图片的传播都可能达到意想不到的效果。

二〉微信

毫无疑问，微信是最好的社交媒体平台，对小型企业来说也是开展 SCRM 的最理想平台。微信平台的优势如下。

- 10 亿名用户，8 亿名活跃用户。
- 以社交媒体为中心向各种附加功能的延伸（游戏、支付、O2O、电商等）。
- 开设公众号的成本非常低。
- 提供了客户数据抽取、数据标签化和营销推广（图文推送）、结果分析（点击量、转发量）的数据营销闭环。
- 开放了公众号的开发功能，企业可以根据自己的需求对公众号中的功能进行开发。
- 微信开发已经形成了生态圈，企业可以找到大量廉价、可迅速实施的开发资源。
- 微信的内容生产也形成了生态圈，由于有大量自媒体存在，企业可以利用这些完成了原始客户积累的自媒体进行营销。

虽然社交媒体或有社交功能的平台有很多，但它们大部分在企业眼里只是一个内容发布或病毒营销的渠道，企业投入的只是广告的费用。而微信有上述多个特点，并且能够帮助企业完成营销的全闭环，从很长一段时间跨度来看，微信将是企业开展 SCRM 的最佳选择。

从 SCRM 的数据营销闭环角度（见图 2-9）来说，首先企业需要向微信公众号中进行导流，完成原始的客户积累，导流的方式包括常规营销（eDM、直邮中的二维码、短信中的微信号等）、图文推广（被已关注的客户或自媒体转发到朋友圈中，可以被大量的未关注客户浏览）、电商平台（如果企业有自己的电商平台，可以通过产品外包装上的二维码或关注微信公众号折扣等方式吸引客户）。在图文推广的方式中，微信 API 接口能提供浏览了图文的客户 ID，企业能知道这篇图文的浏览和转发来自哪些具体客户，多少是已关注客户，多少是未关注客户。

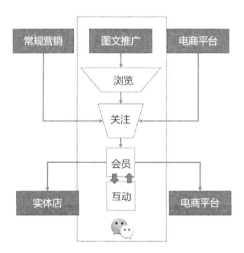

图 2-9　SCRM 的数据营销闭环

当不同的客户流量被导流到微信公众号进行关注后，微信 API 接口就可以提供给企业这些已关注客户的更多信息，如客户所在省份、性别、年龄等客户在注册微信时留下的基本信息。但是，需要强调的是，由于腾讯一直将微信定位为封闭平台，后台提供的客户识别码是微信上特有的"Open ID"，无法直接和客户联系方法连通，并且由于不同的微信公众号的加密算法不同，同一个客户在不同微信公众号上会有不同的识别码。

吸引客户关注后，下一步就是吸引客户注册成为会员，通过简单的二次开发，可以在微信公众号中增加"成为会员"这样的功能，客户输入手机号码后，将会员密码通过短信发送给客户，客户在微信公众号里输入密码后就通过认证成为会员。这一步是普通的微信公众号流程与 SCRM 的最大差别，如果客户只是关注，微信公众号只能进行日常的推送。而当客户注册会员后，企业可以通过收集的手机号码连通更多数据源。例如，在美容美发行业，吸引客户充值成为会员之后给予折扣是常规的方法，美发师通过加客户微信来保持日常的客户关系管理，但这种私对私微信沟通的最大风险是美发师的离开会带走大量客户。当美容美发行业企业建立自己的微信公众号后，可以要求现有会员加入公众号并且进行认证，客户可以在公众号上查到充值余额、最新促销活动，并且通过公众号与企业的客服进行点对点的沟通。借助公众号，当一个美发师离开时，这些客户都在公众号上而不能被美发师直接带走。

为了吸引客户从关注转化为注册会员，企业往往会把微信公众号建设为用户忠诚度平台，客户只有注册后才能使用一些高级功能（如查询余额、积分兑换奖品等），而在注册的同时企业也会送给会员相当的积分作为奖励。

在微信公众号上收集大量注册会员只是数据营销闭环的第一步，当前每个客户都会关注上百个公众号，如何让客户增加互动频率，不至于将企业的SCRM 沉底呢？这是 SCRM 的最大难点，企业需要持续不断地产出内容，引起客户兴趣。微信已经完成了内容制作生态圈的搭建，每天在微信上总会有很多热点，大量自媒体的存在也向企业提供了迅速获取客户的捷径。

SCRM 的最后环节是将这些积累在社交媒体平台上的客户转化为销售，主要手段是通过积分兑换给予客户电子优惠券，引导客户进入对应的电商平台或指定的线下门店进行消费。同时，建立"查询线下门店"的地图功能并非难事，特别是对关注但没有注册成为会员的客户来说，可以一键查询到最近的实体店和路线，从而起到引导客户的作用。

以某小型相亲 APP 为例，虽然其主要功能很有特色，但是在市场上有大量同质产品存在，该 APP 也没有足够的营销成本进行推广，如果按照常规营销方式，在各大媒体进行广告投放，在线下组织大量人力进行地推，将是一个烧资源的漫长过程，其代价不是这样的小企业能承担的。但是，这个企业做了一个图片创意，客户只需要关注公众号，输入自己的姓名和生日后公众号中就会自动出现一张图片，图片中央的客户姓名周边围绕着许多如"白富美"、"高富帅"这样的客户标签，图片下方是引导到微信公众号的二维码。有大量客户会因为客户标签里的一些赞美词而将图片转发到朋友圈中，起到病毒传播的效果，当客户关注这个微信公众号后，会发现这是一个拿着客户标签进行相亲适配的应用，从而被引导下载应用 APP。据笔者所知，这个图片创意为企业带来了百万级的用户，如果按照常规营销方式每吸引一个客户需要投入几十元的营销成本和补贴来计算，仅这个技术难度很低的应用就为企业达到了数千万元投入带来的营销成果。

最后需要强调的是，SCRM 并不只是针对小型企业的"数据营销简化版本"，很多大企业也在这个领域投入了大量资源进行开发和研究，笔者所见如青岛海尔、GAP、Costa coffee 的 SCRM 都有自己的特色。大企业的模式除了要连通 SCRM 和传统 CRM 的数据、融合双方的营销接触方式，还会尝试连通 ERP（包括库存、生产环节的数据）、员工管理等其他系统的数据和功能。

第八节　卖点提炼：本书书名的由来

你是否对"Just Do it"、"有路就有丰田车"、"钻石恒久远，一颗永流传"这样的品牌标语印象深刻?对营销人员来说，一句点中要害的标语，也许强过在营销上的千万元投资，以上这些标语对企业来说都是可遇不可求的，有些甚至延续使用数十年。那么，从数据营销角度，如何帮助营销人员洞察客户痛点，找到这样的标语呢？这个过程看似很简单：在了解自身产品的基础上，对目标客户群有清晰的了解，最后根据客户画像进行文字的选择，如果企业的产品比较大众化，那标语需要简单易懂；如果客户画像相当"高大上"，则需要一些有底蕴的文字才能打动客户。

这个过程从定性角度来说并不难理解，传统的方式可以想象成这样一个场景：企业内部资深的市场经理和营销供应商中最好的文案人员在一个小会议室里，不断地对文字进行提炼和修改，最终根据经验判断市场最有可能接受的文字，再投入大量营销经费进行推广，这是一个很难试错的过程。而今天有大量收集客户声音的方式（社交媒体、搜索、电商等），特别是百度司南、百度指数、微博印象等投入很小的标准化工具，能够在经验之外为营销人员提供卖点提炼的定量依据。以空气净化器为例，如果让营销人员来提炼这个产品的卖点，会是什么样的呢？

- 清除 PM2.5 效果优秀（每个空气净化器都会这么宣传，很难打动市场）。
- 设计美观（对客户来说并非核心痛点）。
- 价格优惠（空气净化器涉及客户的健康，价格也许并不是核心痛点）。
- 后期维护容易（针对更换滤网、后期维修等，也许是客户痛点，但不一定是核心痛点）。
- 静音效果好（也许是客户痛点，但同样无法判断是否是核心痛点）。
- ……

以上这些卖点是标准的"甲方视角"，是从企业的角度对市场的猜想，那如果从市场角度来观察，购买空气净化器的客户到底是谁？他们关心的是什么呢？笔者使用最简单的免费大数据工具"百度指数"（http://index.baidu.com），根据客户在百度上的搜索行为进行分析。

- 搜索这些关键词最多的，并非 PM2.5 污染最严重的城市，而是"北上广深"这样有强大消费力、完成了市场教育的一线城市。
- 搜索词汇"空气净化器"的客户，搜索的其他关键词中最多的是"新生儿"、"出生"这样的词汇，这很能说明空气净化器的目标客户画像。虽然一台空气净化器价格达几千元，对一个中产阶级来说不过相当于几天的工资（但大部分富裕的家庭不会购买很多台），但对大部分客户来说，其购买空气净化器并非为了自己，他们投资相当于自己大半个月收入的资金的目的是为了自己新出生的宝宝。

- 通过百度指数提供的客户年龄和性别画像（见图 2-10），显示主要来自 30～39 岁的男性，说明父亲是购买空气净化器的决策者。

图 2-10　搜索空气净化器的客户画像

笔者看到的最好的空气净化器卖点来自创立不过几年的某国产品牌，它的宣传口号是"爸爸为自己孩子制作的空气净化器"和"专为孕妇和 0～10 岁儿童研制的净化器"，非常切合以上的分析。这个品牌被列入"十大空气净化器品牌"，和大量国外著名品牌抗衡，相信这个卖点起了相当大的作用。

回到本书书名的由来，为何选择"大数据营销，如何利用数据精准定位客户及重构商业模式"如此复杂的名字，笔者同样参考了大量数据，仅以百度和京东的数据为例。

- 在百度指数中，如图 2-11 所示，搜索"大数据营销"的比例高于"数据营销"。
- 在京东上有上百本书名中带有"大数据营销"字段的图书，但无一本只讲述"数据营销"。

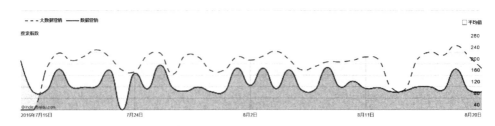

图2-11 大数据营销和数据营销的搜索量对比

- 从百度和京东两个平台的数据看，在搜索"大数据营销"的同时，被搜索最多的词汇包括"精确"、"商业模式"、"定位客户"，因此笔者将它们放入了本书的副标题中，让更多人可以搜索到。此外，专业大数据营销人士会搜索的词汇如"数据同人"、"实时营销"、"SCRM"等出现的频率并不高，说明搜索和购买"大数据营销"方面书籍的大部分是圈外人，或者圈内偏业务层面的人员。

此外，笔者购买了销量最大的几本大数据营销相关书籍，大部分只谈及少数几个技术领域，或者纯粹描述业务视角而不谈技术实现。对并非行业领军人物的笔者来说，选择更多热门搜索词作为书名是为了让目标客户更容易搜索，选择更浅显易懂，同时谈及技术和业务内容的图书，本书的目标也是对市场进行初级教育。

B2B 领域的数据营销应用场景

第一节 / **B2B 与 B2C 的区别**

对大部分人来说，B2B 营销是陌生的，它和日常生活中接触的大量 B2C 营销有很大的不同，只有从事 B2B 行业的人士才有机会了解 B2B 营销的方式，只有营销圈内的人才能对 B2B 营销做出优劣判断。当企业 A 通过营销把原材料销售给企业 B，这是 B2B 的过程，企业 B 把原材料进行加工生产为产品后，通过营销卖给市场上的个人，就是 B2C 的过程。这种基于企业和客户身份不同进行的划分，在营销方式上也有很大的区别。如表 3-1 所示是二者简单的对比。

表 3-1　B2C 和 B2B 的营销对比

对比因素	B2C	B2B
营销主体	个人或家庭	政府、医疗、教育、企业
客户画像	客户和客户间有巨大差别，存在大量个性化的客户群	同行业间高度类似
采购决策链	非常简单，个人决定	• 政府、医疗、教育、大企业内部非常复杂的采购流程，涉及多部门流转 • 中小企业由少数采购决策人决定
冲动消费	大量存在	很少
购买力	单个客户购买力非常有限	少数大客户占据主要采购
采购周期	快速消费品采购周期非常随意 耐用消费品采购周期基本固定	非常清晰的采购周期和时间点
营销内容	越简单易懂越奏效	包装越复杂越能卖出好价钱
产品理解	企业更了解产品	大企业：客户更了解产品 中小企业：企业更了解产品

通过以上对比得到的结论是，B2B 市场上的客户更加成熟理性，决策更加缓慢，采购涉及更多的决策人（不同部门审批），核心客户的重要性更大。相比 B2C 营销目标是在最短时间内建立客户对品牌和产品的认识，迅速引导客

户进行采购，B2B 营销讲究在一个较长的时间周期中建立与客户的持久关系，在客户关系的基础上进行销售，这更加符合客户关系管理的理念。

一 数据营销方面的区别

从数据营销角度来看，二者最大的差别是 B2C 的客户数据交易是非法的，企业要主动收集客户数据，只能通过吸引客户自愿加入 CRM 体系而留下联系信息，或者关注微信公众号等方式，通过第三方数据源获取客户的非敏感数字数据（如基于平台 ID 的行为数据，无法获知客户的真实姓名、联系方式、线下住址等）并利用营销接触工具，任何客户敏感数据能帮助企业识别个人的数据，如姓名、指纹或其他生物特征资料、电子邮件地址、住址、电话号码或社保号码等）的直接交易都是触犯法律底线的。而在 B2B 领域，数据的获取则有很多合法途径，如企业征信报告、第三方调研、工商局企业信用信息，甚至直接采集企业直接公布在官网上的联系信息等。

二 数据类型方面的区别

对于能利用的数据类型，B2C 只关注三个领域：联系方式、历史购买和客户行为。B2B 的范围则宽广得多，因为 B2B 市场变动受到宏观经济和政府方针的影响远大于 B2C，数据营销的主要职责包括从市场研究到营销执行的所有环节，所涉及的数据类型更加多样。

- 宏观经济数据：政府公布的经济数据。
- 政府报告及政策中的数据：帮助分析市场走向甚至落地到具体商机。
- 联系方式：B2B 关注的联系方式偏向传统，以电子邮件、手机号码、直邮地址为主，B2C 常用的数字营销手段在 B2B 中并不常见。
- 历史采购数据：包括购买自身产品的数据和购买竞品的数据。
- 属性数据：包括客户的行业、地域、企业性质等基本属性，以及成立年份、员工人数、PC 台数、年销售额、年利税额等规模属性。

- 商机数据：客户现有的采购需求。

三 数据来源方面的区别

在数据获取来源上，B2B 客户数据除了联系方式和商机的获取渠道相当多元化外，其他数据类型获取渠道单一，甚至某些数据类型是"乙方市场"，由数据提供方掌握议价权，有部分数据（如企业的利税额、出口总额等）都掌握在政府机构手上，已经属于经济情报的范畴，很难通过正规渠道获取。B2B 企业获取数据的渠道主要有以下几个。

- 内部获取：在 B2B 企业内部，无论销售人员，还是售后服务、市场部，都会在业务流转的时候掌握客户数据，往往 B2B 企业开展数据营销的第一步就是整合内部客户数据。那些掌握最多最真实客户数据的一线销售人员，一般会非常抵触将手中的真实客户名片上交给公司录入CRM 系统。这种数据获取是需要一定的技巧。例如，通过中秋节市场部统一给客户寄送月饼，收集客户的真实地址。
- 外部采购：市场上有合法的提供客户数据的供应商，企业可以直接进行客户数据的采购。
- 开放数据：在互联网上存在大量免费的 B2B 客户数据，通过爬虫工具可以简单获取（如招聘网站，本章会有案例介绍）。
- 交换数据： B2B 行业上下游、协会、媒体等经常进行联合营销，在营销活动中收集的客户信息往往会共享。

四 数据结构方面的区别

在数据结构上，相较于 B2C 关注的是更多数据的采集和连通，据以描绘更精准的客户画像和取得更多的客户沟通渠道，走的是"广"的路线，B2B 的数据则讲究客户数据的"深"度，以及对客户采购力和采购行为的充分描述，这种描述是层层递进的（见图 3-1）。

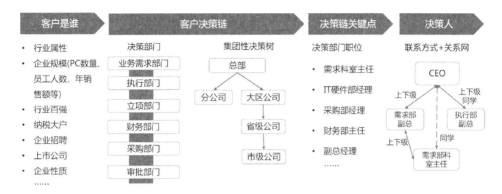

图 3-1　完整的 B2B 客户数据结构

- 客户是谁。从行业、地域、企业规模、企业性质等角度来判断客户属性，了解需要产品且有购买力的客户的具体名称。

- 客户决策链。虽然客户是一个经济实体，但在客户内部又有不同的职能部门，要了解这些不同部门在采购决策链中的作用，包括业务需求部门、执行部门、立项部门、采购部门、财务部门、审批部门等，同时要了解这些部门在采购中的痛点，才能有针对性地在客户内部投放不同的营销内容。而针对集团型大客户，采购决策链甚至不只涉及单个企业的内部部门，还涉及上下级企业间的决策分配，即分采（分散采购）和集采（集中采购）。例如，国内有些政府机构被称为"十二金"，以其中的"金税"为例。在采购 IT 类产品的时候，按照国税、地税、财税等纵向角度，总部—省级—市级的横向角度有不同的采购授权，授权尺度涉及产品和金额。要了解这种复杂的集团型采购决策链，在数据层面需要建立客户的决策树（见图 3-2）。

- 决策链关键点。在确定了决策部门后，接下来要知道部门中具体决策人的职位。例如，副总经理级别可以审批 100 万元以下的合同，总经理负责 100 万元以上的合同，当企业营销的产品价格少于 100 万元的时候，也许找级别稍低的副总经理会更有用。

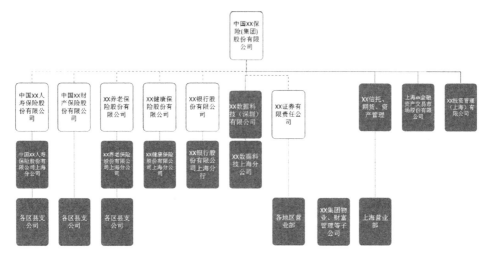

图 3-2　某集团的采购决策树

- 决策人。了解客户的最后一步，就是之前层层剥取的关键决策点对应人的联系方式，在企业内部，人员会经常变化，但岗位不会，数据营销要获取当前这个决策人的姓名、电话、邮件地址等信息，以便进行下一步营销。而对大型企业来说，直接向高级别的决策人发送电子邮件、短信的形式并不可取，市场部需要和销售部门进行配合，找到目标决策人的周边关系（如同学、同事、上下级等），找到能接触决策人的突破口，利用线下研讨会或展会等营销活动形式，邀请决策人参加，从而寻找商机。

五　数据应用方面的区别

在数据应用方面，B2C 主要关注营销执行和电子商务层面，即如何帮助企业进行更精准的营销及在短期内带来直接销售；而 B2B 则承担了市场研究—营销策略—商业智能—营销执行—电子商务的端到端职责。抛开前三个策略层面的应用，销售漏斗的模型是 B2B 数据营销在执行层面的核心关注点。如图 3-3 所示，B2C 的销售漏斗由于存在多接触渠道—多销售渠道的复杂关系，只能从宏观（整体运营）和微观（单个营销活动）层面来追踪客户的转化率，而在 B2B 的销售漏斗中，由于企业可以控制营销流程和销售流程，企业可以通过营销代码追踪客户的营销—销售全流程，给出更精准的营销效率。

- CRM 营销流程控制。在销活动开始前，需要单独申请营销代码，在这个营销活动使用 CRM 系统录的客户数据时，会在这些客户数据上标示这个营销代码的"接触"标签。当收集到客户的营销反馈后，需要在 CRM 系统中对反馈的客户标示这个营销代码的"反馈"标签，当这些反馈通过销售人员的二次沟通转化为商机后，就要在这条商机上标示这个营销代码的"商机"标签。

- CRM 销售流程控制包括。当一个目标客户被发掘后，销售人员或 CRM 操作人员需要在 CRM 系统中录入客户信息、商机信息，而在商机谈判过程中，销售人员只有拿着 CRM 系统中的商机代码才能申请折扣，当商机最后变为订单时，CRM 系统会自动更新订单状况。

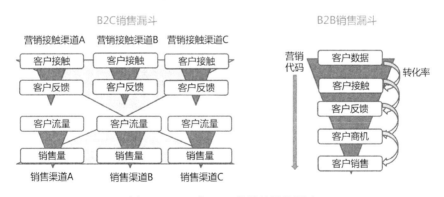

图 3-3 B2C 和 B2B 营销的销售漏斗

六　营销执行方面的区别

在营销执行层面，伴随着更多数据源的连通及客户行为数据的收集，B2C 企业掌握了更加精准的客户标签和更多的客户识别码，不断改善 360 度客户视图来实现更加丰富多样的个性化营销,特别是实时、地理位置、社交媒体等手段的结合会产生更多营销场景。但在 B2B 领域,这些 B2C 的新营销场景并不能发挥作用,究其原因是 B2B 企业面对的是一个个经济实体,确切地说是这些实体的具体部门中的具体岗位,在这些岗位上的人员会经常变化(特别是国内的中小企业,每年人员变化率超过 30%),企业花很大资源收集的人员的行为数据可能一夜间失去效用,再加上 B2B 客户的采购流程很长,实时、地理位置、社交媒体这些因素并不重要,因此, B2B 数据营销的主要接触方式还是以传统的电话营销、电子邮件、线上会议、直邮为主。

看完以上这些 B2B 与 B2C 的比较,你可能已经了解到 B2B 和 B2C 是两个不同的营销领域,数据营销的模式也有很大差别,接下来将介绍四个具体的应用场景让你有更深刻的理解。

第二节／商机挖掘：数据营销对一线销售的直接支撑

在营销执行层面,B2C 领域通过各种营销活动,把客户引导到销售平台(电商、线下实体店)基本就算完成任务,之后的销售环节需要销售部门完成,营销和销售的边界线是"客户流量"。在 B2B 领域,由于销售方式的不同,电商和实体店并非主流的销售方式,营销部门需要提供"有具体采购需求的客户数据"给销售部门,让销售部门主动联系客户进行销售工作,这就是"商机"的概念。因此,B2B 的营销和销售的边界线就是"商机"。

商机的数据展现形式是客户联系方式和采购需求,B2B 的采购过程非常漫长,销售人员如果在过早的阶段进入并不一定有效。例如,客户每年 12 月会进行一次采购,如果销售人员从一月就开始销售动作,也许到了采购时间点,那些与销售人员建立了良好关系的采购决策者早已经换了岗位。因此,营销部门对需求不明确、采购时间点过长的客户需要进行持续的二次营销,只有等需

求明确并进入采购流程后，才会把客户的数据作为商机交给销售部门。BANTC
是常用的判断客户采购需求的模型，如图 3-4 所示。

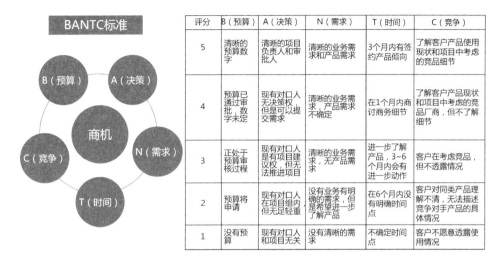

评分	B（预算）	A（决策）	N（需求）	T（时间）	C（竞争）
5	清晰的预算数字	清晰的项目负责人和审批人	清晰的业务需求和产品需求	3个月内有签约产品倾向	了解客户产品使用现状和项目中考虑的竞品细节
4	预算已通过审批，数字未定	现有对口人无决策权，但是可以提交需求	清晰的业务需求，产品需求不确定	在1个月内商讨商务细节	了解客户产品现状和项目中考虑的竞品厂商，但不了解细节
3	正处于预算审核过程	现有对口人是有项目建议权，但无法推进项目	清晰的业务需求，无产品需求	进一步了解产品，3~6个月内会有进一步动作	客户在考虑竞品，但不透露情况
2	预算将申请	现有对口人在项目组中但无足轻重	没有业务明确的需求，但是希望进一步了解产品	在6个月内没有明确时间点	客户对同类产品理解不清，无法描述竞争对手产品的具体情况
1	没有预算	现有对口人和项目无关	没有清晰的需求	不确定时间点	客户不愿意透露使用情况

图 3-4　BANTC 商机标准

- 预算：客户项目是否立项、预算的具体金额。
- 决策：当前掌握的客户联系人是否是项目关键决策部门的关键决策者。
- 需求：客户是否有清晰的业务目的，项目中的产品组成是否明确。
- 时间：商务谈判和采购的时间点是否明确，如招标时间、签约时间等。
- 竞争：客户对竞品的态度。

根据以上五个因素的不同状态形成单项 5 分、总分 25 分的评分标准，销
售人员在接受商机时会对总分、预算、时间这三项有强制性要求，一般要求总
分在 18 分以上，预算在一定金额以上（以 IT 行业为例，预算要超过 5000 美
元，预算过少的单子不值得销售人员花时间跟进），下单时间在 3~6 个月内（时
间过近的商机往往已经有确定的供应商，时间过远则在立项上仍有较大变数）。

在 B2B 大企业内部，由于销售团队的结构非常复杂，往往有大客户销售
（负责指定大客户）、区域销售（除去大客户后，剩余客户按照区域分配）、产

品销售（负责具体产品的销售）、渠道销售（负责代理商）、电话销售（负责一定金额以下的小商机）等分类，营销部门除了提供商机数据，还需要建立商机派发规则，在对商机数据进行清理后，按照数据的标签分配到不同销售团队中去。从某种角度来说，商机的分配环节比商机的挖掘更加重要。例如，企业对某大客户一直采取较高的价格策略，由于各种因素这个大客户的某个采购项目被企业营销部门挖掘（也许大客户销售人员已经知道了这个商机），并被分配给了错误的销售团队，在跟进过程中，客户也愿意看到企业不同销售团队的报价来进行对比，结果客户发现企业大客户销售部门的报价远高于其他销售部门，对企业的销售体系来说，这样的结果将是灾难性的。如图 3-5 所示是一个商机派发规则的样本。

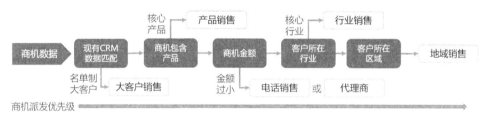

图 3-5　商机派发规则

商机数据除了能为销售部门提供销售支撑外，还能和企业的销售体系结合形成新的运营模式，如数据驱动的渠道模式，如图 3-6 所示，以某 B2B 企业为例，其原有的销售体系以代理商销售为主。

- 企业将产品销售给大代理商（分销商），这些大代理商会按照季度或年度需求，一次性从企业那里购买大量产品来确保低价。大代理商的优势是拥有强大的资金实力，并且往往在全国各地设有机构。

- 小代理商（直接面对客户的解决方案提供商）会根据客户的需求制定解决方案，当客户确定需求后，小代理商从大代理商处拿到产品（因为每次需求不大，无法直接从企业拿到低价产品）。小代理商的优势是客户关系，由于负责项目的实施和后期维护，因此对客户采购的产品品牌有一定话语权，但自身规模不会太大。

- 客户选择产品的场景比较复杂，有的客户会在项目中指定产品，但是更多客户会在项目中指定小代理商，因为小代理商往往会承担产品后期维护的职责。

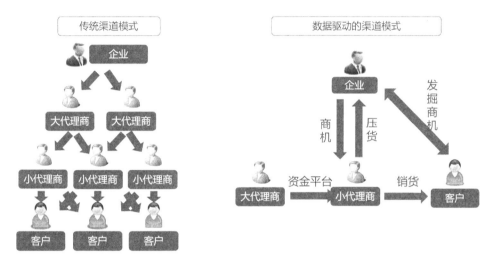

图 3-6 数据驱动的渠道模式和传统渠道模式的对比

树状的渠道架构是最常见的代理商渠道模式，在这个模式中，企业赚取的是产品的出厂价，直接和少数大代理商沟通。大代理商赚取的是产品的差价，付出的是压货所需要的资金和时间成本，需要同时面对企业和下游小代理商。小代理商赚取的是客户项目实施、项目后期维护和部分产品差价，面对的是客户和上游大代理商。这种模式的缺点如下。

- 最上游的企业对渠道的把控只有价格，大代理商拿的货越多，给出的价格越低。
- 企业与实际掌握客户的小代理商和客户没有直接接触，缺乏把控能力。
- 由于大代理商与客户没有直接接触，小代理商与大代理商之间也是多对多的关系，对市场真实需求不能完全掌握，存在重复压货的可能性

（同一个订单，多个大代理商同时压货），压货少了从企业那里拿不到最低的价格，压货多了又存在产品贬值的风险（特别是标准化的工业品，如手机、IT 设备等）。

- 小代理商受规模所限，除了少量关系型客户，自身没有业务开拓能力，并且同一个客户往往会面对多个小代理商，产生同行间的价格竞争。
- 大部分客户面对的是有一定关系，但规模有限的小代理商，有些小代理商为了压价会降低产品质量（如偷换产品中的高价配件），产品质量存在风险。

企业的营销部门在以上渠道架构中只能起到品牌推广的作用，让客户了解品牌和产品，以便在采购的时候有一定的品牌倾向。在不影响各方现有利益组成的情况下，怎样才能利用营销资源对传统模式进行优化，解决或弱化以上问题，达到多方共赢的结果呢？这里以 IT 行业某企业建立的数据驱动的渠道模式为例，看一下商机挖掘如何直接支撑一线销售及优化现有渠道模式。

该企业花了很多年通过代理商上报的方式收集客户数据，当大代理商卖掉一项产品，需要向企业提供销售产品的小代理商信息、购买产品的最终客户信息（企业名称、联系电话、行业、地址、关键决策人等），为此企业拿出一定订单金额比例的渠道返点来奖励大代理商。但是，站在大代理商角度，并不愿意提供真实数据给企业，同时由于其自己不一定参与最终销售，对购买产品的最终客户也只能通过小代理商上报，因此数据的真实性存在很大疑问。在经过数年运营后，该企业一共收集了两万条客户数据，大部分被标注了"中国电信"、"中国银行"等知名客户名称，并且绝大部分客户的联系方式都不可用。通过外部调研，企业发现市场上使用自己产品的客户数量在 20 万左右，即便数据库中的客户名称都是真实的，也只占所有客户数量的 10%。

为了改变现状，企业首先改变了客户数据收集的方式，直接接触客户进行商机挖掘，在原有的价格筹码之外形成了"商机"这个新的渠道筹码，以商机数据来驱动渠道运营，整个数据驱动的渠道模式的理念如下。

- 企业大量购买客户数据进行营销，跳过代理商直接面对客户进行商机挖掘。

- 企业收集小代理商的数据进行直接商务沟通，和小代理商形成压货换商机的模式，即基于小代理商现有项目的压货金额（一般 B2B 领域客户会要求代理商对项目中涉及的产品垫付资金，等项目结束后统一支付项目全款），按一定比率给予商机数据（如小代理商现有 10 万元的单子进入最终商务谈判，小代理商选择了企业的产品进行提前压货，企业给予价值 30 万元的额外商机）。

- 小代理商压货后，需要完成客户项目等待客户支付全款，同时从企业那里得到新客户的商机，形成"压货—销货—新商机—再压货—再销售—新商机"的良性循环。

- 大代理商可以从企业处核实商机情况，完全扮演项目资金平台的角色，由于对项目的真实性有一定了解，避免了重复压货的风险。

- 对客户来说，因为与企业直接沟通递交了需求，企业会指定认证的小供应商进行跟进，从而使其购买的产品的质量有一定的保障。

按照以上模式，企业因为接触了小代理商和客户，对渠道更有控制力，在小代理商向客户建议品牌的时候，由于存在压货换商机的模式，增强了小代理商对企业的支撑。对大代理商来说，由于有了商机数据支撑，提供资金进行压货的时候降低了风险。在这个过程中，对小代理商来说，原有的销售模式没有变化，但是通过承诺产品品牌，从企业那里得到了新客户商机数据，获得了新客户的拓展能力。对客户来说，由企业认证的代理商跟进，一定程度上保证了产品质量。这是一个多方共赢的合作模式，整个模式的运作核心就是"商机数据"，如图 3-7 所示是这个模式的执行流程。

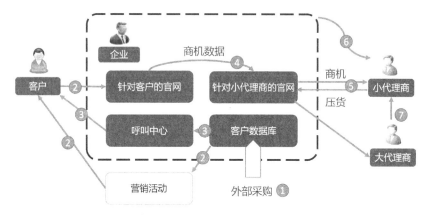

图 3-7   数据驱动的渠道模式运行流程

① 首先企业从第三方采购获取客户数据和小代理商数据,建立客户数据库。

② 利用客户数据针对客户进行营销活动,吸引客户关注官网(针对客户的界面),客户如果有采购需求,可以在官网上留下商机信息,由呼叫中心电话确认产生商机,但是商机量不会太大,只占总体的 10% 左右。

③ 呼叫中心从客户数据库中抽取客户数据进行外呼,挖掘客户的采购需求,每个电话访问员每天能拨打大概 50 通电话,产出 1~2 个商机,通过外呼获取的商机量占总体商机量的 90% 以上,是整个项目运转的核心关键点。

④ 将不同渠道获取的商机统一汇集到官网上(针对小代理商的界面),在官网后台数据库中可以设置不同的细分市场,让小代理商看到商机的优先级。例如,在某城市有三个小代理商,按照压货多少排序浏览商机顺序。

⑤ 小代理商根据压货的金额换取官网上的积分,根据企业设置的优先级看到屏蔽了联系方式的商机数据,在确定了商机的金额、行业等属于目标拓展领域后,小代理商可以用积分来换取商机数据的全部信息。如果不接受,系统会自动传递给下一个顺序小代理商。

⑥ 企业会在小代理商接受商机后一周内与客户联系,了解小代理商是否

有效跟进，如果跟进不力，企业会把此条商机再传递给下一个顺序小代理商。

⑦ 大代理商也有系统权限看到各个被小代理商接受的商机，判断是否需要提供资金。

在这个模式开始运转后，依靠 10 万条客户数据、5000 条小代理商数据、100 个电话访问员，该企业平均每季度为一线销售贡献 5000～10000 条商机，直接驱动了超过 5000 万元的销售，帮助企业在很长一段时间内保持了市场领先地位。

第三节 / 开放数据：免费而有效的数据营销模式

有很多 B2B 产品的目标客户来自特殊的细分行业。例如，生产深海捕捞专用渔网的企业，需要找到正在进行深海捕捞的企业；生产化工原料的企业，需要找到使用这种原料加工为成品的客户等。这些特殊细分行业的客户也许全球也不过百个，对这些客户的认识往往来自资深的行业专业人士的经验和口口相传。利用传统的数据营销方式（如直接找数据供应商购买）很难直接获取这些企业的客户数据，而利用爬虫工具和开放数据可以帮助企业找到目标客户的名单。爬虫技术并非难事，前文也有介绍，稍有代码能力就可以在统计工具中写出爬虫程序，如果连基本技术都没有，则可以直接购买专业爬虫工具，进行简单的配置就可以使用，软件价格也是相当低廉。寻找免费数据来源的思路如下。

- 特定细分市场中的客户是否有牌照或认证？
- 特定细分市场中的客户是否可以通过可靠的信息网站获取？
- 是否有付费的专业信息提供网站。
- 充分利用搜索引擎。
- 在招聘网站碰碰运气。

按照以上思路，你会发现在 B2B 领域，只要有一双善于发现的眼睛和一定的专业知识，是很容易找到这样好的免费数据源的，在这里举几个例子。

某运营商销售国际电路产品（点对点的国内到国外的宽带线路，有很好的网速和信息保密性），需要知道哪些中国企业在海外有分支机构。考虑到能在海外经营分支机构的国内企业规模必然很大，并且会和海外公司有生意来往，所以该运营商收集了“中国民企 500 强”、“中央国资委下属企业”、“外贸企业 500 强”等多个名单后，得到了将近 1000 个客户名单，但由于其思路逻辑更偏向于“曲线救国”的方式，这 1000 家规模大或与海外有贸易的中国企业最多只能说有很大的概率在海外设有分支机构，仍然需要营销和销售人员进行下一步的核实跟进。

在变换思路后，该运营商通过搜索引擎查寻在海外开设分支机构是否需要国家牌照或者认证，很幸运，它在商务部官网的某个三四级页面中找到了如图 3-8 所示的名单——境外投资企业名录，其中有详细的国内企业名称、国外机构名称、国外机构所在国家、审核年份、经营范围、证书号等字段，涉及数千个企业。对这个运营商来说，这份名录已经是相当精准的客户名单了。等该运营商通过网络查询、外部供应商购买等方式补齐联系信息之后，这个客户名单就能直接在营销中发挥作用了。

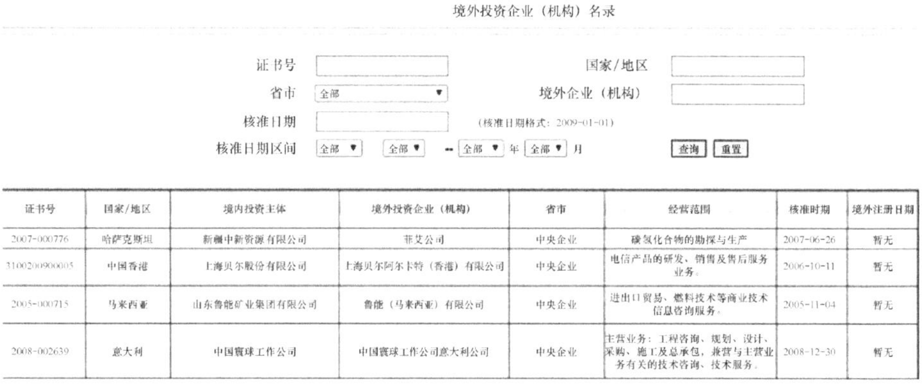
境外投资企业（机构）名录

证书号　　国家/地区

省市　全部　　境外企业（机构）

核准日期　　（核准日期格式：2009-01-01）

核准日期区间　全部　全部　--　全部　年　全部　月　查询　重置

证书号	国家/地区	境内投资主体	境外投资企业（机构）	省市	经营范围	核准时期	境外注册日期
2007-000776	哈萨克斯坦	新疆中新资源有限公司	菲艾公司	中央企业	碳氢化合物的勘探与生产	2007-06-26	暂无
3100200900005	中国香港	上海贝尔股份有限公司	上海贝尔阿尔卡特（香港）有限公司	中央企业	电信产品的研发、销售及售后服务业务。	2006-10-11	暂无
2005-000715	马来西亚	山东鲁能矿业集团有限公司	鲁能（马来西亚）有限公司	中央企业	进出口贸易、燃料技术等商业技术信息咨询服务。	2005-11-04	暂无
2008-002639	意大利	中国寰球工作公司	中国寰球工作公司意大利公司	中央企业	主营业务：工程咨询、规划、设计、采购、施工及总承包，兼营与主营业务有关的技术咨询、技术服务。	2008-12-30	暂无

图 3-8　境外投资企业名录

　　某 IT 设施供应商希望找到全国在建的数据中心名单，由于数据中心投资巨大，无论政府投资还是大型企业投资，都会有相关新闻见诸于媒体，如果只是直接从新闻中摘抄相关信息，无法保证数据的持续性并缺乏联系方式。该供应商通过搜索引擎查询"工程信息"后发现许多专业平台提供此类信息（见图 3-9），收费每年不过数千元，提供的数据包括从大型商业地产到商务楼外墙粉刷各个层级的各类建筑项目。这些平台从政府机构获取建筑信息后，通过外呼等方式补上了项目进程和联系人方式等信息，从单条数据来看成本很高，但是因为使用者众多，摊薄了成本，所以才能以廉价的方式提供设计方、监理方、施工方等各个建筑项目角度的联系人、联系方式、项目进展情况等各方面信息。对该 IT 设施供应商来说，每年几千元的投入就能得到持续更新的信息。

图 3-9　建筑工程信息

　　某 IT 硬件厂商想获取最近有 IT 采购需求的中小企业名单。在中国，有将近 1000 万个注册中小企业，有的已经倒闭但未注销，在网上仍能找到联系电话。有的劳动密集型或规模过小的中小企业并不需要 IT 设备，也没有采购能力。此外，中小企业的 IT 设备使用周期为 4～5 年，而一旦决定采购了，整个购买流程不过几周时间。综合以上因素，要在庞大的中小企业群中找到恰好正在进行 IT 采购的目标客户进行营销是一件非常困难的事情。

　　如果回到原点考虑客户购买 IT 设备的原因，大概有这么几个场景：新开业企业？正在扩张的企业、原有设备老化需要更新的企业。如果只考虑前两种场景，会发现新开业和扩张的企业都需要大量招聘，因此使用爬虫工具对招聘网站进行数据获取就是一个很好的思路。

　　如图 3-10 所示是一条标准的招聘信息样本，其中包含了招聘企业名称、所在城市、所在行业、企业规模（员工人数）、招聘岗位和职位描述等信息，通过整理这些信息，IT 硬件厂商可能获取的字段包括招聘企业名称、招聘人数、是否招聘 IT 专业人才（如 IT 硬件工程师、数据库管理员等）和所在行业，最后整合这些数据后就可以组建一个模型来预测客户的购买潜力。模型的运行方式是对招聘人数（人招得越多，说明采购需求可能性越大）、所在行业（同样的招聘人数，网络游戏、电商等技术密集型企业的 IT 需求远大于劳动密集型企业）和是否招聘 IT 人士三个维度给予不同权重，最终得到一个购买力的打分。厂商将这个模式挖掘的分数高的企业数据挑出，通过外呼等方式进行重点营销，能收获不错的效果。

X86软件测试工程师 上海-

上海　　　科技有限公司 ⊙

民营公司 | 150~500人 | 电子技术/半导体/集成电路

💼 2年经验　　　🎓 大专　　　👤 招聘1人　　　⏱ 09-01发布

🕐 计算机科学与技术 软件工程

职位描述：

1.根据产品的硬件规格以及客户的需求制定测试方案；

2.负责项目的测试环境搭建,构建有效的功能测试、准确性测试和压力测试的环境；

3.对产品进行必要的功能、性能、兼容性及压力的测试工作。

图 3-10　招聘信息

该 IT 硬件厂商以某项目的实操为例，每天在几大主流招聘网站上发布的招聘信息为 200 万～300 万条，通过爬虫技术采集，去重后获取了将近 20 万条企业信息（同一个企业可能同时发布多条招聘信息），再通过数据清理去除部分问题数据（如某些企业可能不会使用招聘工具，发布了大量重复的招聘信息，从数据上看一个几十人的小企业同时发布了上千条同样的招聘信息，明显是操作问题；又如同一个企业在多个招聘网站上发布同一个职位的招聘信息），最终可以每天获取 18 万条正在招聘的企业信息。通过与 CRM 系统中客户的历史购买记录对比，该厂商发现，当一个企业的招聘人数超过 5 人的时候，在当季度有 60%的可能性进行 IT 采购，这是一个非常强烈的关联。于是，该厂商从 18 万条企业数据中筛选了招聘人数超过 5 人的企业，一共一万条左右，最后去掉类似富士康这种常年招人的劳动密集型企业，最终留存了 7000～8000 条客户信息。将这些客户数据交给外呼团队进行商机挖掘后，能将原来的成功比率从 1.5%上升到 5%左右（考虑到电话未接通、客户已经指定品牌等各种因素）。这个简单的数据采集和处理能将呼叫中心挖掘商机的效率提升 300%以上，如果按照呼叫中心有 20 个访问员，每天每人的成本为 500 元计算，这个数据项目为企业每季度节省了上百万元的成本。

第四节　客户细分策略：B2B 营销资源整合的出发点

在 B2B 领域，大客户在企业总体收入中的占比是远大于 B2C 的，如果说 B2C 领域出现的是二八现象（20%的客户贡献 80%的收入），那在 B2B 领域往往是 1%的客户贡献 80%的收入。企业为了更好地进行大客户维系和挖掘，需要有清晰的客户细分策略来进行资源配置，从客户数据的角度识别这些现存和潜在的大客户后，整合不同的销售和营销资源进行覆盖，以及设置对应的销售指标。换句话说，客户细分是一切资源整合的出发点。

一　销售资源

当 B2B 企业规模还很小的时候，老板加上少数几个销售人员就足够服务好几十个客户了，当企业不断发展规模，开始需要发掘新客户的时候，就需要招募素质要求相对不高的电话销售人员。当企业在多个城市开设分公司的时候，就需要招募地域销售人员。随着产品线变长，当一个销售人员不再具备所有产品的销售技能时，就需要招募产品销售人员。当产品线长到覆盖多个行业的时候，就需要行业销售人员……这是 B2B 企业在扩张过程中销售资源的必然拓展和分类过程，一个足够大的 B2B 企业销售资源分类包括以下几个。

- 大客户销售：专门负责名单制的大客户，包括现有的和潜在客户。
- 策反销售：负责名单制竞争对手核心客户的策反销售。
- 地域销售：负责名单制客户之外的客户，按照地域来分割，往往分布于各地分公司中。
- 行业销售：负责名单制客户之外的客户，按照行业来分割，往往还兼备行业合作伙伴的协同销售工作。
- 产品销售：负责名单制客户之外的客户，按照产品来分割，往往还兼备产品代理商管理工作。
- 电话销售：负责名单制客户之外的客户，通过电话方式进行销售。
- 渠道销售：当企业的销售方式以渠道模式为主时，会设立渠道销售人员，负责代理商的销售和管理工作。
- 咨询销售：在某些行业，咨询销售人员由行业资深咨询顾问组成，在向客户提供咨询服务的时候，同时背负销售职能。

以上列举的销售类型中，除了大客户销售和策反销售专门负责名单制客户外，其他的销售类型职能会有重叠，区别只是销售的切入口（产品、地域、代理商、业务咨询等），目标客户都是名单制客户之外的中小型客户，在实际销售过程中，企业会根据商机的特征配置最优化的销售力量。

二 营销资源

相比 B2C 丰富多彩的营销方式，B2B 的营销方式和 10 年前并没有太大差别，原因是 B2B 的客户采购周期长，采购模式复杂，在 B2C 营销中日新月异的实时、社交、地理位置营销等在 B2B 的销售过程中并不起很大作用。B2B 的主流营销方式包括以下几种。

- 线下会议：最昂贵的营销方式，包括研讨会、产品推荐会、专家分享、论坛等各种形式，把客户请到一个会议场所集中进行营销达到销售目的，从成本看平均每个到会客户的成本在千元级别。

- 线上会议：与线下会议的营销方式类似，只是场所从线下改为线上的会议系统，通过电子邮件、短信等方式吸引客户来到在线会议网站，注册后进行专家分享、产品推荐等营销。相比线下会议，线上会议的优点是所有线上的营销过程都可以被记录从而长期反复利用，缺点是参会客户的质量难以控制。

- 电话营销：这是 B2B 营销最常用的方式，通过电话和固定的话术与客户进行沟通，发掘客户需求（详见前文的商机挖掘）。

- 短信、电子邮件、直邮：这几种方式都是非常传统的数据营销方式，在获取客户信息并得到客户允许后，对客户进行点对点的营销，这个营销过程是缓慢的（受限于营销内容的制作，大部分企业只能做到以月为单位进行营销）。在营销自动化工具出现后，实现了内容管理和个性化营销两点，客户可以得到更加精准的营销内容和更及时的后期销售跟进。

- APP、微信公众号等：不同于 B2C，B2B 领域很少有企业做用户忠诚度平台，因此，在移动端 B2C 企业用得风生水起的模式，在 B2B 领域只是做简单的产品介绍，线上线下会议导流通道的作用。

- 联合营销：通过已经掌握客户资源的协会、媒体等，或者产品上下游的其他企业合作，联合对客户进行营销。

以上介绍的营销方式并不是孤立执行的，在实际操作中企业会将不同的营销方式进行整合，形成整合营销的形式。例如，先向客户发送电子邮件，通过邮件中的代码追踪客户的行为，对于花费一定时间浏览邮件，并且点击了邮件中的链接来到官网落地页进行访问的客户，通过电话的形式进行更加直接的沟通，达到商机挖掘的效果。

三 数据清理

在明确销售和营销资源后，以及在客户细分之前，应先对客户数据进行成体系的清理工作。"谁是大客户"看上去是一个简单的话题，但哪怕是一个小小的收入口径问题，都会对客户细分造成很大的偏差。

1. 代理商的识别

代理商本身是不使用产品的，只是通过"低买高卖"获取利润，真正的产品使用者（客户）另有其人。在企业的 CRM 系统中往往会通过标识来判别在企业渠道部门登记的认证代理商名单，但是在实际操作中存在大量场景——有些客户数据没有被标识代理商，但实际扮演了代理商的作用。例如，要成为企业认证的代理商，需要有一定的资金要求并承诺销量，某些代理商不愿意与企业签订正式的代理商协议，而是按照一单一议的价格和客户的身份从企业处采购，如果采购量大，其拿到的价格不一定高于作为代理商拿到的渠道价。企业的数据营销人员面对这些客户名称往往没有业务判断能力进行识别，因此需要把名单提交销售团队进行核实，把代理商剔出客户细分。

2. 收入口径的核实

B2B 的销售收款模式比 B2C"一手交钱一手交货"的方式复杂得多，有预付款（可能一次性提前交很多年的费用）、后付款（先使用产品，后支付费用）、应付实付款（合同收入和实际支付费用），甚至更复杂的财务模式（如约定几年折旧费用、企业提供资金平台进行借贷等），在"收入"这个简单维度的背后藏着不同的财务模式，数据营销人员需要有足够的业务知识统一建立一套标准才能操作。

3. 客户去重

B2B 企业的管理层也许能随口说出自己的大客户是谁，却很难说出这些大客户具体贡献的金额。企业的销售体系越复杂，这个场景出现的可能性越大，究其原因是大客户能贡献的收入很多，在企业内部不同销售部门都希望从里面分一杯羹，虽然这些大客户属于名单制客户，理论上地域销售、行业销售等部门是不被允许接触这些大客户的，但是在实际操作中，大客户自身复杂的采购模式及各地的分支机构，都给企业各个销售团队存留了操作空间。仅以中国银行这个客户为例，在企业内部可能存在"中国银行"、"中国银行股份有限公司"、"中国银行北京分行"、"中国银行采购中心"、"Bank of China"等各种写法，就算 CRM 系统中设定了完善的客户去重规则，也无法正确判断这些客户是否是同一个。

客户去重是基于 30% 的程序识别和 70% 的人力识别完成的，是客户细分操作中最耗费资源的前期数据操作。

4．客户树搭建

集团型的客户有着复杂的采购模式（集中采购和分开采购），特别在银行、政府、医疗、教育等领域，为了统一管理和防止腐败等原因，同一集团不同产品的采购会由不同集团层面完成。例如，在 IT 产品采购中，可能大数据、云计算这种大型方案的采购权在集团总部，服务器存储这类企业级产品的采购权在大区经理层级，电脑、打印机等小产品的采购权在省级公司层级。如果单从收入数据来看，集团型客户的收入都集中在上层结构，大量中小层的机构在 CRM 系统中看不到任何收入，但在实际营销过程中，这些中下层的机构也许是需求发起方，在采购过程中起到重要作用，需要重点覆盖。出于以上背景，企业需要在客户数据中标示"上级公司"和"总公司"来搭建集团型客户的总体结构，目的是从收入数据角度看清楚客户的集中采购和分开采购现象，在客户细分的时候把一些看上去名字很大（如××银行××省分行）但没有实际采购权的客户数据剔出细分名单，另外可以融入一些看似不重要但有实际采购能力的机构，从而了解集团型客户贡献的真实整体收入。需要强调的是，客户树的搭建是除客户去重之外另一个需要耗费大量资源做数据清理的科目，需要投入大量人力查询外部资料后再在 CRM 系统中进行人工操作。

四 客户细分

在做完以上清理工作，有了数据基础后，就可以开始客户细分了。不过在讨论客户细分的方法论前，需要搞清楚"客户筛选"和"客户筛选"的区别。"客户细分"是一个严肃的客户分类，一旦确定方法论和客户名单，会作为企业策略的核心沿用很长时间；而"客户指向"只是针对少数几次营销活动进行客户分类，基于营销活动的内容筛选目标客户群，是短暂而多变的。

客户细分的逻辑对现有客户（已经购买产品，在 CRM 系统中留下历史收入数据）和潜在客户（尚未购买产品，但通过各种渠道已经获取客户数据）的方式有所不同。

1. 现有客户

以历史收入数量作为主要衡量指标，可以将现有客户大致分为三层：名单制客户，在一定时间长度，一般是 1 年内，贡献 80%以上收入的客户）、存量客户（剩余购买金额较小的客户）和流失客户（在一定时间长度之外有过购买记录，但最近没有购买的客户）。

2. 潜在客户

潜在客户以客户购买潜力为主要衡量指标，购买潜力来自多个维度的综合评估，包括细分行业（如图 3-11 所示的教育行业分类，其中省级教育局、高等教育、中科院和私立的大型连锁教育机构的购买力和采购决策权强于其他所有机构）、名单制（每年各个协会、政府公布的××强名单）、企业规模（员工人数、纳税额等）、其余标签（如上市企业、已拿到风投的创业企业、互联网金融牌照企业等）。细分结果大致分为两层：名单制客户（未购买过产品，但有强大的购买力，需要销售人员专门负责）和潜能客户（无法判断购买力或购买力弱的客户）。

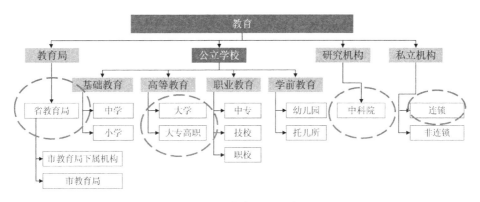

图 3-11　教育行业分类

五　资源整合

在客户细分后，总体的资源整合如表 3-2 所示，总体来说，越重要的客户，销售人员和客户的配比越高，需要营销支撑的力度越小，线下会议往往能帮助大客户销售请到一些平时无法见到的客户关键决策人。对于数量庞大的其余细分客户，营销起的作用很关键，能帮助销售人员完成客户的前期筛选，达到商机挖掘的目的。对于没有购买过东西并且数量最为庞大的潜能客户，通过多种营销方式的组合，在经过短信、电邮、线上会议等廉价营销方式覆盖筛选后，最终通过电话营销收尾，不断为一线销售提供能源。

表 3-2　客户细分后的营销和销售资源整合

客户细分	现有客户	潜在客户	销售资源	主要营销方式					
				线下会议	电话营销	线上会议	短信、电子邮件、直邮	APP、微信公众号	联合营销
名单制客户	√	√	大客户销售	★		△	△		
存量客户	√		行业、地域、产品等销售	△	△	★	★	△	
流失客户	√		策反销售	★	△	△	△	△	△
潜能客户		√	电话销售（一定金额以下）行业、地域、产品等销售（一定金额以上）	△	★	△	△	△	★

★：主要营销方式　△:次要营销方式

第五节 / 角色营销：中小企业领域的 B2B2C 模式

不同于大型客户的采购流程涉及众多决策点和漫长的采购周期，中小企业的采购往往由一两个关键人在短期内就可以拍板，因此营销面对的主体不再是具体的企业，而是一个个决策人。例如，在 IT 行业，一个百人规模的中小企业要采购电脑设备，企业的 IT 负责人（往往全公司只有一个人懂 IT 知识，同时兼任网管、服务器维护工程师、软件安装等多种职能）提交需求后，由不具备 IT 知识的财务和老板审批，由于缺乏专业知识，财务和老板很难对产品的品牌和型号提出意见，最多只能在电商网站上查询一下价格是否有偏差，一般总体费用在可接受范围内就会同意，因此在整个流程中 IT 负责人有最大话语权，由此便产生了以 B2C 模式进行 B2B 营销的场景，这就是 B2B2C 的概念。

按照前文描述的 B2B 数据营销模式，企业对客户数据的收集要完成企业→部门→决策人三层，先判断客户是否有需求、有能力购买产品，再判断客户内部采购决策流程所涉及的部门，最后判断每个部门关键岗位的决策人。如果考虑到中国中小企业每年员工流动率超过 30%，并且一个岗位的负责人到了其他企业基本也会做同样的事情这两个大前提，B2B2C 的精髓就是跳过所有中间步骤，只收集决策人数据而忽略这些决策人所在的企业平台。仍然以 IT 行业为例，如果某企业掌握了 100 万个中小企业 IT 负责人的信息，无论如何变换工作，这些人都仍然代表 100 万个企业的 IT 采购需求。

B2B2C 模式的核心是使用用户忠诚度平台（前文有介绍，如微信公众号）建立与采购决策人的关联，通过积分的方式给予决策人回馈，通过延长售后服务等方式给予采购企业回馈。

- 当客户进行采购后，引导客户在用户忠诚度平台上注册，并输入产品序列号和决策人联系方式。

- 通过以上注册建立了产品—采购企业—采购决策人三者之间的关系，注册的会员隶属于决策人而非采购企业，这意味着同一个决策人可以录入多个企业的采购产品。
- 通过连通用户忠诚度平台和售后系统，所有录入系统的产品可以享受延长售后服务，以此作为对采购企业的回馈。
- 通过录入系统的产品类型和金额，给予决策人一定的积分，决策人可以利用这些积分兑换企业或个人的奖励，作为对采购人的回馈，积分不会随着决策人变换工作而作废。
- 用户忠诚度平台会对注册会员进行持续营销，吸引决策人的持续购买。

第四章

数据驱动的业务模式重构

第一节 / 业务模式重构的方法论

除了营销，客户数据对企业最高层面的贡献是驱动业务模式的重构，当企业遇到业务层面的难题需要进行优化或变革的时候，制定定性目标和相关策略相对来说是容易的（找咨询公司通过短期调研就可以写出一份数百页的规划），但是涉及实现路线时，必然无法离开定量数据的支撑，在不同行业的业务模式重构中，客户数据可以发挥各种各样的作用，需要有同时掌握数据和业务两个不同领域知识的数据营销人才能设计数据驱动的最佳模式。不同于营销可以进行大量试错和基于失败经验的后期优化，企业的业务模式重构是一个严肃、持续向前而无法回头的过程，在数据选择、口径制定、具体应用等层面都需要大量的前期思考和行业经验的借鉴。笔者整理的业务模式重构的大致方法如下。

- 了解业务模式重构的业务层面的现状和目的：包括背景、阶段目标、涉及部门、责任体系等，虽然这个过程不会花费太多时间，却是所有过程中最重要的一个环节，很多项目的失败都是因为过于强调数据本身而脱离了业务需求。

- 成功案例探索：很少能找到在业务和数据领域同时有十年以上经验的人员，企业在业务模式重构的过程中遇到的困难往往都超出想象。对操盘手来说，每时每刻都有大量未知的陷阱，在项目开始前需要了解国内外同行的一些成功案例，与案例当事人进行沟通后，对项目中需要的资源（数据、人员、工具、时间）及可能碰到的困难有前期的预判。

- 可用数据源探索：没有企业有资源能为业务层面提供所需要的所有字段，并且保证数据的完整性和准确性，数据营销人员需要为业务模式重构所需数据找到落地的数据源和字段，建立数据维护、集中、清理的流程。这个过程需要数据营销人员对企业内外部的可用数据有清晰的了解和认识，数据源需要具备准确性、与业务需求的贴切性、可持续的自更新性，并且确保数据采集的成本可控。

- 应用数据体系的建立：在收集大量可用数据后，还需要一个化繁为简的过程，建立最终的应用数据体系，这个过程包括统一数据口径（如关于"收入"的定义，不同行业的回款模式会造成"收入"数据的天差地别），以及建立交叉口径字段来弥补数据本身的偏差。例如，"商机金额"字段，由于销售人员会被该数据考核，且在系统中进行数据造假非常简单，从而造成很多企业内部报表中的商机金额往往是实际销售额的数十倍。如果对每个销售人员的"历史赢单率"进行统计，将现有"商机金额"乘以"历史赢单率"，就会得到一个相对准确的未来销售预测值，造假越多的销售人员越无法提升自己的这个交叉口径统计的销售预测值。

- 报表体系的建立：由于数据源往往掌握在不同部门手中，会有很多数据操作人员进行数据操作，为了保证底层数据的真实性和持续性，需要定期对应用数据进行拍照留存，以及建立统一口径的可视化报表体系，能让涉及项目的所有部门看到相同口径的数据报告。

- 小范围的测试：建立数据体系只是项目的第一步，在业务层面的初步尝试需要选定相对可控的测试区域，并且保证业务的复杂度能发现实际操作中可能出现的问题，经过一段时间的测试后对数据体系进行优化。

- 项目的正式推广：最终数据驱动的模式需要在全局推广，应用到更庞大、更复杂的业务体系中，在这个过程中需要和相关部门建立定期沟通机制，对发现的问题进行优化，特别是对在初期建立的交叉口径字段进行更新，因为商业模式的重构往往会涉及业务层面的考核，这些字段的可用性和准确性会随着时间的推移而降低，需要不停探索更加复杂和交叉维度的应用字段。

在中国有 34 个省级行政区域、300 多个地级市和超过 2000 个县级市、区、县，不同于西方相对成熟的城市体系，中国城市的变化日新月异。如表 4-1 所示是四个维度的城市消费能力评估，除了北京、上海、广州、深圳四个一线城市，我们很惊讶地看到昆明、三亚、鄂尔多斯、克拉玛依这些三四线城市的名字也名列前茅，这些城市虽然整体经济体量不大，但在 B2C 和 B2B 领域都有着不弱于一线城市的消费能力。

表 4-1　各维度城市购买力排名

人均 GDP			GDP			房价			人均汽车保有量		
排名	城市	2015 年人均 GDP（美元）	排名	城市	2015 年 GDP（亿元）	排名	城市	元/平方米	排名	城市	人车比
1	鄂尔多斯	33344	1	上海	25300	1	深圳	47446	1	北京	2.8
2	克拉玛依市	27600	2	北京	23000	2	北京	45300	2	杭州	3.8
3	东营	26393	3	广州	18100	3	上海	41865	3	昆明	3.9
4	深圳	26071	4	深圳	17500	4	厦门	31363	4	郑州	4.1
5	广州	22217	5	天津	17200	5	南京	21320	5	苏州	4.5
6	苏州	21987	6	重庆	16100	6	广州	20963	6	深圳	4.5
7	包头	21692	7	苏州	14400	7	杭州	19089	7	成都	4.6
8	阿拉善盟	21499	8	武汉	11000	8	珠海	18382	8	青岛	4.8
9	无锡	21040	9	成都	10800	9	三亚	18017	9	济南	4.9
10	珠海	20141	10	杭州	10100	10	天津	18007	10	大连	5.0

在过去经济形式良好且市场还不够成熟的时期，各大企业只需要深耕十几个一二线城市就可以获得不错的收益，但是随着大城市（一二线城市）的竞争趋向红海，以及中小城市（三至六线）市场的成熟（消费能力大幅提升，人们不再愿意通过旅游方式到一线城市来消费，对品牌和产品有更好的了解，对价格的识识更加清晰），很多企业都在思考以下几个问题。

● 中国的三线至六线城市是否有机会？

- 对于中小城市，国家政策导向如何？
- 每个中小城市的机会点在哪里？
- 竞争对手在中小城市做了些什么？
- 如果中小城市有机会，需要走多深？
- 如何进行城市细分，把目标城市划分成不同优先级？
- 面对具体的某个城市，如何切入？

要回答这一连串互相关联的业务层面问题，需要将数据营销中的"市场研究"、"营销策略"、"商业智能"和"营销执行"四个职能连通，形成自上而下的统一逻辑进行分析回答。

一 市场研究

1. 市场研究之经营分析

所有策略制定的出发点都是对现有经营情况进行分析、了解现有收入、客户数量、销售和营销资源配置、代理商分布等数据，从而对小城市业务的贡献有一个定量的了解。这种看似简单的业务分析对很多大企业来说却是很难的事情，因为在实际业务操作过程中，会出现城市代码不标准（如原有 CRM 系统中对"城市"字段没有统一的标准，并且有大量缺失）、渠道串货造成的数据失真（如企业在某省的所有销售只出现在省会城市，只能说明某大代理商进行了一次性的压货）等干扰因素，要完全做到经营分析的 100% 精准，在大企业内部是不现实的，需要结合现有数据、内部人员调研、外部调研等多种形式，才能得到一个相对准确的比率。在预算有限的情况下，清理"城市"字段是简单有效的方式。

2. 市场研究之政策分析

在了解了自身的经营情况后，下一步就是了解国家政策导向，可以依赖的公开文献包括每五年制定一次的经济和社会发展规划（如 2016 年公布的"十三五"规划）、每年各地政府发布的总结和规划文件。如表 4-2 所示是在"十

表 4-2　"十二五"规划重点行业

		东部地区								北部地区								南部地区				西部地区									
		安徽	湖北	江苏	江西	上海	浙江	北京	河北	河南	黑龙江	吉林	辽宁	内蒙古	山东	山西	天津	福建	广东	广西	海南	甘肃	贵州	宁夏	青海	陕西	四川	西藏	新疆	云南	重庆
传统优势产业	石油化工	•	•	•	•	•		•	•	•	•		•					•	•							•	•		•		•
	钢铁冶金	•	•					•					•																•		
	能源矿产																•											•	•	•	•
	汽车		•					•					•														•				•
	航空航天																									•		•	•		
装备制造		•	•			•		•					•		•		•		•							•	•				•
电子家电		•																	•												
纺织轻工			•	•	•			•	•	•																	•		•		
建材		•	•						•			•															•		•		
船舶制造			•									•	•																		
生物医药													•									•	•	•	•						•
食品		•	•					•		•	•	•			•	•			•	•		•			•		•		•	•	
农林渔牧		•	•	•																								•	•		
战略新兴产业		电子信息、节能环保、新能源、动漫文化、现代物流、生物制药、高端装备制造、新材料、新能源汽车、新一代信息技术、光电、航空航天																													
现代服务业		金融保险、现代物流、旅游、服务外包、商务会展、商贸服务、软件信息、总部经济																													

二五"规划中不同省份重点发展的行业分布；如图 4-1 所示是以广东省为例的产业转移战略。基于这些政府政策企业可以了解在中小城市的机会点。

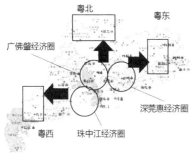

广东省产业调整分布

"腾笼换鸟"：以珠三角为龙头，带动东、西、北发展的产业新格局，以"产业转移工业园"为主要载体以"定向对接"方式将珠三角传统的低端制造业向粤北及东西两翼地区转移，实现珠三角地区劳动力和产业的迁移

粤北　　粤东

广佛肇经济圈

深莞惠经济圈

粤西　　珠中江经济圈

•三圈："广佛肇"、"深莞惠"和"珠中江"三大经济圈九大城市
•三带：在东西两翼和粤北地区

城市名	产业调整定位	主导产业
广州	向茂名、梅州、湛江、阳江转移	高端新型电子信息
佛山市	向清远、云浮、湛江、阳江转移	新兴主导产业，构建电子信息主体产业区
肇庆市	主要承接中山产业转移	金属精加工、电子信息、汽车摩托车制造、先进装备制造
深圳市	向潮汕、河源、惠州转移	高端新型电子信息
东莞市	向韶关、汕尾、阳江、茂名转移	新兴主导产业，构建电子信息主体产业区
惠州市	主要承接深圳产业、技术、机械	电子信息、生物技术、机械
珠海市	向揭阳、茂名转移	新兴主导产业，构建电子信息主体产业区
中山市	向肇庆、河源转移	新兴主导产业，构建电子信息主体产业区
江门市	主要承接珠海产业转移	五金机械、电子信息、纺织服装
茂名市	同时承接广州、珠海、东莞产业转移	石油化工、精细化工、塑料加工、纺织、五金电子
云浮市	主要承接佛山产业转移	机械制造、金属材料制品与加工、新型建材
阳江市	同时承接广州、佛山产业转移	电子电器、机械、服装、食品
湛江市	同时承接广州、佛山、深圳产业转移	石油化工、钢铁、饮具、服装、电子
汕头市	主要承接台湾产业转移	电子信息、装备制造、石化
河源市	主要承接深圳、中山产业转移	电子信息、服装、新材料
梅州市	主要承接广州产业转移	汽车零部件
潮州市	主要承接深圳产业转移	新材料、服装、食品、电子信息、机械与装备制造产业
揭阳市	主要承接珠海产业转移	能源、石油化工、装备制造
汕尾市	主要承接东莞产业转移	纺织服装、电子信息、家用电器、机械
韶关市	主要承接东莞产业转移	电子工业、机电制造、玩具、机械（液压、缸缸）、化工、医药
清远市	主要承接佛山产业	机械装备、电子信息、新型建材（陶瓷）

图 4-1　广东省产业调整规划

3. 市场研究之竞争分析

在不同行业都会有第三方研究公司出具的竞争情况分析报告，如 IT 行业的 IDC Tracker。基于这些市场公认的报告，企业能了解城市级别、产品和不同细分领域等多个维度交叉的定量市场竞争情况。

二　商业智能

市场研究得到的结论往往维度过多，并且停留在宏观层面，无法落地到具体单个城市战略。在市场研究的宏观和营销执行的微观中间，需要通过建立市场潜力模型，在整合所有市场研究结论的基础上，为营销策略提供中观的数据支撑。市场潜力模型的理论基于市场研究得到的总体市场和细分市场容量，通过数学模型将市场容量摊分到更小的颗粒度，计算的逻辑基础是类似规模的客户有着相似的购买力。例如，在某城市，已知的数十个员工人数为 100～500人的制造业企业每年会发生 10 万元的 IT 采购，依此类推，这个城市所有员工人数在这个区间的制造业企业每年都会有此数量的采购需求。模型完成后的最小颗粒度在 B2B 领域可以做到"产品×年份××企业"，在 B2C 领域可以做到"产品××年份×小区"。颗粒度越小，需要收集的数据越多，投入也越大。通过数学模型摊分的结果数字从单个客户来说肯定是不准的（受采购周期、个体化差别等的影响），但是将同一细分市场所有客户的预测容量加总后得到的数字却有相当大的精准性。结合现有收入和模型汇总得到的市场容量，可以获知相对精准的企业在不同细分市场的市场份额，找到蓝海市场。

三 营销策略

在市场潜力模型提供的数据基础上，需要对所有城市进行细分，确定需要覆盖的城市名单及相关资源配置。在进行城市细分时有两种模式：一种是城市级别，把不同的城市按照大、中、小划分为不同等级；另一种是城市网格，按照城市之间的距离与经济体系的关联性，分为不同的城市集群，城市网格由一个大型城市和众多周边的中小城市组成。当企业的销售模式更偏向直销的时候，城市级别的方式更加适合；当代理商在销售体系中占据较大比例的时候，需要通过城市网格的模式来抹平渠道串货给城市策略带来的影响（在不同城市间的串货会涉及一定的运输成本，当运输成本大于从企业拿到的价格折扣优势时，串货将变得没有意义），而企业在配置资源和进行考核时只以网格的颗粒度来考察业务情况，忽视在网格内的串货行为。如图 4-2 所示是这两种模式的样本，左侧的城市级别方式将全国所有城市划分成 5 个级别，右侧的城市网格将全国划分为 80 个网格，经济发达的省份由 5～6 个网格组成，而欠发达省份则全省就是一个网格。

图 4-2　城市细分的两种模式

四　营销执行

城市细分是策略层面的最后一个环节，在最终落地环节需要通过外部数据采购、调研等方式获取以下数据，直接提供给一线销售和营销。

- 目标城市内现有客户名单及联系方式。
- 目标城市内的最大潜在客户及联系方式（B2B 领域），消费能力最强的商圈或小区名单（B2C 领域）。
- 目标城市内的现有代理商和潜在代理商名单及联系方式。
- 目标城市内最有效的媒体、协会等第三方资源名单及联系方式。

基于以上数据，销售和营销人员可以迅速开展工作，需要说明的是，潜在客户名单、目标客户小区等数据在构建市场潜力模型的时候就会被获取，作为整个战略的最终落地数据能与前期规划数据连通并保持一致，不会出现市场研究的结论是某城市有大量机会，实际操作的时候发现该城市并没有落地客户的窘境。

第三节 / 商业地产中的数据驱动决策

电商的兴起对历史悠久的传统线下零售业造成了巨大的冲击，据笔者所知，仅在 2016 年上半年全国就有将近 50 家大型商场/超市结业关门，其中仅沃尔玛就关闭了 10 家门店。在这样的大背景下，商业地产（包括商场、写字楼、大型超市等多种业态）如何利用数据营销来重构现有商业模式呢？

一 商业地产中的数据

商业地产可以利用的数据有以下几种。

- 历史收入数据：很多商业地产采取集中付款的模式，即当客户在店铺购买东西时，需要到商场的收银台统一付款，商场完成了客户数据的收集工作，但客户的识别码只有银行账号（刷卡消费）或会员号（如果支付的时候加入了会员）。

- 会员数据：不论客户是否有消费，都可以成为商场的会员并留下联系方式。

- 社交媒体数据：关注微信公众号、微博等社交媒体的用户数据。

- 基于地理位置的第三方 DMP：电商、电信运营商、银行等体系都会产生与用户位置相关的行为数据，包括电信运营商和 APP 开发者等角色收集的用户位置数据（GPS 定位等，精确到 50 米范围），以及与账单、邮寄地址有关的客户住址信息。同时这些第三方 DMP 也会基于自身整合的客户行为数据建立客户标签体系。

- 室内位置数据：很多商业地产会通过自建或第三方合作方式在自身楼盘中铺设手机定位设备（如前文提及的智能探针），相对于两维的室外位置（只能收集经纬度），室内的设备可以收集客户的三维数据（加上高度，能判断客户所在楼层），并且定位精度能达到5～10米。

● 开放数据：互联网上有大量网站提供与地理位置有关的数据，如大众点评提供了全国数百万个商铺、商场、酒店、小区等的数据。

二 商业地产的数据整合

基于以上不同来源的数据，商业地产首先需要进行数据整合，包括客户级的整合（建立客户360°视图）和地理位置的整合（叠加所有数据到同一经度纬）两个层面。

1. 客户360°视图

客户级的整合是比较好理解的，不同数据源通过会员号、手机号码这两种识别码来连通（会员号用于内部收入和会员数据的连通，手机号码用于内部和外部数据的连通），通过收入数据了解客户以前买过什么，通过外部获取的客户位置数据，了解客户住在什么地方、经常去哪等。

2. 地理位置的数据叠加

地理位置的数据叠加如图4-3所示。

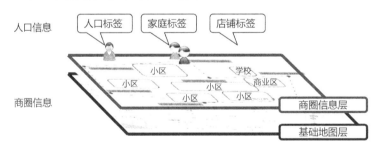

图4-3　地理位置的数据叠加

在图4-3中，底层是基础地图层，需要借助外部数据，了解室外具体的经纬度是一个商场、酒店还是商铺、以及室内的三维坐标是哪个店铺，并且建立个性化的标签体系，如商场的日均流量、租金、面积、层高、酒店的居住价、房间数等。基础地图层上的数据基本是稳定的，只需要以季度为单位进行更新，主要数据源是开放数据和利用地图 API 接口获取的经纬度。例如，企业查询到全上海市的大型商场的地址，导入百度地图的 API 接口后就可以获取百度系的经纬度数据（这涉及地图测绘领域，各个地图类信息公司都有自身的经纬度体系，如百度系、高德系、谷歌系等，每个体系间同一个数值都会有百米左右的偏差），再从大众点评网上搜寻这些大型商场的入住商铺，从房产类网站上查询租金等信息，再将这些连带经纬度的标签数据对应到地图上，就形成了基础地图层。

基础地图层上面是商圈信息层，需要整合内部和外部数据，将人流量、家庭分布这类每天都在变化的数据点到地图层上。需要强调的是，具体操作的时候受限于每个数据源的客户局限性，很难做到数据的 100% 覆盖率，即便百度、阿里、腾讯、电信运营商等聚集过亿名用户的数据源，也很难做到所有商业地产周边的人群全是它们的用户，基于这些数据源都需要通过调整算法来获取一个相对精准的数字。

三 商业地产的数据应用

在完成所有数据准备后，为商业地产提供的解决方案包括三个层面：开业前帮助商业地产进行选址的"商业选址"，开业后为商场进行招商和商场布局的"店铺优化"，以及对人群进行营销的"LBS 精确化营销"。

1. 商业选址

商业地址是指为未开业的商业地产选定地点，特别是对于一个投资上亿元的大型项目，商业地产商需要在前期投入大量资源进行选址，在现实中可以经常看到同一品牌的两个不同商业地产，由于地理位置的因素而导致营业情况有天壤之别。在选址的过程中需要参考很多因素，如人流分析（需重点讨论，能通过数据进行分析)、周边情况(是否有地铁、周边犯罪率、是否有大型停车场等)、经济核算(地价、投入、人力成本等)、政府政策(免税、解决就业带来的人员补贴等)、建筑标准(地基承受的楼层数、楼层顶楼是否能承受空调外机等)。要详细描述整个方法需要很大的篇幅(市场上有大量描述这一内容的书籍),在这里我们只考虑最重要的、能用客户数据支撑的人流分析,整个过程如图 4-4 所示。首先,商业地产商需要综合其他因素提出几个候选地址。然后,通过外部数据,了解周边人群和家庭分布。例如,孕妇是一个比较特殊的消费人群,通过安装宝宝树等 APP,利用在电商上购买孕妇用品等行为数据能判断此类人群在周边的分布情况,因为用于商业选址的数据都是精度很低的统计级数据,因此并不涉及隐私问题。最后,了解附近竞争对手的位置及运营情况(如进入竞争对手商业地产的人流数量、不同细分人群的比例等),对几个候选地址进行打分,从人流角度选择最优开业地点。

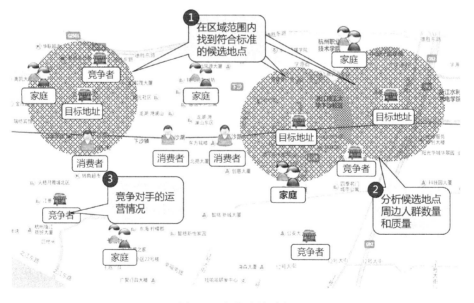

图 4-4 商业选址过程

以开设一个大型商场为例,一般一个大型商场的辐射面积为 3～3.5 平方千米（出租车的起步价所达距离），再考虑到河流、高架桥等交通因素的影响，在地图上画出一个大致覆盖范围，通过外部数据了解周边的小区数量，每个小区里的客户总数量和不同细分的客户数量。例如，零售业经常谈及每个人的三次购物高峰：工作后第一年、结婚后第一年和生育后第一年。这样的细分人群在周边有多少，他们平时去哪里购物，都是选址前期参考的数据标准。之后再看辐射范围内的竞争对手商场，以及覆盖范围内客户去的更远的竞争对手商场的状况，了解这个地域是否已经饱和。以上这些数据回答了商业选址中人流分析层面的问题。

2. 店铺优化

这里的店铺优化主要是从商场角度来说的。一个大型商场中的铺位是有限的，过往很多商场愿意通过销售方式，并不对入驻商家的类型进行限制。随着经济发展速度放缓，更多的店铺愿意以租赁的方式与商场签约，甚至把一部分租金转移为销售分成模式，这就对商场的招商提出了很高的要求，在选择入驻商铺时要进行严格鉴别，对于能带来大量人流的商铺在价格上给予更大的优惠，拒绝一些与商场定位不符的商铺。如图 4-5 所示是店铺优化的方法论，通过周边人群、竞争对手人流、进入商场人流的客户画像，了解商场的定位和商铺的选择。例如，商场周边居民小区居多，办公楼很少，主要人流集中在工作日的晚上和周末，商场就需要配置针对周边居民的电影院、儿童乐园、餐饮等。又如，在距离相近的竞争对手商场中，对那些客户主要光顾、能给商场带来很大人流量的店铺，需要投入大量资源吸引其来自己的商场。

除了招商层面，数据支撑的另一个层面是店铺布局，传统的商场分布都是按照一个楼层一个分类（如一层都是化妆品，二层都是女装等），而现在的大型商场规模越来越大，以往在一个城市中面积超过两万平方米的商场屈指可数，而现在面积超过十万平方米的大型商场项目屡见不鲜，从客户角度来说逛商场的体力极限不过 2~3 小时，让他们花费五六个小时才能逛完一个大型商业地产显然是力不从心的。通过对客户画像及客户进入商场后路径的分析，能了解店铺与店铺之间的关系，把客户画像类似的店铺放到同一地域，减少客户在商场内的走动时间损耗，对客户路径进行最优化。如图 4-6 所示是一个人流分析的逻辑图，通过手机定位的功能，能了解客户进入商场后在不同店铺间的流转路径，知道不同店铺间的客户关联。例如，某次分析中发现制衣品牌"GAP"和餐饮品牌"真功夫"的客户画像相似，并且路径重叠，在解决好餐饮油烟等问题的前提下，应该把这两个店铺放在相邻位置。

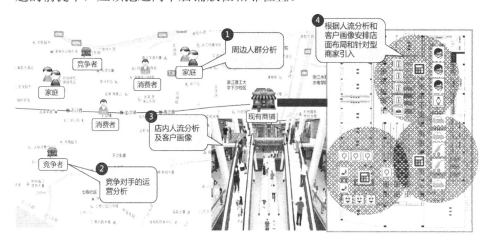

图 4-5 店铺优化

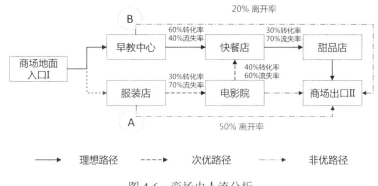

图 4-6 商场内人流分析

3. LBS 精确化营销

相对于商业选址和店铺优化是针对商业地产决策层的咨询类解决方案，LBS 精确化营销则是利用之前积累的客户画像数据、地理位置数据，结合营销自动化后进行的点对点个性化营销。营销的方式在不同商业地产形态中各不相同。例如，某商场可以实时识别进入商场的目标客户，之后向客户发送客户相对陌生，但根据数据挖掘结果客户会喜欢的店铺优惠券。又如，商场对周边人群进行促销推送，并且按照不同客户画像发送不同宣传内容，向经常光顾竞争对手商场的客户发送低价信息，向经常在电商平台购买某品牌的客户发送该品牌的促销信息等。再如，酒店集团需要识别经常出差到本地的外地客户，向其发送促销内容，方法是在本地地图上点出竞争对手酒店的地理位置，然后通过第三方数据找到经常来到本地，并且在晚上 11 点到第二天早上 6 点出现在这些位置的外地手机号码（晚上居住于这些酒店），那些在工作日白天手机号码经常出现在工业区、CBD 等地域（而不是旅游景区）的客户基本上就是酒店的目标了。最终的营销接触点，需要看企业收集的数据类型，通过客户识别码连通营销平台进行推送（如微信公众号、会员 APP 等）。这里需要强调的是，现有法律法规严禁没有得到客户许可进行的商业性质短信推送，短信营销看似最简单的落地方案，却不可行。

第四节 / 阿米巴管理中的数据化运营

一 阿米巴管理概述

"部门墙"造成的跨部门合作困难、内部流程冗长、销售渠道冲突、销售业绩双计双考带来的销售人员多劳少得，营销资源无法快速响应一线销售直接需求等，这些都是大企业内部销售和营销部门常见的"大公司病"，一旦公司体系大了，内部运作就无法举重若轻，各种矛盾就会应运而生。在过去几年，"稻盛和夫"、"阿米巴管理"这些词被管理者熟知，并且国内很多大型企业开始尝试阿米巴管理的经营方式。关于阿米巴管理的基本理论，市场上有大量著作进行了解释，本书只对企业执行阿米巴管理这个业务模式进行重构时客户数据起的作用进行重点讨论。

阿米巴管理的核心是把庞大的体制分割成多个被称为阿米巴的小型独立核算单元，每个单元都作为独立的利润中心计算成本和收益，公司按照每个单元的运作规则，将收入和成本分摊到每个单元中。例如，前端销售部门的收入是实际可计算的，成本是通过公式虚拟获得的；而后端支撑部门的成本是实际可计算的，收入则来自虚拟摊分。公司将决策权、人事权等资源下放到单元中，只保留纪律层面的财务权、审计权等，最重要的是分配利润时，从每个单元中抽取一定比例的利润后，将剩余利润的分配权交给单元自身。如图4-7所示是阿米巴管理模式与传流模式的对比。传统的企业结构是金字塔形的，部门和部门之间的合作需要上级部门协调，一线销售的收入取决于销售指标和收入完成情况，后端支撑部门拿的是固定工资，对公司的一线销售数字不敏感。在阿米巴管理模式下，除了纪律型部门（如财务、审计部门等）还是按照传统模式汇报给总部，每个前端阿米巴（如某个销售大区）都整合了营销、销售、电商等

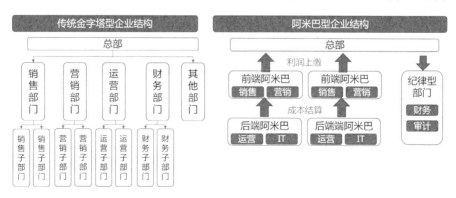

图4-7　阿米巴管理模式与传统模式的对比

职能人员，这些人员汇报给同一个阿米巴管理者，在后端成本不可控的情况下，共同分摊风险，通过做大收入来提高个人收入。后端阿米巴则整合了运营、IT、制造等职能人员，直接和前端阿米巴对口，在收入不可控的情况下，通过控制成本来增加收益率，从而提高个人收入。

二 阿米巴管理模式下客户数据的作用

在阿米巴管理的企业商业模式重构中，数据在以下几个层面起作用。

1. 客户细分

每个阿米巴单元都会被设置固定的客户群，防止不同单元间造成的冲突，B2C 的细分往往是按照地域（省份、城市、区等），但是 B2B 的客户细分则很复杂，涉及客户历史收入、购买潜力等，一般逻辑是现有大客户（贡献 80%的收入）→潜在大客户→区域客户，数据营销需要在给阿米巴单元"划地盘"的时候给出细分方法和清晰的划分标准。

2. 数据裁判

建立简单的客户细分方法是简单的，但是在执行层面会遇到很多漏斗需要做判断。例如，阿米巴甲管理某大客户 A，阿米巴乙管理某区域 B，阿米巴丙管理区域 C，但该那大客户 A 投资的某下属公司 D，办公地点在 B，注册地点在 C，那么这个公司 D 产生的收入应该归属谁呢？先后顺序规则应该如何设置？

3. 营销支撑工具

在营销执行层面，传统企业的市场部掌握了营销资源，所有营销策略和营销活动都是由总部的市场经理决定的，市场经理不可能像一线销售那样天天接触客户，对市场的理解有限，再加上大企业内部复杂的流程，就会造成对市场的反馈缓慢、营销投资存在浪费等问题。而阿米巴管理中的营销执行环节会下落到一线的阿米巴销售单元，总部市场部的角色会后退成资源（客户数据、内容、价格等）提供者，为一线销售提供"子弹"。如图 4-8 所示是阿米巴经营下营销职能变迁的简单介绍。例如，某地区聚集了大量只能读懂英文的外籍人员，过去当企业要通过电子邮件推广某个产品的时候，只能基于一个全国通用的中文模板，而无法定制一个英文版本。就算市场部想了解销售层面的需求，也只能沟通到销售总监层面而无法直接顾及一线销售。而按照阿米巴模式，市场部提供多种语言版本电子邮件的内容、价格，一线销售可以在营销系统中看到隶属于自己的客户，之后在内容库中选择适合自己所在细分市场的营销内容进行发送。当市场部提供的现有内容无法满足时，一线销售可以通过系统提交自己的需求，当市场部发现对增加一个英文版的营销内容的需求较大时，在制作内容时就会添加这个版本。

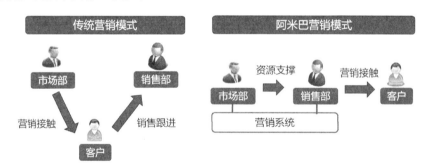

图 4-8　米巴经营下的营销职能变迁

数据营销未来的思考

第一节 / 数据营销未来发展概述

一 〉 数据营销的局限性

通过前四章，我们看到过去数十年数据营销的发展历程和现有模式，那么数据营销的未来会走向何方？在充满希望地遐想前，让我们先讨论另一个问题：数据营销的局限性。对营销人员来说，精准地找到客户，推送个性化的广告内容来打动客户，最终产生销售是顺理成章的营销目的。但是，如果你从一个普通人的角度回想一下，你已经多久没被一个广告打动过了？今天数据营销的技术已经发展到能实时地、整合多平台数据地识别客户，后期的客户接触也能做到实时性和个性化，但是要想打动客户，只做到以上这些还远远不够，当一个企业建设了复杂的数据营销体系，通过各种数据源判断了目标客户，最终却只在客户电脑屏幕右下角出现一张像素很低的广告图片，或者向客户手机发送一条不超过 50 字的短信，客户会被打动吗？如图 5-1 所示是笔者认为营销能最终影响客户采购决策的四要素。

内容	打动客户
渠道	信任背书
技术	实时性、个性化
数据	找到目标客户

图 5-1　营销产生效果的四要素

1. 数据：目标客户数据的收集

找到目标客户，提升客户命中率，是所有营销的基石。无论是自己收集客户数据还是利用第三方数据平台，只有找到对的客户才能做到提高个体营销成本但减少总体投入，保证营销费用不打水漂。打个比方，没有正确的客户数据指导，就像你的目标在东面，你却往西面跨出了不能回头的第一步，之后也许也能达到目的，但是后期需要付出百倍的努力。

2. 技术：实时性和个性化

使当前客户每天接触的广告数量数十倍于十年前，可以说现在已经是广告信息的"富时代"了，由于客户见过太多好东西，就算再精致的营销内容也只能引起客户几秒的兴趣时间，要在客户简短的采购周期和个性化需求中戳中客户痛点，需要通过营销技术做到营销的实时性和个性化。

3. 渠道：信任背书

要想让客户在收到营销内容后愿意去读，需要有很好的信任背书来告诉客户这些内容是真实可信的。例如，同一段广告词通过陌生号码的短信、企业自有的微信公众号和微博上某知名博主发布的效果是完全不同的，渠道（营销接触点）起的最大作用就是提供这样的信任背书。当前数据营销更多的是走数据和技术的融合路线，在营销接触点上除了传统的短信、电话、直邮外，新加入了程序化购买带来的网站展示位上的图片、小视频和在线视频的前插片。相比数据和技术在过去取得的长足进步，渠道上的突破非常有限，唯一的亮点是 SCRM，它打通了 CRM 数据和社交媒体，使以前通过传统营销接触点推送的内容如今能通过令客户半信半疑的社交媒体渠道推送，但是目前 SCRM 看重的更多是社交媒体的病毒传播功能，对社交媒体上信任背书的作用还不成体系。

4. 内容：打动客户

前面三个要素能做到的是把正确的广告内容通过适合的渠道推送到正确的客户手上，就像足球比赛一样，经过精心组织后将球传到最后的射手脚下，要最终进球，还需要有强力的临门一脚，这就是内容扮演的角色。客户每天接收海量广告和各种形式的营销，要打动客户，不能仅凭一张精美的图片、一个明星头像、一段五光十色的小视频。好的营销内容需要切合客户的当前需求，要能引起客户互动的带入感，能让客户去分享，这才能算成功。最近几年出现增强现实技术（Augmented Reality，AR）、虚拟现实技术（Virtual Reality，VR）、潘多拉投影等技术让营销人员看到了与客户互动的新办法。

二 〉 数据营销的重要性

看完上述四个要素，你可能要问另一个问题：既然数据和技术有这样的局限性，再加上前期巨大的投资，是否数据营销只是一个可有可无的东西呢？毕竟制作一个内容营销更"短平快"，再加上最近兴起的"借势营销"模式（借助社交媒体的热点事件进行病毒传播的模式），可以在资源有限的情况下吸引市场目光，又何必投入大量成本，以年为单位进行数据营销这种非常重资产的建设呢？

笔者的答案是：数据营销仍然是不可替代的，理由有三个。

- 数据和技术的结合是营销的基石，是营销效果的保底，再好的营销内容创意大师也不能保证每个内容营销都会激起市场的波澜，但是数据和技术的组合能利用漏斗效应，保证一定程度的营销结果。

- 要把内容做出彩，一种办法是投入大量资源进行精雕细琢，另一种办法是利用长尾效应尝试大量低成本制作，广撒网碰运气，这两种办法对市场影响的时间长度都是有限的，对品牌的提升也是缓慢的。但是，通过数据，可以把每次营销产生的介于"买"和"不买"之间的潜在客户积累下来，再通过后期的推进达到销售效果，相比完全从头开始影响的陌生客户，对已发掘潜在客户的推进营销成本更低，结果更可控，仅凭"可控"两个字，数据营销就会受到很多大企业的青睐。

- 在数字营销时代，资金已经不再是最核心的资源，客户数据才是，只要掌握了客户数据，并且能影响客户按照设定目标进行引流，就能为众多电商平台带来梦寐以求的客户流量，从这点来说，大企业从以前端到端所有节点都由自己负责的营销模式，可以转变成由各种营销资源（跨界企业、更多大小供应商资源）整合形成的营销生态圈，如前文介绍的联合营销的模式。

三 数据营销的未来：《少数派报告》

在讨论具体的发展路线前，笔者先推荐一部电影，由汤姆·克鲁斯主演的《少数派报告》（见图 5-2），其中一段中的很多桥段都展示了数据营销的未来。

图 5-2 《少数派报告》中展示的未来营销场景

1. 客户识别

在图 5-2（a）中，布满大街小巷的摄像头会通过虹膜来识别客户，相比当前的手机号码、Cookie 等基于设备的识别码，虹膜在有效时间、唯一性上有着强大的优势。

2. 营销接触点

在图 5-2（b）中，道路两边竖满了可旋转的屏幕，摄像头识别客户后，可以实时地对接云端的客户画像，找到针对性内容后在屏幕上进行点对点的推送。在剧中，每个广告都可以直接叫出主角的名字。

3. 老客户的维系

在图 5-2（c）中，主角驾驶的是老款雷克萨斯汽车，在识别客户并调取客户画像后，广告开始推送新款雷克萨斯车型，并且赞美公务员身份的主角是"少数精英"。

4. 实时交叉销售

在图 5-2（d）中，广告向主角推荐了金牌啤酒，与"啤酒与尿布"案例相似，企业通过客户画像中的年龄、性别进行实时数据挖掘并进行推荐。

5. 脸部识别

在图 5-2（e）中，当摄像头实时识别逃亡中的主角紧张的表情后，询问主角"度个假吧，放松下心情"，对客户画像的刻画已经包罗万象。

6. 虹膜支付

在图 5-2（f）中，主角登上地铁后，通过摄像头扫描虹膜直接扣除费用。相比当前基于密码和指纹的移动支付，虹膜成为营销和支付数据共同使用的识别码，完成了数据的连通。

7. 多场景数据利用

在图 5-2（g）中，用于营销和支付的摄像头识别主角后，将数据传输到国家安全部门，因为主角在影片中是一个逃犯，所以国家安全部门第一时间派出了警力。这种大数据在营销、国家安全、支付等多个领域的数据复用大大降低了成本。

8. 个性化的移动终端

在图 5-2（h）中，地铁上乘客手持的报纸可以展示个性化的动态内容。目前的营销涉及的移动营销接触点还只是手机，未来在大幅降低成本的情况下，传统的报纸、手环、眼镜都都可以成为向客户推送广告内容的平台。

在以上这段影片中,我们看到未来的营销更加实时,更加个性化,客户识别更加精准,推送内容更加贴切客户需求。还有最重要的是,由于大数据在多个领域的复用,带来了数据营销成本的大幅降低,但数据营销要达到这个境界,还有很长的路要走。

接下来看一下笔者思考的,未来 1~3 年中数据营销的一些可能的发展方向,有些方向营销生态圈已经进行了初步尝试,有些还受限于技术门槛没能走得很远。关于这些发展方向,市场上并没有成熟的案例,因此笔者只是进行概念性的描述。

第二节 数字营销和数据营销的结合

一 数字营销与数据营销的区别

数字营销是一个比数据营销范围更广、但与数据营销互相交叉的营销领域,甚至在某些咨询公司的分类中,数据营销只是数字营销的一个细分领域。但是,在笔者所了解的现实生态圈中,数字营销和数据营销的人才、供应商体系、甲方主管部门都无法互通,双方无法了解对方的资源,是完全割裂的两个领域。

按照一般定义,数字营销是借助互联网、电脑通信技术和数字交互式媒体来实现营销目标的营销方式,具体所包含的细分领域没有一个确切的定义,但似乎只要是与互联网有关的、非传统的都能视为数字营销,其中比较大的细分领域包括社交媒体营销、互联网媒体购买、电商引流等。这些领域在操作中也会产生客户数据,并且有成体系的使用方法,但是与以 CRM 为中心的数据营销对比,数字营销在目的性、使用流程上仍有很大的差别。如图 5-3 所示是笔者列出的二者的几个对比。

目的	以传播为主	以营销形成销售为主
考核	·中短期的营销活动 ·营销过程量（转发量、浏览量等）	·对销售的长期支撑效果 ·对销售的支撑（商机、销售额）
营销手段	互联网广告、社交媒体、电子邮件、短信、移动互联网广告、APP等	电子邮件、短信、直邮、外呼
针对客户	针对市场全量客户	主要针对现有客户
营销投入	按照营销活动阶段性投入	持续投入
数据收集	基于各种识别码的数字数据	传统CRM客户数据
客户标签	基于客户的互联网行为	基于客户的历史购买和基本属性（年龄、性别等）

图 5-3　数字营销和数据营销的对比

从以上对比可以看到，数字营销和数据营销在实际操作中存在以下本质差别。

- 数字营销更加关注以营销活动为中心的中短期目标；使用和收集的都是基于 Cookie、社交媒体 ID 等识别码的数字数据；针对现有客户和潜在客户进行无差别覆盖，只针对客户的不同行为进行个性化营销；最终考核以浏览量、转发量等过程量为目标（也有汽车、IT 等行业考核商机量）。数字营销的优势是门槛比较低，营销手段丰富多彩，客户接触量大；缺点是考核方式离销售端比较远，基于客户行为的客户标签体系精准度不够（如 100 个人在搜索引擎上搜索"宝马"，但有几个人是真的为了购买宝马车呢）。

- 数据营销关注中长期的数据建设及对销售端的直接支撑；收集的都是客户的真实数据（姓名、联系电话、住址等）；最终考核往往涉及商机量、销售量（如通过短信、直邮发送的优惠券的使用量）等，离销售端更近。数据营销的优势是每次营销活动都能收集客户数据，有很好的数据使用闭环从而逐步提升数据的数量和质量，针对现有客户维系能形成针对性的个性化营销；缺点是门槛较高，需要持续长期投入，无法在短期内形成立竿见影的效果，以及营销手段较为简单。

二 数字营销与数据营销的整合方式

经过以上对比可以看到，数据营销和数字营销之间是互补的关系，关键是如何连通双方所掌握的数字数据和传统数据，形成更大的应用闭环。笔者认为，连通方式主要有两种。

1. 第一方 DMP

考虑到数字数据的短期有效性，甲方通过搭建实时的第一方 DMP，在传统 CRM 数据基础上，使用营销技术（例如网站分析，收集以 Cookie 为主的数字数据识别码），外部匹配（通过手机号找第三方 DMP 找回对应识别码）等方式，添加了新的数字数据识别码，在对接外部数据源后，获取更多客户行为数据。例如某零售业企业的 CRM 中记录着某客户过去几年的购买记录，经过第一方 DMP 的搭建对接外部数据源后，企业还能知道这个客户现在在浏览什么网站，在哪里刷卡消费，出现在竞争对手商场的频率等行为信息，最后通过电子邮件，短信等方式给客户直接发送针对型优惠券，当客户打开电脑，手机浏览各网站时看到最新的促销优惠，对客户形成 360 度的覆盖。

2. SCRM

虽然 SCRM 并不是一个新事物，很多供应商能提供 SCRM 产品，但笔者认为这些 SCRM 只是在社交媒体上使用 CRM 的模式，并没有连通社交媒体数据和传统 CRM 数据。对企业来说，传统 CRM 数据可以识别客户的历史购买，记录真实的客户数据（姓名、电话等），但是在营销接触点上仍然偏弱，以企业的名义向客户发送营销内容并不能很好地激起客户的兴趣。社交媒体上有大量自媒体存在，有很好的信任背书效果和更多的内容生产，但是社交媒体上产生的客户行为数据都不那么真实。例如，关注奢侈品公众号、经常发表对奢侈品的评价的活跃粉丝，有几个在现实生活中有强大的奢侈品购买能力？连通双方数据可以结合两个数据源的优势，笔者认为 SCRM 的最佳方式是基于社交媒体的用户忠诚度平台，毫无疑问当前的最佳平台是微信公众号。当企业通过各种营销吸引客户加入企业的公众号后，可以通过会员认证（发送密码到客户手机上），连通微信公众号和手机号，客户只有在认证之后，才能在各个渠道进行产品购买时，在公众号上进行积分，这样就连通了社交媒体数据和传统CRM数据。

第三节　基于场景的 SoLoMoPa 数据营销

SoLoMo 是 2011 年由美国人提出的互联网广告的未来模式，包括社交媒体营销（Social），地理位置营销（Location）和移动互联网营销（Mobile）三个组成部分，也是与营销大数据相关的三个前沿领域，再加上笔者认为具有中国特色的移动支付（Payment），组成了数据营销未来发展的四个方向。

一　社交媒体营销

相比国外的 Facebook、Ttwitter 等主流社交媒体，国内的微信、微博在用户数量、应用模式上更加先进。特别是微信，现在已经很难直接用"社交媒体"来描述它，微信已经连接了 O2O、移动支付、公共服务等多个领域，形成了覆盖客户众多需求的生态圈，其中公众号和近发布的应用号，在营销领域都有无穷的应用空间。当前提供社交媒体数据和营销套路的主流供应商是腾讯（微信）和新浪（微博）。

二　地址位置营销

过去所谓的地址位置营销，只是找到客户聚集的商务楼、小区、工业区等，进行设摊、直邮、电梯广告等传统营销方式的覆盖，随着移动终端上的技术更新，企业能够获取单个客户的精确位置数据，笔者所知，基于移动技术可以达到室外 50 米、室内 5 米，甚至在短期未来 0.1 米的精度。相比客户在社交媒体上的行为数据，地理位置数据更能真实地反映客户的购买力（如居住小区的单价、是否出现在高尔夫球场等高档消费场所等）、购买倾向（出现的零售店面、停留时间等）和朋友圈（和哪些人经常聚在一起），据此建设的客户标签体系更加精准，并且配合企业的销售渠道，形成各种 O2O 场景。目前提供地理位置营销的主流供应商是电信运营商和第三方 WiFi 供应商。

三 移动互联网

智能手机已经成为大多数人每天必不可缺的物品，很多人出门的时候可以不带钥匙和钱包，但不能不带手机。从数据营销角度来看，智能手机已经取代电脑，成为收集客户行为数据最多的数据源，现在的营销技术可以收集客户在智能手机上使用的 APP 名字、频率、时间、通过 WAP 浏览的页面、地理位置信息等，这些客户行为数据的可信度高于社交媒体（如一个刚安装了孕妇类 APP 的客户，对母婴产品需求的可能性大于在社交媒体上提及母婴产品的客户），但是不同于传统互联网以 Cookie ID 为核心识别码，移动互联网使用的识别码包括 MAC（基于网卡）、IDFA（基于 iPhone），安卓 ID（基于安卓手机）等，更加复杂，连通客户数据更加不易。此外，当前基于移动互联网的营销接触点并不丰富，只有 APP 推送、短信等少数手段。但是，随着移动互联网的快速变化，会有更多的技术和营销接触方式出现。例如，移动互联网在当前指的只是智能手机，在未来则可能包括智能手环、智能手表、智能眼镜等穿戴设备，同时随着各式智能 KIOSK 机的发展（街头出现的刷移动支付进行饮料零食购买、公交卡充值等），会有更多营销场景出现。例如，你看到路上有个行人穿的鞋不错，你可以通过智能眼镜或智能手表进行拍摄，连接到智能手机，查询品牌、型号，在社交媒体上查询口碑，以及查询各实体店和电商平台上的价格对比。在选择了价格和便捷性最好的实体店进行尝试后，通过智能手环来确认支付，该品牌鞋子的企业又向你推送了下一季的优惠券，只需要你在社交媒体上写一段评论……这些通过移动设备实现的营销场景在技术层面都能实现，只是还需要进行场景设置、数据连通这些工作。目前提供移动互联网营销的主流供应商包括 BAT、收集了大量 APP 运营数据的第三方 DMP 等。

四 移动支付

移动支付这疑是极具中国特色的营销领域，在国外，金融领域的数据和应用掌握在银行、征信这样封闭的运营体系内，很少应用于营销，但在中国这些数据的应用走在世界前面，创造了"社交+支付"的微信支付、"电商+支付"的支付宝，以及众多应用场景，成为 SoLoMo 之外数据营销的另一块重要拼图。在笔者眼中移动支付的作用大于其他三个领域。首先，移动支付带来了最真实客户行为数据。如果说社交媒体数据回答了客户"说了什么"，地理位置回答了客户"去了哪里"，移动互联网回答了客户"在互联网上干了什么"，企业通过这些数据来猜测客户的购买需求及购买阶段，在精确度上仍有偏差，那么移动支付数据则真实地回答了客户"已经买了什么"、"在哪里买的"，对客户购买力、购买倾向、品牌忠诚度倾向有精准的判断。其次，做移动支付的企业都是从 SoLoMo 的其他互联网领域跨界而来，对客户的营销接触方式有更多选择。例如，客户购买了 A 产品，企业可以实时推送客户可能感兴趣的 B 产品优惠券，这样的营销模式非常简单直接。最后也是最重要的，移动支付可以带入客户的征信数据（如阿里基于客户在支付宝上的历史数据建立的芝麻信用体系），会极大地改变营销甚至产品销售的模式，甚至可以基于客户的征信数据，在营销的时候提供不同产品的同时提供对应的金融方式。例如，奶粉企业判断某客户在手机上安装了母婴 APP，并且有良好的信用，在此情况下，企业可以在推送奶粉广告的同时，推荐客户预存 5 万元，企业在两年内提供与定期存款相当的利息，同时提供从宝宝出生到 2 岁之间所有的奶粉这样的金融产品。除了预存，还有分期、众筹等各种金融的模式。

在了解了 SoLoMoPa 之后，可以看到，这四个领域并非割裂的，它们除了带来新的数据外，还给营销带来了更多贴近客户需求的模式，这些模式会打破营销、销售、品牌、金融等不同领域的边界，不能再简单被称为"营销"。这些模式不同于之前讲述的所有传统数据营销可以大量复制的标准模式，SoLoMoPa 是搭建各个细分行业个性化的营销场景的模块，每个企业可以根据自己的行业特性、客户购买场景，搭建自己的营销模式，这也是 SoLoMoPa 带给数据营销的最大变化。

第四节　自媒体和数据营销的结合

一　自媒体概述

在图 5-1 营销产生效果的四要素模型中，当前最弱的环节是"渠道"，即在企业识别客户后，如何找到一个有信任背书的渠道将营销内容推送给客户。传统数据营销中以企业名义发送的短信、直邮，数字营销中在各个网站上展示的图片、小视频，以及当客户在视频网站浏览电视剧前插播的数十秒广告，对客户来说都是厌烦大于信任的方式。

在社交媒体营销中有一个领域是自媒体，指的是在社交媒体上提供内容（文字、图片、视频等）吸引大量粉丝，并且粉丝的客户画像与企业的目标客户高度相似，企业直接支付费用给自媒体，而自媒体在发布的内容中插入企业需要的内容。笔者所见，一线自媒体每次植入广告的费用在数十万元左右，某知名自媒体被估值超过一亿元，一次性可以拿到上千万元的风险投资。目前自媒体营销方式的目标只是品牌宣传，企业要求自媒体在发表内容中植入各种类型的广告（有些直接出现品牌名字，有些则偏"软"，以非常隐晦的方式展现广告内容），自媒体的团队往往不超过 10 人，没有专业能力对现有粉丝进行管理和分类，每次发送的内容针对全量粉丝，而社交媒体也会对自媒体内容发送的频率进行限制（如微信订阅号的规定是每个粉丝每天只能收到一次推送），最终企业以浏览量、转发量等过程量进行考核，全过程不能给企业带来客户数据的留存。

在上述自媒体的模式中，企业对自媒体的影响力没有直观判断，只能通过粉丝数（对于僵尸粉比率和粉丝活跃度，没有定量数据支撑）和自媒体过往发布内容与自己产品的契合度进行简单判断（如汽车企业会筛选出粉丝过百万、过往发送内容与汽车有关的自媒体合作），对其中的真假无法识别。在市场上有些假冒自媒体，找到已经出名的自媒体后，申请与其相似甚至一模一样的名字，再通过作弊公司购买大量假粉丝，转发真自媒体发布的内容，最后通过作弊公司购买假点击转发数。一些不良广告公司会蒙骗企业，购买这些假冒自媒体的内容发布，对那些没有识别能力的中小企业，或者需要同时管理众多自媒体的大企业来说，这些"小动作"都是很难察觉的。

而对自媒体来说，由于受限于社交媒体规定的发布数量，一次针对全量粉丝发布的内容只能卖给一个企业。如果能把粉丝进行细分，自媒体可以把全量粉丝切分给不同企业，针对不同粉丝群发布不同内容（现在的微信公众号后台就可以支持针对细分人群的内容推送），这样在降低单个企业投入成本的同时，增加了自媒体的全量收入。

二 自媒体与数据营销的结合方式

自媒体和数据营销的结合方式有两种。

1. 现有大型自媒体对粉丝数据的管理

现有大型自媒体对粉丝数据的管理方式包括客户画像的建立、与企业数据、第三方 DMP 数据的连通。自媒体可以清晰地告诉企业，自己粉丝群的年龄、性别、收入分布、购买企业产品的历史情况，使企业有选择地在自媒体上投放针对目标客户的内容。考虑到自媒体自身的能力不足以完成这样的工作，这个突破会由收集了大量自媒体资源的自媒体联盟完成。

2."人人都是自媒体"形式的出现

除了拥有百万级粉丝数量的大型粉丝，在现实生活中每个人都会在社交媒体上与上百个熟人建立连接，任何发布在社交媒体上的内容都会被这些熟人看到，并且由于有熟人关系作为信任背书，这些由个人发布的营销内容效果要优于由企业控制的官方平台。而由于每个个人的影响力有限，与企业的议价能力也极其有限，因此覆盖人群的单价远低于大型自媒体。如果能很好地解决发送频率、粉丝质量评估、结算标准、结算方式、发送内容（不要让熟人产生反感）这些节点问题，这种通过熟人影响广大客户，利用长尾效应的人人都是自媒体的方式会成为企业的新型营销方式。在国内已经有这样的营销模式，主要应用于电影推广领域，客户可以登陆某网站，看到各种广告推送（广告内容都是软文，客户第一眼看不出太浓重的广告痕迹），之后可以一键转发到自己的朋友圈，根据这个内容的浏览量和转发量来收取佣金。

第六章

如何保护个人信息

第一节 / 数据诈骗

以上五章都是从企业和营销供应商的角度看待数据营销，作为数据营销生态圈中最重要的"客户"，你看完以上内容后，除了"有趣"，可能更多的感觉是"恐惧"。目前的数据营销技术可以监测客户每天吃喝住行的各种行为，每个客户在企业面前是如此的透明，这是多么恐怖的事情！那该如何保护个人隐私呢？再讨论得深入一点，如果客户的行为数据落在别有用心的人手中，而且这些人还会利用营销技术用于诈骗，人们如何才能保护好自己呢？

一 诈骗案例

在讨论如何保护自己之前，让我们先看几个常见案例，了解诈骗是如何通过客户数据实现的。

- 受害者接到一通电话，对方能叫出受害者的姓名，了解受害者最近的一些行为（如买过房、买过车、有过贷款、买过机票等），最后找个借口（退税、涉嫌洗钱等）让受害者把钱打到某个账户上。例如，最近媒体上报道的针对大学新生的学费诈骗事件。
- 受害者接到一条短信，对方宣称这是一个熟人的新手机号，找一个理由让受害者点击短信里的链接，之后受害者与该手机号码关联的银行卡上的钱就会被转走。笔者就接到过以某重要客户的名义发送的短信，告诉笔者有个重要合同需要上网确认，如果不是笔者和这个客户最近没有正在进行的项目，也许就中了圈套。
- 受害者接到一条短信，是来自受害者手机号绑定的银行卡所属银行发送的支付密码，之后接到电话或短信，对方找个理由（如飞机退票、买房退税等）要求受害者提供这个支付密码，一旦提供，受害者银行卡上的钱就会被转走。

以上这些是常见于媒体的"电信诈骗"模式，笔者之所以给这个词加引号是因为这些模式只是在关键环节用到了电信运营商的资源（电话、短信等），而由电信运营商背上了黑锅。

二 "电信诈骗"的逻辑

笔者从数据营销角度罗列了诈骗的逻辑，如图 6-1 所示。

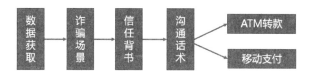

图 6-1 "电信诈骗"的逻辑

1. 数据获取

令人惊讶的是这个环节是诈骗套路中最简单的一个环节，虽然在国内有个人信息保护法，但是无论从执法力度还是追责力度上看，都无法与欧洲、日本这样严苛的地区和国家相比。你可能收过这样的告诫：要用墨水笔涂掉快递单上的联系方式、销毁不用的名片等。但是，对诈骗者来说，通过这种逐条收集个人信息的方式过于费时费力，诈骗者更加愿意花费金钱从数据黑市上一次性获取大量个人信息，价格也低得让人惊讶。最近发生的大学新生报到诈骗事件中，数万条大学新生数据的价格不过几百元，这些黑市上的个人数据来源包括以下几个。

（1）政府机构

在车管所、房管所、公安机关等政府机构的数据库中存储了大量带有联系方式的个人信息，考虑到政府机构本身 IT 系统的复杂性，以及不同层级政府机构的 IT 能力的有限性，必然存在大量系统漏洞可以被政府机构内部 IT 人员或业务操作人员批量拿到个人信息。

（2）大型企业

来自银行、汽车、媒体、酒店等行业，将 CRM 系统作为企业核心运营系统的企业，会花费大量资源收集有相当大的购买力的客户数据，却不会投入相应的成本去提高系统数据的安全性。非常讽刺的一个现象是，往往一个企业花费大量资源建设了 CRM 系统，最大的受益者却是 CRM 数据管理员，他们有权限一次性导出大量客户数据；同时 CRM 的前台操作人员也同样有机会利用系统漏斗批量获取数据。

（3）广告公司

在帮企业进行营销的同时，广告公司也有机会收集所有权隶属于企业的客户数据。例如，企业用了第三方的电子邮件发送系统，该系统的供应商很容易收集这批个人数据，包括人名和电子邮件，并且这批客户有很大的可能性之前购买过企业的商品，或者有购买的可能。广告公司是否会把这批数据投入黑市，只取决于公司和经手数据的员工的商业底线。笔者就遇到过这样的场景，在参加某次外资银行的产品推荐会，并且留下了新申请的手机号码的第二天，就开始陆续收到各种卖房、保险的推销电话，笔者对这家外资银行还保有一定的信任，初步判断是举办这次推荐会的供应商出卖了相关信息。

（4）互联网公司

现在绝大多数的手机 APP 都是免费使用的，这些 APP 开发公司的主要收入来源只能是将收集的客户数据投入广告市场，你是否发现如今哪怕一个很小的 APP，也会要求客户将手机号码作为用户名，并且通过把密码发送到手机上这个动作，完成对手机号码的认证？在广告市场上，通过手机号码来连通成千上万个 APP 收集的客户数据。在本来用于广告的数据交易过程中，同样存在无数漏洞可以被别有用心的人利用。

（5）社会工作者（社工）

社会工作者也就是所谓的"黑客"，利用各种系统的漏斗和自身的技术能力直接巧取豪夺，比较著名的案例包括几年前发生的涉及几千万人的酒店开房数据，国外某知名门户网站也承认一次性被窃取了数亿条用户数据。

2. 诈骗场景

在拥有数据后，诈骗分子要制造一个诈骗的"场景"来展开诈骗，获取客户的信任，媒体上经常报道的法院传票、飞机票改签、买房退税都是这样的场景。如果能结合数据源，对受害者会更有欺骗性。例如，某大学的教授刚完成房产交易，当天就收到假冒法院的电话，称其在房产交易过程中有问题，最终损失了上千万元，很明显数据的泄露来自房产交易的相关系统。

3. 信任背书

过往的诈骗电话往往来自固定电话，并且带着某些沿海省份的区号，受害者稍有判断力就会产生疑问，但是随着互联网技术的发展，诈骗分子通过虚拟号码、伪基站等技术，可以让受害者接到电话、短信的时候，显示任何一个诈骗者想让受害者看到的号码。例如，如果诈骗场景是机票改签，诈骗者会把电话号码虚拟成对应航空公司的服务电话，对受害者会产生非常大的欺骗性。

4. 沟通话术

受益于当今媒体的发达，任何诈骗模式都很快会被曝光，但大部分人接到诈骗电话、短信初期被迷惑的可能性很大。但是，诈骗者最终要获取受害者的钱并不容易，因此诈骗者往往是集团作战，利用"销售漏斗"的模式对受害者进行筛选，不断总结被受害者识破的节点并加以归纳，建立一套对执行者要求很低，但欺骗度已经千锤百炼的标准话术，诈骗者只需要照本宣科即可。

5. 支付方式

以往诈骗的最后一步发生在 ATM 机上，要求受害者将钱打到所谓"安全账户"。随着移动支付的出现，网络银行和手机号码开始绑定，诈骗也开始利用移动支付的流程漏洞，在手机号码上大做文章。例如，把支付到诈骗账户的密码发送到受害者手机上，通过沟通话术得到这个密码；在诈骗短信中埋入带有木马的短链接，诱骗受害者点击等。

第二节 / 诈骗防范：个人信息的保护

看完以上对诈骗的分析，你会发现诈骗和数据营销的模式是如此相似，更可怕的是以上诈骗模式中并没有用到数据营销最新的技术，这也是笔者作为数据营销人员最担心的事情。笔者在这里罗列了从数据营销层面看来，防止个人信息泄露和诈骗的原则。

- 做好对个人数据的掩饰。
- 减少不同数据源连通的可能性。
- 切断移动支付和互联网行为之间的关联。
- 时时保持一颗警惕的心。

从具体操作层面，笔者给出了以下建议，但是需要声明的是，就算做好了这些防范措施，也仍然存在个人信息泄露和遭受诈骗的风险。随着互联网技术的不断发展，隐私和尊严已经变成每个人的奢侈品，就算为信息安全做了很多努力，我们也只能做到当猎人举起枪的时候，自己不是出现在瞄准镜里的第一个受害者。由于本书的主题并非信息安全，在此只能稍作解释，而无法大范围展开。

1. 管理好手机号码

理论上一个人至少需要 4 个手机号码, 特别是公开号码和验证码号的绝对隔离。

- 公开号码: 主要联系方式, 针对工作、朋友, 印在名片上。
- 隐私号码: 针对需要私密的通信。
- 验证码号: 与网银、移动支付关联。
- 服务号码: 用于房屋中介, 保险推销等, 一次性使用, 随用随申请, 用完就销号。

2. 不要安装来路不明的 APP

特别是那种可以通过"查询通讯录"来添加好友的 APP。通讯录上的联系方式被窃取后, 会触发后期针对机主朋友圈的诈骗。

3. 自动清空 Cookie

每种浏览器都有"自动清空 Cookie"选项, 具体操作过程请查阅相关搜索引擎。

4. 不要用浏览器进行网上银行操作

诈骗分子有太多手段可以截留互联网上流传的信息。用户直接利用浏览器进行网上银行操作就好比"明码传输", 而通过银行的软件和 APP 至少有一层封装的加密, 从而使诈骗者不容易获得秘钥来解读受害者在网上输入的用户名和密码。

5. 关掉手机的网络搜索

这可以防止智能探针技术, 以免泄露地理位置。

6. 不要浏览不熟悉的网站或打开不可信来源的邮件

这样可以防止木马病毒。

7. 不要在社交媒体上，设置通过手机号码和 QQ 号找到自己

防止别有用心的人连通社交媒体数据和手机号、QQ 号，继而获取更多的行为数据。

8. 不要连接不可信的公用 WiFi

这样可以防止诈骗分子利用这些公用 WiFi 截留用户的行为数据，当前的手机流量不算太贵（1GB 50 元左右），如果对价格不太敏感，宁可用流量而不用 WiFi。

9. 小心摄像头

有些木马程序可以在客户不知情的情况下，打开摄像头。

10. 不要把手机号码、平台用户名、邮件地址关联

有很多平台要求用户进行手机号码，电子邮件的验证，尽量不要这么去做。

11. 经常杀毒

这点无须提醒。

12. 不要下载压缩包文件

来历不明的压缩包中出现木马病毒是一个大概率事件。

13. 依靠搜索引擎处理暴露在网上的信息

利用最简单的搜索引擎都可以查询到个人信息。例如，输入自己的姓名，你会发现过往自己发表的论文、社交媒体上的发言、别人对你的评价等。要处理这些信息，首先要学会使用搜索引擎。搜索引擎的使用不只是在对话框里输入词汇这么简单，建议学习网上公布的搜索引擎函数的介绍。发现这些信息后的处理方法包括以下几种。

- 直接找到网站上公布的管理员邮箱，发送电子邮件要求删帖。
- 如果网站上没有公布管理员邮箱，可以通过 Whois 查询（搜索引擎上

很容易找到提供 Whois 查询服务的网站），找到网站网管的联系方式，发送邮件或电话要求删帖。

- 如果对方不理睬，可以通过正规法律途径（如律师函）迫使网站管理员删帖。
- 对于搜索引擎的拍照功能，可以学习搜索引擎优化教程，至少让这些内容沉到搜索结果的第 20 页之后。

14. 保护好身份证

身份证原件是不可以挂失的，就算补办了身份证，使用丢失件仍然可以做很多事情。而且此外，要对办理各种业务（申请手机号码、银行卡等）时提供的身份证复印件多加留意，至少加上"仅用作××用途"字样。如果别有用心的人获取了你的身份证信息，可以做的坏事至少包括：

- 网上 P2P 贷款；
- 注册新的手机号码；
- 去营业厅补办已关联银行卡号的手机号码（现有手机银行的用户名往往是手机号码）；
- 可以办信用卡，再关联到受害者现有的借记卡账号。

15. 保护好手机卡号

如果丢失了手机，比起手机本身的价值，手机里的 SIM 卡会造成更大的麻烦，此时一定要第一时间拨打运营商服务电话暂停手机服务，并且携带身份证去营业厅正式挂失补办。别有用心的人可以利用手机卡号做的事情包括：

- 欠巨额手机费。如果在呼叫中心这种大量通话的机构使用手机卡号，特别是拨打国外电话，可以造成数千元的损失。
- 手机银行风险。如果手机号码与银行卡绑定，手机号码可以接收网银密码，诈骗分子可以用手机银行转走受害者银行账户上的钱。

- 诈骗风险。利用手机号码和手机中存储的联系方式，对机主身边的人进行诈骗。机主通过设置开机密码可以一定程度上保障手机中的内容不被获知。

最后强调一下密码管理，"撞库"是最危险的批量窃取个性信息的方式，很多人会把所有平台的用户名和密码都设置成一样的，考虑到不是每个平台都有足够的能力保护用户的数据安全（国内外一些著名网站都会动辄泄露千万级用户数据），一旦别有用心的人获知了受害者一个平台的用户名和密码，就很容易获取这个受害者所有平台的权限。要做到对信息的保护，至少要做到一个平台使用一个用户名和一个密码。但很多人都会在很多平台上注册，用户名和密码过多的话，自己都记不住，对此笔者的建议如下。

- 用户名：可以和网站名字挂钩，如用户名 = 姓名 + 网站名 + 日期，等等。
- 密码：可以通过 Excel 的函数进行加密，如加载 VBA 后用 MD5。
- 如果平台允许的话，在用户名和密码中加上通配符，如*和?等。

笔者相信，随着技术的进步，人们对数据安全和道德底线的认识也会逐渐进步。个人信息被用于营销不可避免，作为普通的客户只能默认这些大企业不会将之用于歧途，但是当个人认识到信息安全问题并愿意为此付费的时候，也许会有一些新的商业模式出现，帮助普通用户保护自己的个人信息不被别有用心的人利用。

附录 A　数据营销名词集

表 A-1　数据营销名词集

名词	英文	解释
数据营销	Data Driven Marketing	利用客户数据来进行营销的方式都可以称为数据营销
直复营销	Direct Marketing	数据营销的早期阶段，收集客户的联系方式后，利用直邮，电子邮件等方式与客户开展点对点的营销
电子邮件营销	eDM Marketing	直复营销的一种，收集客户电子邮件地址后，通过电子邮件开展点对点营销
数据库营销	Database Marketing	数据营销的中级阶段，通过内部整合，外部购买客户数据后，以电话营销为核心方式与客户开展点对点营销
数字营销	Digital Marketing	数据营销的高级阶段，收集和使用客户的数字数据，通过各种互联网营销手段与客户开展点对点的营销
客户关系管理	CRM	利用客户关系管理系统软件，收集和应用客户数据，吸引新客户、保留老客户以及将已有客户转为忠实客户，增加市场份额的商业理论
企业	Advertiser	投入经费，开展营销活动，最终目标是带来销售的企业和政府机构，也称甲方
供应商	Vendor	利用手中资源，在企业提供资金后，为企业提供营销服务的企业
客户	Customer，Client，End User，Target Audience	企业营销的目标，最终买单的个体；在 B2C 领域指的是个人，在 B2B 领域指的是企业、医疗、教育或政府机构。在英语中有很多写法，这里统一写作"客户"
360度客户视图	360 Degree Customer View	将收集到的所有客户数据整合成单一视图，帮助企业了解客户的所有特征以开展营销
客户历程	Customer Journey	客户从完全不了解产品，收到企业营销的影响开始产生兴趣，最终购买的全过程

（续表）

名词	英文	解释
客户生命周期	Customer Life Cycle	客户从购买产品后，经历的对产品从陌生到了解、熟悉、厌倦到最终放弃的过程；企业需要针对不同阶段进行针对性营销
新客户发掘	Customer Acquisition	针对从未购买产品的新客户的营销，目标是激发客户对企业产品的兴趣，最终产生销售
客户维系	Customer Retention	针对现有客户的营销，目标是让客户继续保持对企业品牌和产品的忠诚度，让客户继续沿用现有产品，或者需要更换新产品的时候，继续使用企业的产品
销售漏斗模型	Leads Funnel	建立在营销和销售之间的过程考核体系，以客户数据和接触为出发点，最终销售为终点，在不同行业和营销模式中设立中间的衡量指标
客户细分	Customer Segmentation	基于二八原则（20%的客户贡献 80%的收入），通过细分帮助企业找到重点而集约化资源投入
营销数据库	MDB	从各个数据源抽取和整合数据后，为营销专用的数据库
数据管理平台	Date Management Platform	只存储了客户识别码和客户标签的数据库，用于实时营销
商业智能	Business Intelligence	通过可视化工具和数据挖掘，将海量数据简化成图表，帮助业务人员看懂现状和预测未来
需求方平台	Demand-Side Platform	在程序化购买过程中，帮助企业制定策略，购买媒体服务的供应商
程序化购买	Programmatic Buying	数字营销的一种，通过各种实时系统对接，整合企业需求、客户数据和营销推广资源，为企业提供按照程序化实时采购媒体资源的服务
实时竞价	Real Time Bidding	程序化购买的一种，通过客户的互联网行为激发的广告推送
第一方数据	1st Party Data	在自己平台上收集的属于自己的数据
第二方数据	2nd Party Data	在外部平台上收集的属于自己的数据
第三方数据	3rd Party Data	在外部平台上直接采购的数据
语义分析	Semantic Parsing	针对语言的数据分析办法，通过拆词法将整段文字拆成词汇，再按照词汇出现的频率对文字的意思进行猜测
情感分析	Emotional Analysis	高阶语义分析，对整段文字拆词后，对每个词汇进行正向和负向的情感打分，从而判断发言者对某件事情的态度

（续表）

名词	英文	解释
用户忠诚度平台	Customer Loyalty	通过会员制和积分制，加强客户对企业的忠诚度的系统，如航空公司和大型超市的会员体系
投资回报比率	Return on Investment	用于计算营销效果，用营销的结果除以营销投资的金额，在不同行业营销结果的计算方法会有不同，如电商行业的直接销售额、B2B 行业的商机数量等
接触	Touch	营销活动实际覆盖的客户数量
反馈	Response	营销活动覆盖范围内给出反应的客户数量，如收到企业电子邮件，点开查阅了内容就是一次反馈
商机	Leads, Pipeline	在 B2C 的耐用消费品和 B2B 领域，客户对采购某商品有明确的需求和预算，在一个中短期时间段里可能进行采购的项目
话术	Tele Script	电话营销时，访问员照本宣科与客户进行沟通的语言和沟通技巧集合
流量红利	Flow Bonus	在电商领域，没有大量营销投入，自动会有大量客户访问电商店铺和产生销售
营销自动化	Marketing Automation	营销技术的一种，通过系统固化营销中的数据操作过程
网站分析	Web Analytics	营销技术的一种，通过在网页中埋入代码来追踪客户的访问行为

附录 B　相关书籍推荐

数据营销相关：

[1]（美）麦德奇，保罗·B·布朗，大数据营销：定位客户[M]. 北京：机械工业出版社，2013.

[2] 罗茂初，等. 数据库营销[M]. 北京：经济管理出版社，2013.

[3]（美）威廉·G·齐克蒙德. 客户关系管理[M]. 胡左浩，等译. 北京：中国人民大学出版社，2010.

营销其他领域：

[1] 徐志斌.社交红利[M]. 北京：北京联合出版公司，2014.

[2]（英）杰斐逊，坦顿. 内容营销. 有价值的内容才是社会化媒体时代网络营销成功的关键[M]. 祖静，译. 北京：企业管理出版社，2014.

[3] 魏家东. 数字营销战役：网络整合营销实战全解码[M]. 北京：电子工业出版社，2014.

[4] 屈云波，张少辉.市场细分：市场取舍的方法与案例[M]. 北京：企业管理出版社，2010.

[5] 秋叶，等. 社群营销：方法、技巧与实践（第 2 版）[M]. 北京：机械工业出版社，2016.

营销技术相关：

[1] 毕然. 大数据分析的道与术[M]. 北京：电子工业出版社，2016.

[2] 易向军. 大嘴巴漫谈数据挖掘[M]. 北京：电子工业出版社，2014.

[3]（美）乔尔·古林. 开放数据：如何从无处不在的免费数据中发掘商机和创意[M]. 北京：中信出版社，2015.

[4]刘鹏. 计算广告[M]. 北京：人民邮电出版社，2015.

[5]曲海佳.互联网 DSP 广告揭秘：精准投放与高效转化之道[M]. 北京：人民邮电出版社，2016.

[6]王彦平，吴盛峰. 网站分析实战：如何以数据驱动决策，提升网络价值[M]. 北京：电子工业出版社，2013.

后　记

本书洋洋洒洒24万字，百张图片，花费了作者半年时间把从业13年中学习到的知识梳理了一遍，数据营销是一个很大的概念，没有多少人能精通数据营销的每个知识领域，笔者的知识结构也只是了解整个知识体系，做过一些项目，在某些领域有一些自己的见解，希望这本书能帮助局外人对数据营销产生兴趣，帮助初学者入门，为业内资深人士带来更多思考，为教育市场、推进行业进步起到微薄作用，帮助市场理解仍在"术"层面的数据营销，逐渐走上"道"的厅堂。

最后感谢你花了很长时间阅读本书，希望这些文字对你有所帮助。如果你想和我更深入地探讨数据营销的相关内容，以下是我的公众号二维码（公众号datadrivenmarketing），大家可以直接在对话框里与我沟通。

如果你想面对面地与我沟通，可以在以上公众号中和我沟通，或者在"在行"平台（www.zaih.com）上搜索我的名字"于勇毅"预约时间。

再次感谢你对本书付出的时间、金钱和耐心阅读！

反侵权盗版声明

电子工业出版社依法对本作品享有专有出版权。任何未经权利人书面许可，复制、销售或通过信息网络传播本作品的行为；歪曲、篡改、剽窃本作品的行为，均违反《中华人民共和国著作权法》，其行为人应承担相应的民事责任和行政责任，构成犯罪的，将被依法追究刑事责任。

为了维护市场秩序，保护权利人的合法权益，我社将依法查处和打击侵权盗版的单位和个人。欢迎社会各界人士积极举报侵权盗版行为，本社将奖励举报有功人员，并保证举报人的信息不被泄露。

举报电话：（010）88254396；（010）88258888

传　　真：（010）88254397

E-mail： dbqq@phei.com.cn

通信地址：北京市万寿路 173 信箱

　　　　　电子工业出版社总编办公室

邮　　编：100036